edition suhrkamp 2792

In der Regel sieht man nur die Spuren ihrer Arbeit. Oder eben: keine Spuren. Schließlich haben Reinigungskräfte vor Tagesbeginn die Kaffeeränder vom Schreibtisch gewischt, Kaugummis vom Boden gekratzt und Toiletten gesäubert. Sie verrichten anstrengende Tätigkeiten, erhalten aber wenig Anerkennung und verdienen meist schlecht. Das Gewerbe ist ein typisches Beispiel für prekarisierte Dienstleistungsarbeit.

Jana Costas hat sich einem Reinigungsteam am Potsdamer Platz angeschlossen. Unter dem futuristischen Komplex liegt der Minus-Bereich: bis zu vier Stockwerke mit labyrinthischen Gängen und fensterlosen Räumen. Dort ziehen sich Alex, Ali, Luisa und Marcel um, bevor sie Büros und Luxusapartments sauber machen. Jenseits aller Klischees ist diese Arbeit für sie auch eine Quelle des Stolzes. Costas schildert ihre Kämpfe um Würde, porträtiert eine expandierende Branche und holt so die oft unsichtbaren Beschäftigten in die Sichtbarkeit.

Jana Costas, geboren 1982, studierte an der London School of Economics und promovierte an der Cambridge University. Seit 2014 hat sie eine Professur für Personal, Arbeit und Management an der Europa-Universität Viadrina in Frankfurt an der Oder inne.

Jana Costas

Im Minus-Bereich

Reinigungskräfte und ihr Kampf um Würde

Aus dem Englischen von Richard Barth, Stephan Gebauer und Michael Müller

Suhrkamp

Die Originalausgabe erschien 2022 unter dem Titel
Dramas of Dignity. Cleaners in the Corporate Underworld of Berlin
bei Cambridge University Press (Cambridge/New York).

Klimaneutral
Druckprodukt
ClimatePartner.com/14438-2110-1001

Erste Auflage 2023
edition suhrkamp 2792
Deutsche Erstausgabe

Umschlag gestaltet nach einem Konzept von
Willy Fleckhaus: Rolf Staudt
Satz: Satz-Offizin Hümmer GmbH, Waldbüttelbrunn
Druck: C.H. Beck, Nördlingen
Printed in Germany
ISBN 978-3-518-12792-6

www.suhrkamp.de

Inhalt

Einführung in die Unterwelt: Der »Minus-Bereich« am Potsdamer Platz

»Jana in der Unterwelt«, murmelt Norbert, einer der Vorarbeiter bei Reinlich & Co.,[1] als er von meiner Absicht erfährt, eine Feldstudie über die Reinigungskräfte am Potsdamer Platz durchzuführen. Die »Unterwelt«, das ist der sogenannte »Minus-Bereich«: bis zu vier weitläufige Tiefgeschosse mit fensterlosen Lager- und Pausenräumen sowie einem großen Entsorgungszentrum. Dieses subterrane System aus Tunneln, Aufzügen, Treppen, labyrinthischen Korridoren und Höhlen, in denen sich die Reinigungskräfte bewegen und mit anderen Arbeiterinnen und Arbeitern interagieren, ist der Schauplatz der vorliegenden ethnografischen Studie über eine der Öffentlichkeit gewöhnlich verborgene Sphäre.

Norberts Metapher aus der griechischen Mythologie passt gut: In der Unterwelt herrscht der Gott Hades, dessen Name »der Nicht-Gesehene« oder »der Unsichtbare« bedeutet, über die Toten.[2] Zwar sind die Reinigungskräfte vom Potsdamer Platz überaus lebendig und kehren auch regelmäßig an die Erdoberfläche zurück; während ihrer Arbeitszeit jedoch sind sie meist zur Unsichtbarkeit verurteilt: ein unüberwindbarer Styx aus Stahl und Beton verbirgt sie vor den Blicken der Oberwelt.

Der Potsdamer Platz ist ein prominenter Gebäudekomplex, eine am Reißbrett entworfene Micro-City mitten in Berlin, nahe dem Brandenburger Tor. Mit den von der *crème de la crème* internationaler Architekten im Auftrag großer

Unternehmen entworfenen Gebäuden sollte dem Areal der Glanz der Vorkriegszeit zurückgegeben, seine Geschichte im Nationalsozialismus und im Kalten Krieg vergessen gemacht und eine ideale »Stadt für das 21. Jahrhundert« geschaffen werden.[3] Die Hochhäuser Renzo Pianos, Hans Kollhoffs Backstein-Tower mit seinen Art-déco-Anleihen und Richard Rogers' lichtdurchfluteter Bürokomplex mit gelben Sonnenblenden und begrünten Atrien machen das Quartier zu einer futuristischen Erscheinung im Stadtbild. Mit Einkaufszentren, Ablegern amerikanischer Sternehotelketten, einem Entertainment-Center, einem Spielcasino, einem Multiplex-Kino und Luxusapartments ist das Areal ein Tummelplatz kaufkräftiger Konsumentinnen und Touristen, gut verdienender Angestellter und weltläufiger Anwohnerinnen.

Mir ist das Areal gleichermaßen vertraut und fremd. Ich bin in Berlin geboren und aufgewachsen und oft hier gewesen, allerdings ohne je den geringsten Einblick in die Unterwelt und den Alltag der dort Arbeitenden zu haben. Ich weiß auch nicht viel über das Reinigungsgewerbe. Deshalb kommt es mir auf dem Weg in die Unterwelt vor, als beträte ich mitten in meiner Heimatstadt eine fremde Welt.

Mein Interesse am Reinigungspersonal und seiner Arbeit geht auf eine Begegnung vor über zehn Jahren zurück. Damals blieb ich, als Strategieberaterin für die Datenanalyse eines Projekts verantwortlich, eines Abends länger im Münchener Büro des Unternehmens. Gegen neun Uhr wurde es still auf der Etage. Ich hörte, wie die letzten Kollegen das Büro verließen, sah die Türen hinter ihnen zufallen und die Lichter auf den Fluren erlöschen. Ich war so in meine Tabellenkalkulation vertieft, dass ich aufschreckte, als plötzlich eine junge Frau in einem Reinigungskittel vor mir stand. Nach einer flüchtigen Begrüßung ging sie weiter ins nächste

Büro und fing dort an sauber zu machen. Unsere kurze Begegnung machte mich nachdenklich. Was ging in ihr vor, wenn sie abends in leeren Fluren und Büros unterwegs war? Was sah sie in mir, einer weiteren Frau, die hier einsam vor sich hin arbeitete, ganz anders angezogen war und offenbar einer besser bezahlten und mit einem höheren Status verbundenen Tätigkeit nachging? Wer von uns beiden wollte im Augenblick weniger hier sein? Wann schlief sie, wann sah sie ihre Kinder? Hatte sie überhaupt welche? Wo wohnte sie? Und wie kam es, dass sie in der Gebäudereinigung arbeitete?

Diese Begegnung machte mir bewusst, dass das Hotelzimmer, in dem ich schlief, das Büro, in dem ich den Tag verbrachte, und die Straßen zwischen diesen Orten von Personen gereinigt wurden, die zugleich abwesend und anwesend waren: abwesend, da man sie gewöhnlich weder sieht noch hört, und doch anwesend, da mangelnde Sauberkeit sofort auffallen würde. Zwischen ihrem Leben und meinem bestand zum einen ein unmittelbarer Zusammenhang – die Arbeitszeiten der Reinigungskräfte orientierten sich an denen der Beraterinnen –, zugleich waren sie scharf voneinander getrennt. Bis zu dem Tag, an dem ich mich dem Reinigungspersonal in der Unterwelt des Potsdamer Platzes anschließe, habe ich mit Reinigungskräften immer nur als Dienstleistern zu tun gehabt.

Am Vorabend meines ersten Tags am Potsdamer Platz fällt mir das Einschlafen schwer. Ich habe zwar alles Mögliche über die Gebäudereinigung gelesen und bei Schulungsworkshops mit Kundenbetreuerinnen und Vorarbeitern von Reinlich & Co. gesprochen, fürchte aber dennoch, nicht gut genug vorbereitet zu sein. Ich habe Angst, dass ich den Wecker um vier Uhr früh verschlafe oder dass vor Ort etwas schiefgeht. Was, wenn die Leute gar nicht mit mir reden wollen und mich einfach ignorieren? Nach einer unruhigen Nacht radle ich im Morgengrauen voller mit Aufregung und Sorge gemischter Neugier durch die Stadt.

Um kurz vor fünf Uhr begrüßen mich Norbert und Tom, der für die Objekte am Potsdamer Platz zuständige Kundenbetreuer, in ihrem breiten Berlinerisch. Tom geht mit mir die formelle Einführung durch, die sich alle neuen Mitarbeiter anhören müssen: Sicherheits- und Reinigungsvorschriften, einen Plan des Geländes sowie die Verpflichtung zur Vertraulichkeit im Hinblick auf Informationen, die die Kunden von Reinlich & Co. betreffen.

Eine Begehung des Potsdamer Platzes und seiner architektonischen Highlights schließt sich an. Als wir einen Lastenaufzug betreten, macht mich Norbert auf die schmutzigen Wände aufmerksam: »Passen Se uff, nicht anlehnen! Das ist schmutzig.« Er siezt mich, weil er noch immer eine Besucherin in mir sieht, jemanden, der gut gekleidet ist und Personen in der Firmenzentrale kennt. Der dortige Personalchef, Ludwig, hat mir versprochen, dass ich mich praktisch unbeschränkt bewegen kann: Dem Unternehmen sei daran gelegen, der Gebäudereinigung mehr Aufmerksamkeit zu verschaffen. In Toms und Norberts Augen wiederum bin ich jemand von »der Uni«, einer Institution, mit der sie nichts anfangen können, solange ihre Firma dort keinen Reinigungsauftrag hat. Auch wenn ich beschlossen habe, meinen akademischen Hintergrund und mein Forschungsinteresse offenzulegen, will ich unbedingt den Eindruck vermeiden, dass ich mir auf meine Titel etwas einbilde, um den ohnehin bestehenden kulturellen, sozialen und ökonomischen Abstand zwischen den Reinigungskräften und mir nicht noch zu vergrößern. (Später, als sie sich an mich gewöhnt haben, fragen sie nach meinem akademischen Rang und reagieren mit ungläubigem

Lachen, als sie erfahren, dass ich, eine Umgangssprache sprechende junge Frau mit griechischem Hintergrund, Professorin bin: »Ist der Titel auf deinem Perso drauf? Zeig mal!«)

Nach dem Rundgang führen Tom und Norbert mich zu Michaela, einer 62-jährigen Reinigungskraft aus dem Berliner Osten. Nach einer kurzen Begrüßung greift sie zu Bürste und scharfem Reinigungsmittel, um mir zu zeigen, wie man Toiletten schrubbt. Zu meiner Überraschung trägt sie keine Handschuhe – mit denen habe sie einfach »kein Gefühl« für das, was sie tue. Ich beschließe, ebenfalls auf Handschuhe zu verzichten, und damit beginnt meine erste Schicht.

Als ich während der Pause um neun Uhr mit Michaela und anderen Kolleginnen bei Kaffee und einer Kleinigkeit zu essen um einen Tisch sitze, gehen fragende Blicke hin und her. Zeit, mich vorzustellen: »Hi, ich bin Jana, ich komme von der Universität und mache eine Studie über Reinigungsarbeit. Ich will erfahren, was es heißt, hier zu arbeiten.« Michaela antwortet als Erste. »Na endlich!«, ruft sie. »Endlich schaut sich mal jemand an, was wir hier tun, anstatt es für selbstverständlich zu halten.«

Ich bin für diese Aufgeschlossenheit dankbar, aber auch ein bisschen überrascht, dass Michaela meine Anwesenheit so bereitwillig als Zeichen der Wertschätzung und des Respekts begreift. Immerhin komme ich aus der Oberwelt, in der Reinigungskräfte im Allgemeinen ignoriert oder abfällig behandelt werden. Tatsächlich denken auch nicht alle wie Michaela. Einige halten Abstand von mir und argwöhnen halb im Scherz, ich könne ein vom Management geschickter »Maulwurf« sein.

Insgesamt aber treten mir die Reinigungskräfte deutlich offener gegenüber, als ich erwartet hatte; vermutlich, weil ich dieselbe Arbeit mache wie sie. Zwar bin ich statt an fünf oder gar sechs Tagen nur zwei- bis viermal pro Woche hier und auch keiner festen Schicht zugeteilt, sondern wechsle alle zwei oder drei Wochen den Einsatzort – von Privatwohnungen über Büros zu Eingangsbereichen und Läden – und Aufgabengebiet – vom Toilettenreinigen bis zur Säuberung von Baustellen –, um mit neuen Reinigungskräften und möglichst vielen Facetten ihrer Arbeit in Kontakt zu kommen. Doch arbeite ich stets ganze Schichten, von fünf Uhr früh bis halb zwei mittags, und gebe mir Mühe, meine Aufgaben genauso gut zu erledigen wie alle anderen: Ich schrubbe die Toiletten ohne Handschuhe, wische Treppenaufgänge und sammle Zigarettenkippen ein. Ich präsentiere mich als lernwillige Hilfskraft, die sich für das interessiert, was die Reinigungskräfte tun und denken.

Unsichtbare Schmutzarbeit am unteren Ende der Arbeitsmarkthierarchie

Was die Reinigungskräfte tagtäglich tun, firmiert in wissenschaftlichen Texten unter »dirty work«, also »schmutziger« oder »Schmutzarbeit«.[4] Sie gehen mit Dingen um, die »körperlichen Abscheu«[5] hervorrufen, mit Stoffen, die niemand gerne sieht, riecht oder berührt. Die Reinigung ist der prototypische Fall einer stigmatisierten Tätigkeit, die wenig Respekt genießt und keinerlei Prestige einbringt.

Und noch etwas erscheint entwürdigend: Wie die Tätigkeit selbst bleiben auch die, die ihr nachgehen, in der Regel unsichtbar. Wenn eine Tätigkeit im Verborgenen ausgeführt wird, neigen wir dazu, sie sowohl in symbolischer wie in materieller Hinsicht gering zu schätzen.[6] Die Unsichtbarkeit der Reinigungskräfte am Potsdamer Platz hängt mit verschiedenen, teilweise bewusst so gestalteten Faktoren zusammen. Zunächst einmal pendeln die meisten aus über eine Wegstunde entfernten, billigeren Außenbezirken zu ihrem Arbeitsplatz. Ihr Dienst beginnt oft in den frühen Morgenstunden. Wenn die Büroangestellten, Konsumentinnen und Touristen auf dem Areal erscheinen, haben sie den größten Teil ihres Tagwerks bereits hinter sich. Sie haben Kaugummis von den Marmorböden gekratzt, Kaffeeränder von den Schreibtischen gewischt und Toiletten gesäubert. Ihre Schichten sind mit Bedacht so eingerichtet, dass das Publikum möglichst wenig mit ihnen in Berührung kommt.[7] Im Vergleich zu den Arbeitszeiten in anderen europäischen Ländern liegen die der deutschen Reinigungskräfte überdurchschnittlich oft in den Abendstunden, in der Nacht oder am frühen Morgen.[8]

Während ihrer Schicht verschwinden die Reinigungskräfte des Potsdamer Platzes in einer privatwirtschaftlich betriebenen Unterwelt, die ebenso unsichtbar und unverzichtbar ist wie das Fundament eines Gebäudes. Nur mit einer Schlüsselkarte gelangt man aus der hell erleuchteten Oberwelt in die dämmrigen Labyrinthe. Unter den niedrigen Decken riecht es oft nach Abfall. Am Potsdamer Platz sind die Dienstleistungen und Aktivitäten des Reinigungspersonals in die unterirdischen Etagen verlegt worden, so dass die Bewohnerinnen und Besucher hiervon wenig mitbekommen. Darin spiegelt sich eine allgemeine Tendenz zum »vertikalen Wachstum«[9] in Architektur und Stadtplanung wider: Höhere Gebäude für die Eliten gehen mit tieferen Kellern für Abfallentsorgung, Serviceeinrichtungen und das Dienstleistungspersonal einher.

Dass die Reinigungskräfte bei Reinlich & Co. angestellt sind und nicht bei individuellen Kunden, verschärft das Problem ihrer Unsichtbarkeit. Bereits seit einigen Dekaden lagern Unternehmen Tätigkeiten wie die Reinigung ihrer Liegenschaften an Fremdanbieter aus, um Kosten zu senken und ihre Flexibilität zu erhöhen.[10] Der Markt für gewerbliche Reinigung in Deutschland, der größte in Europa, weist konstante Wachstumsraten auf.[11] Die Serviceverträge sehen zumeist vor, den direkten Kontakt zwischen Reinigungskräften und Kundinnen auf ein Minimum zu beschränken. Hinzu kommt, dass die Arbeit einer Reinigungskraft im Gegensatz zu vielen anderen Dienstleistungen nicht in dem Moment »konsumiert« werden muss, in dem sie »produziert« wird – es ist sogar leichter, sie in Abwesenheit des Kunden zu erledigen.[12] Nicht nur die Reinigungskräfte selbst, sondern auch die Arbeit, die sie leisten, kann daher leicht übersehen und als selbstverständlich betrachtet werden. Sauberkeit wird in der Regel erst zum Thema, wenn es an ihr mangelt.[13]

Auch hinsichtlich Ausbildung und Bezahlung rangieren Reinigungskräfte weit unten in der Arbeitsmarkthierarchie. Ihre Arbeit gilt als »gering qualifizierte Tätigkeit, die der Auftraggeber ohne Weiteres auch selbst ausführen könnte«.[14] Selbst wenn die Reinigungskräfte etwas mehr als den gesetzlichen Mindestlohn erhalten,[15] ist das Einkommen nach wie vor niedrig, insbesondere wenn sie nicht in Vollzeit arbeiten. Das deutsche Sozialsystem gewährt ihnen zwar einen gewissen Schutz,[16] verhindert aber nicht, dass sie auf der Verliererseite der Einkommensungleichheit stehen.[17] Der Anwalt, dessen Büro die Reinigungskraft am Potsdamer Platz sauber macht, bekommt schätzungsweise einen 20-mal höheren Stundenlohn.

Damit vereint diese Tätigkeit viele Aspekte unerfreulicher und erniedrigender Jobs am unteren Ende der Arbeitsmarkthierarchie: den ständigen Umgang mit Schmutz, die aufgezwungene Unsichtbarkeit, dazu mangelnde Qualifikation und schlechte Bezahlung. Es handelt sich offenbar um eine Tätigkeit, der nur nachgeht, wer aus finanziellen Gründen dazu gezwungen ist. Darüber hinaus scheint es wenig oder nichts zu geben, das ihr in irgendeiner Weise so etwas wie Würde verleiht.

Perspektiven aus der Unterwelt

Die Reinigungskräfte vom Potsdamer Platz sehen ihren Job allerdings weit ambivalenter. Natürlich geht es ihnen um ihren Lohn, aber das ist nicht alles. Manches, das von außen unwürdig erscheint, kann ihnen unter Umständen sogar ganz recht sein.

Während der Arbeit verblüfft mich zunächst die enorme Sorgfalt, mit der sie vorgehen: Michaela zum Beispiel, die im Namen der Gründlichkeit auf Handschuhe verzichtet. Anstatt vor dem Unrat Abscheu zu empfinden, begreifen ihn manche als Ansporn und empfinden geradezu Stolz beim Umgang mit seinen schlimmsten Erscheinungsformen, toten Tieren oder menschlichen Exkrementen. Saubermachen kann trist und monoton sein, doch erleben Reinigungskräfte ihre Arbeit offenbar auch als durchaus vielfältig und befriedigend, nicht zuletzt, weil sie ihnen einen gewissen Grad an Autonomie verleiht. So versichert Ali, der schon lange dabei ist: »Mir macht meine Arbeit Spaß. Ich bin hier mein eigener Chef.« Auch die anderen betonen, Saubermachen sei mehr als Wischmopps schwingen und Abfallbehälter leeren. Je nachdem, ob es um Innen- oder Außenreinigung, Glas- oder Gebäudereinigung gehe, sei ein Spektrum unterschiedlicher Techniken und Kompetenzen erforderlich.

Bei Dienstleistungen wie der Gebäudereinigung sind die Anforderungen an Ausbildung und Berufserfahrung der Mitarbeiter gewöhnlich niedrig, die Diversität des Personals entsprechend hoch. Unter meinen Mitstreiterinnen am Potsdamer Platz gibt es junge und alte, Frauen und Männer, Westdeutsche, Ostdeutsche, Menschen mit und ohne Migrationshintergrund, Schwarze und Weiße, Schulabbrecher und Personen mit Abschlüssen, ausgebildete und angelernte Arbeiterinnen. Gemeinsam ist ihnen, dass sie alle zur Unterschicht gehören. Viele kommen aus der Arbeitslosigkeit, sind Immigrantinnen, einige waren vorher straffällig oder obdachlos. Mit ihrer Anstellung verbinden sie Stolz auf ihre Arbeit, ein Zugehörigkeitsgefühl und die Hoffnung, vollwertige Mitglieder der Gesellschaft zu werden. Unter dem Damoklesschwert von Arbeitslosigkeit und Ausgrenzung betrachten sie die Reinigung keineswegs ausschließlich als würdelose Tätigkeit.

Während der Feldstudie wird mir auch bewusst, dass selbst die Verdrängung in die Unterwelt Vor- und Nachteile hat: Zwar fehlt es dort an Licht und frischer Luft, kommt es immer wieder zu Animositäten und wird die mangelnde Anerkennung durch die Oberwelt deutlich verschärft. Andererseits jedoch ist die Unterwelt der Ort, an dem die Reinigungskräfte ihren Lebensunterhalt verdienen, sich zumindest zeitweise der Überwachung durch den Arbeitgeber entziehen, Oberweltlerinnen aus dem Weg gehen und Allianzen mit ihren Kollegen schmieden können.

Aus all dem folgt, dass die öffentliche Wahrnehmung nicht unbedingt widerspiegelt, was die Reinigungskräfte selbst über sich und ihre Arbeit denken. Das Wertesystem der Unterwelt wird keineswegs ganz und gar von dem der Oberwelt dominiert und determiniert.[18] Im Gegenteil: Die Reinigungskräfte am Potsdamer Platz sehen ihre Arbeit offenbar auch als eine Quelle der Würde. Aber wie gelingt es ihnen, diese Würde während ihrer Schichten zu entwickeln und zu wahren? Welchen Einfluss haben Arbeitgeber, Kolleginnen, Kunden und sonstige Oberweltlerinnen dabei? Und was geschieht, wenn man ihnen Respekt und Anerkennung versagt?

Dramen der Würde

Würde ist ein dem Menschen innewohnender Wert, der Selbstwertgefühl, aber auch Wertschätzung durch andere voraussetzt.[19] Diese Komponenten stehen jedoch im Fall der Reinigungskräfte in einem Spannungsverhältnis: Während sie aus ihrer Arbeit Selbstwert zu ziehen suchen, bringen ihnen Außenstehende gerade wegen dieser Arbeit eher wenig Anerkennung und Respekt entgegen. Das ist der Ausgangspunkt eines fortdauernden Kampfs um Würde, der nicht selten die emotionale Intensität und Spannung eines Dramas annimmt, weshalb ich im Folgenden von *Dramen der Würde* sprechen werde.

Tatsächlich kann gewöhnlich kein Mensch darauf verzichten, einen Wert für sich und andere zu haben. Würde ist demnach etwas, auf das Menschen, wie die Soziologen Richard Sennett und Jonathan Cobb in *The Hidden Injuries of Class* schreiben, »zwingend angewiesen sind«.[20] Zugleich verfügt man aber nicht ohne Weiteres über sie, und das hat für eine Reinigungskraft andere Konsequenzen als etwa für eine Universitätsprofessorin. Während Letztere einer Institution angehört, die ihr schon über ihren Titel einen hohen Sozialstatus verleiht, kann Erstere ihre Würde kaum oder gar nicht auf ein institutionelles Fundament stützen: Sie muss sie sich vor allem selbst erarbeiten.

In den Dramen der Würde, die ich im Rahmen meiner Feldstudie beobachten konnte, wurde die Bedeutung der sozialen Interaktion am Arbeitsplatz sichtbar. Dem Soziologen Everett Hughes zufolge ist jede berufliche Tätigkeit, da sie »innerhalb einer sozialen Matrix stattfindet und mit sozialen Interaktionen einhergeht«, ein »soziales Drama«.[21] Wer Arbeitsverhältnisse erforschen wolle, könne sich daher nicht auf die »technischen Aufgaben« der Beschäftigten beschränken, sondern müsse »die Rollen der verschiedenen Beteiligten beleuchten«.[22] Es gelte, »*tief* in das individuelle und soziale Drama der Arbeit *einzudringen*«, um zu verstehen, »was Menschen in die Lage versetzt, ihre Arbeit zumindest als erträglich zu empfinden oder sich selbst und anderen gegenüber sogar als glanzvoll darzustellen«.[23]

Vor diesem Hintergrund sollten wir das Ringen der Reinigungskräfte um Würde als ein sich in einem sozialen Kontext entfaltendes Drama betrachten. Zu fragen ist dabei nicht nur, auf welche Weisen sie ihr Selbstwertgefühl erringen beziehungsweise bewahren, sondern auch, ob und inwiefern die Interaktion mit anderen sie dabei hemmt oder unterstützt.[24] Indem wir den Fokus auf die soziale Interaktion legen, zeigen wir auch, dass die Reinigungskräfte nicht bloß passive Teilnehmerinnen, sondern *Akteure* der Würdedramen sind – auch wenn sie dabei durch ihren Status, die Arbeitsbedingungen und andere Erschwernisse erheblichen Einschränkungen unterliegen.

Deutlich wird überdies, dass wir als Oberweltler direkt und indirekt in diese Dramen verwickelt sind. Die Arbeit der Reinigungskräfte ist vor allem auf uns und unsere Bedürfnisse als Besucherinnen der Shopping Malls, als Büroangestellte und Touristinnen ausgerichtet. Sie ist unverzichtbar für Unternehmen, für Wirtschaft und Gesellschaft insgesamt.

Und doch genießen diejenigen, die diese Arbeit verrichten, kaum Anerkennung.

Wenn geringe Sichtbarkeit mit geringer Wertschätzung korreliert, trägt auch die Wissenschaft zu diesem Problem bei, indem sie Arbeitskräfte und Unternehmen am unteren Ende der Arbeitsmarkthierarchie nur selten in den Blick nimmt.[25] Auch die Herangehensweise kann ein Problem sein: Als ich Ludwig von Reinlich & Co. von der Forschungsliteratur zum Thema »dirty work« erzähle,[26] schüttelt er verdrossen den Kopf – genau solche Etikettierungen tragen zur Stigmatisierung der Branche bei. Man läuft damit auch Gefahr, theoretische Annahmen über gelebte Erfahrung zu stellen, und impliziert, dass Menschen, die Schmutzarbeit verrichten, zwangsläufig unter ihr leiden und daher besondere Bewältigungsstrategien gegen ihre Stigmatisierung entwickeln müssen. Auch wenn die Arbeit in der Gebäudereinigung zweifellos mit einem Stigma behaftet ist, sollten wir uns hüten, den Alltag der dort Beschäftigten darauf zu reduzieren, um nicht von vornherein auszuschließen, dass sie ein Gefühl von Würde entwickeln können, das über die bloße Abwehr des Makels der Schmutzarbeit hinausgeht.

Ohne die Schwierigkeiten gering zu schätzen, die mit der Darstellung anderer, mit Autorinnenschaft und mit Autorität verbunden sind,[27] hoffe ich, in diesem Buch denen eine Stimme zu geben, die sowohl in der akademischen wie in der breiteren Öffentlichkeit gewöhnlich unsichtbar und »unhörbar«[28] sind. Die hier unternommene Ethnografie will Menschen Aufmerksamkeit verschaffen, die ihr Arbeitsleben in den Tiefen der Unterwelt verbringen. Das bedeutet gleichwohl nicht, dass ich den Reinigungskräften unkritisch gegenübertreten werde. Ihnen haftet nichts Romantisches an, schon gar nicht ihrem Umgang miteinander. Diskriminierende und rassistische Äußerungen sind unter ihnen durchaus an der Tagesordnung. Ungeachtet dessen verdienen sie aber, für ihre Arbeit gewürdigt zu werden.

Ausblick

Im ersten Kapitel skizziere ich die räumliche Umgebung, in der sich der Arbeitsalltag der Gebäudereiniger abspielt. Ich beginne mit einem Rundgang über den Potsdamer Platz samt Ausflug in seine Geschichte und vermittle anschließend erste Einblicke in die unterirdische Sphäre der Reinigungskräfte.

Vier von ihnen stehen im Mittelpunkt des zweiten Kapitels: der junge deutsche Auszubildende Alex, der türkische Reinigungsveteran Ali, Luisa aus Angola, die als Immigrantin versucht, in Deutschland Fuß zu fassen, und Marcel, eine Art Aussteiger aus Ostdeutschland. Daneben gebe ich einen Überblick über Geschichte und Status der Reinigungsbranche sowie den Personalmanagement-Ansatz von Reinlich & Co. Die Lebensgeschichten von Alex, Ali, Luisa und Marcel zeigen, auf welch unterschiedlichen Wegen man in diese Branche geraten kann. Sie machen aber auch deutlich, dass diese Arbeit, anders als es ihr Image erwarten ließe, Menschen zu neuer Würde verhelfen kann.

Das dritte Kapitel kreist um die unterschiedlichen Formen der Konfrontation und des Umgangs mit Schmutz. Im Arbeitsalltag der Reinigungsleute hat Schmutz nicht nur eine symbolische, sondern eine überaus materielle, handfeste Bedeutung. Anhand der damit verbundenen Erfahrungen, die ein weites Spektrum von Frustration und Befriedigung, Abscheu und Faszination, Freiheit und Unterwürfigkeit, Entwürdigung und Stolz umfassen, trete ich der geläufigen Annahme entgegen, dass Schmutzarbeit lediglich Scham auslöst.

Im vierten Kapitel stehen die Beziehungen und Interaktionen der Reinigungskräfte untereinander im Zentrum. Ich zeige, dass sie wenig Interesse daran haben, sich selbst als Gruppe zu betrachten. Stattdessen wird ihr Miteinander von Allianzen und Gegnerschaften bestimmt, die entstehen, weil die Reinigungskräfte Differenzmarker entwickeln und bekräftigen, um eine Statushierarchie zu etablieren. Während sie sich einerseits voneinander abzugrenzen suchen, bedroht das gemeinsame Wissen, einer stigmatisierten Gruppe von »Niemanden« anzugehören, ihr Selbstwertgefühl und die Statushierarchie, um deren Aufbau sie sich bemühen.

Im fünften Kapitel untersuche ich, wie sich der Kontakt mit Kundinnen und anderen Angehörigen der Oberwelt auf die Würde der Reinigungskräfte auswirkt. Bei der Arbeit in den oberen Etagen erfahren sie zuweilen Wertschätzung und ein gewisses Gefühl der Exklusivität, öfter aber erleben sie, wie sie ignoriert oder gar herabgewürdigt werden. Diesen Angriffen auf ihre Würde begegnen sie auf unterschiedliche Weisen: mal mit offenem Widerstand, mal mit Spott, mal mit Rückzug in die Unterwelt.

Im Mittelpunkt des sechsten Kapitels stehen die Überwachungsmaßnahmen, denen die Reinigungskräfte am Arbeitsplatz ausgesetzt sind. Die Kontrolle durch Kundinnen, Security-Mitarbeiter, Vertreter des Reinlich & Co.-Managements und zuweilen auch Kolleginnen kann sich zu einem massiven Angriff auf ihr Selbstwertgefühl auswachsen, da sie ein grundlegendes Misstrauen in ihre Fähigkeiten und ihr Arbeitsethos widerspiegelt. Sie wehren sich, indem sie sich der Überwachung zu entziehen, gegen sie aufzubegehren oder sie auszuschalten suchen.

Im letzten Kapitel fasse ich meine Erkenntnisse über die Würdedramen im Arbeitsalltag des Reinigungspersonals zusammen. Ich diskutiere die Frage, ob sich aus der Beschäftigung unsichtbarer Servicekräfte in der Unterwelt auf eine Rückkehr der Dienstbotengesellschaft schließen lässt. Das Kapitel endet mit Reflexionen über zwei Bilder, die Wände im Minus-Bereich unter dem Potsdamer Platz zieren. Das eine zeigt die Freiheitsstatue, das andere eine Szene mit dem Filmkomiker Harold Lloyd.

1. Das Areal: Eine futuristische Micro-City und die Präsenz der Reinigungskräfte von unten

Auf dem Weg zu meiner Schicht radle ich frühmorgens aus den noch schlafenden Straßen meines Mittelklasse-Wohnviertels in die rauere und lebhaftere Potsdamer Straße, die direkt zum gleichnamigen Platz führt. Ich komme an Sozialbauten vorbei, an denen zahllose Satellitenschüsseln angebracht sind, zuweilen mit Kinderfotos oder Nationalflaggen beklebt, und passiere türkische Lebensmittelläden und Dönerbuden, Filialen von Bäckereiketten, Spielotheken, Hostels und Bordelle. In den Duft frisch gebackenen Brots und der sich unermüdlich drehenden Kebabspieße mischt sich der Gestank von Erbrochenem und Urin.

So früh am Morgen sieht die Stadt anders aus. Auf der sonst viel befahrenen Straße sind nur ein paar Taxis unterwegs, die betrunkene Partygänger nach Hause bringen, dazu einige Lkws, die Waren für den anbrechenden Tag anliefern. Unter dem ausbleichenden Licht der Laternen schwingen Frauen auf High Heels ihre in hautenge Hosen gepackten Hüften und zwinkern den wenigen, meist männlichen Passanten zu. Zeitungsträger mit verschlafenen Gesichtern tragen die neuesten Nachrichten aus, Menschen in Bauarbeitermontur oder Security-Uniformen streben ihren Arbeitsorten zu.

Der Gebäudekomplex am Potsdamer Platz steht nicht nur zur teilweise schmuddeligen Potsdamer Straße, sondern zu seiner gesamten Umgebung in scharfem Kontrast.[1] Vor dem dunklen Morgenhimmel leuchten die futuristischen Hochhaus-Kreationen internationaler Stararchitekten über der flachen Skyline der Stadt, und man ahnt schon aus einiger Entfernung, dass dort ein Stadtquartier mit einem vermeintlich luxuriösen kosmopolitischen Flair entstanden ist.

Dabei entspricht der Potsdamer Platz, der sich in Privatbesitz befindet und privatwirtschaftlich betrieben wird, Marc Augés Definition eines »Nicht-Orts«.[2] Inmitten all der Nobelhotels, Restaurants, Shopping Malls, Kinos und Büros renommierter Unternehmen manifestiert sich sehr wenig von dem, was Augé das »Organisch-Soziale« nennt.[3] Ausgerichtet auf die Wünsche und Bedürfnisse von Touristinnen, Angestellten in gut bezahlten Dienstleistungsberufen und betuchten Anwohnerinnen, repräsentiert der Komplex die Vermarktung und fortschreitende Gentrifizierung Berlins. Es ist ein durchgeplanter Raum, von all den unerwünschten Dingen »bereinigt«, die einem in den anderen, weniger stark regulierten Teilen der Stadt auf Schritt und Tritt begegnen: Abfall und Graffiti werden hier ebenso wenig geduldet wie Obdachlose.[4]

Die Bedürftigen sind nicht die Einzigen, die am Potsdamer Platz nicht zu sehen sein sollen. Unter den Gebäuden erstreckt sich ein bis zu vier Ebenen umfassendes labyrinthisches Gangsystem, ein verborgener Backstagebereich, in dem die Serviceeinrichtungen untergebracht sind. Dunkle, stickige und übelriechende Räume, niedrige Decken, endlose Korridore und Betontreppen, die nicht einmal mehr entfernt an den (zumindest angestrebten) Glanz der Oberwelt erinnern, zu deren Versorgung sie dienen.

Auf den folgenden Seiten möchte ich zeigen, dass diese vertikale Segregation des Gebäudekomplexes kein Nebeneffekt der architektonischen Gestaltung, sondern eine Form der Raumordnung unter Statusaspekten ist.[5] Räume sind, wie der Philosoph und Soziologe Henri Lefebvre gezeigt hat, keineswegs »objektiv, neutral und leer« (also kein »milieu *neutre*«, wie es im Original heißt).[6] Vielmehr »prägen sich [...] soziale Verhältnisse einem Raum auf, schreiben sich in ihn ein und produzieren ihn« somit überhaupt erst.[7] Welche sozialen Verhältnisse projiziert die vertikale Segregation des Potsdamer Platzes in eine Ober- und eine Unterwelt? Wie wird das Areal von den Architekten, den Investoren, von Politikerinnen und in den Medien dargestellt? Spielt die Arbeit der Reinigungskräfte bei der Vermarktung der Anlage überhaupt eine Rolle? Und falls ja, welche? Wie sehen und erleben sie selbst, wie erlebt ihr Arbeitgeber die Welt am Potsdamer Platz?

Eine »City für das 21. Jahrhundert«

Aufgrund seiner zentralen Lage und seiner auffälligen Gebäude ist der Potsdamer Platz Berlinern und Touristen gleichermaßen bekannt. Zudem wird er als »urbanes Zentrum« vermarktet und so zusätzlich mit symbolischer Bedeutung aufgeladen. Südlich des Tiergartens gelegen, befindet sich der Platz nur wenige Straßen vom Brandenburger Tor, dem Reichstagsgebäude und dem Holocaust-Mahnmal entfernt; in die Gegenrichtung sind es gerade einmal ein paar Hundert Meter zur Staatsbibliothek und zur Philharmonie. Als Beispiele für die markante Architektur des Komplexes seien das an ein überdimensioniertes Zirkuszelt erinnernde Dach des Sony Centers und die Spitze des Atrium-Towers genannt. Insgesamt erinnert das von einer Vielzahl international gefeierter »Starchitects«[8] entworfene Areal eher an nordamerikanische als an europäische Städte.[9] Die beauftragten Architekten haben

Abb. 1: Die Fassade des Kollhoff-Towers am Potsdamer Platz
(alle Fotos im Buch stammen von der Autorin)

eine zweifellos vielfältige, aber eben auch durchgeplante Stadtlandschaft geschaffen, die zuweilen den Eindruck eines Versuchsgeländes für bauliche Innovationen erweckt.

Als man in den neunziger Jahren mit dem Wiederaufbau des Platzes begann, wurde eine öde Parzelle zur größten Baustelle Europas.[10] Unter dem Bombenhagel am Ende des Zweiten Weltkriegs waren nahezu sämtliche Gebäude bis auf die Grundmauern niedergebrannt. In der Nachkriegszeit war der Platz eine Brache, deren Ostteil militärisches Sperrgebiet, das nicht betreten werden durfte. Später verlief die Mauer mitten durch das Areal. Im westlichen Teil baute man eine Plattform, die es Touristinnen ermöglichte, einen Blick in die Deutsche Demokratische Republik zu werfen.

Als die Mauer 1989 fiel, war das Brachland eine erstklassige Liegenschaft für Immobilienentwickler, die die Stadt gegen einigen Widerstand an zwei kapitalkräftige Investoren, die Daimler AG und Sony, veräußerte.[11] Die politische Absicht dahinter war, den Potsdamer Platz zu einer Ikone der Hauptstadt des wiedervereinigten Deutschlands zu machen.[12] Das konzertierte Design zielte vor allem darauf ab, betuchte Mieterinnen für Läden, Büros und Wohnungen sowie zahlungskräftige Konsumenten und Touristinnen anzuziehen. Damit versinnbildlicht der Potsdamer Platz den Wunsch der Stadtverwaltung, Berlin als attraktiven Wirtschaftsstandort und zugleich als kreative Kulturmetropole zu vermarkten.[13] Tatsächlich befinden sich unter den Mietern auf dem ehemals öffentlichen, jetzt privatwirtschaftlich betriebenen Areal Unternehmen wie Sony, die Deutsche Bahn, die Daimler AG, Bombardier und die Kanzlei Freshfields Bruckhaus Deringer. Der Büroraumvermittler WeWork bietet Co-Working-Spaces an, wodurch neben den hoch bezahlten Fachkräften auch Kreative angezogen werden sollen.[14]

Abgesehen von den Büroflächen gehören zum Potsdamer Platz, den an einem durchschnittlichen Tag rund 110000 Menschen aufsuchen, mehrere Hundert Miet- und Eigentumswohnungen, von denen viele als Zweitwohnsitze genutzt werden. Hinzu kommen Luxushotels wie das Ritz-Carlton, Geschäfte, ein Einkaufszentrum, Restaurants, Imbissbuden und Cafés, ein Spielcasino, Theater, ein Multiplex-Kino und ein Nachtclub. Auch urbane Kulturevents finden hier statt. Zur Berlinale promenieren internationale Filmstars vor jubelnden Fans, Pressefotografinnen und Fernsehkameras über den roten Teppich am Marlene-Dietrich-Platz, dessen Name den Glamour der zwanziger Jahre heraufbeschwören soll. Tatsächlich hat man sich bei der Neuerfindung des Areals an dieser Zeit orientiert. Damals befanden sich am Potsdamer Platz auf die entstehenden Massenmärkte[15] ausgerichtete Warenhäuser, Hotels sowie Vergnügungspaläste wie das »Haus Vaterland«, außerdem das Columbushaus, ein neunstöckiges Bürogebäude, sowie Europas erste Ampelanlage, mit denen die Stadt ihre Ambition markierte, eine Weltmetropole zu sein.[16] An die Zeit der nationalsozialistischen Herrschaft hingegen, an die Hakenkreuzfahnen und an die Büros der Planungsbehörde der Euthanasiemorde, die zeitweilig im Columbushaus untergebracht war (wo auch die leninistische Widerstandsgruppe »Neu Beginnen« Räume bezogen hatte), erinnert heute wenig.[17]

Diese selektive Präsentation der Geschichte[18] passt zum Image und zur Atmosphäre, die die Betreiber des Platzes kultivieren wollen. Als Sinnbild Berlins, wenn nicht des ganzen Landes, soll diese Micro-City die Zukunft verkörpern und ein »urbanes Musterquartier« für das 21. Jahrhundert sein, in dem man ein »facettenreiche[s] Angebot mit komfortablen Büros, ausgedehnten Grünflächen, erstklassigem Entertainment sowie vielfältigen Gastronomie- und Shoppingangeboten« vorfindet.[19] Das Angebot dieses »Work-Life-Quartiers«[20] ist in erster Linie auf jene ausgerichtet, die sich »erstklassiges« Entertainment, Shoppen und Wohnen leisten können oder für eines der ebenfalls »erstklassigen« Unternehmen arbeiten, die hier Niederlassungen betreiben. Doch trotz der Wohnungen und Büros ist der Komplex mehr noch für Besucher gedacht; er eignet sich besser zum Kaufen und Konsumieren als dafür, hier zu wohnen oder seinen Alltag zu verbringen.

Die dicht beieinanderstehenden Hochhäuser entsprechen dem Trend zur zunehmenden Vertikalisierung der Städte. Der Geograf Stephen Graham konstatiert, dass dieses »vertikale Wachstum« von »Stadtpolitikerinnen und Immobilienentwicklern« gefördert wird, »die glamouröse futuristische Skylines errichten lassen, um die jeweilige Stadt zu einer ›Marke‹ zu machen, die mit anderen sogenannten ›global citys‹ oder Weltstädten in Konkurrenz um Investitionen, Touristen, Medienpräsenz und die ›Klasse der Kreativen‹ (Angehörige einer mobilen und gut ausgebildeten Hightech-Elite) treten kann«.[21] Diese Entwicklung geht Hand in Hand mit einer Privatisierung öffentlicher Räume und der Verdrängung ärmerer Bevölkerungsgruppen aus den Stadtzentren. Auch das spiegelt sich am Potsdamer Platz wider.

Die Soziologin Sharon Zukin hat am Beispiel New Yorks gezeigt, dass sich auf Konsumförderung ausgerichtete Stadtquartiere durch zunehmende kulturelle wie ökonomische Exklusivität auszeichnen und folglich »ihre Seele verlieren« würden.[22] Am Potsdamer Platz, diesem Inbegriff eines »Nicht-Orts«, zeigt sich das sehr deutlich. Man hat den Komplex nicht nur von Anfang an »in Bezug auf bestimmte Zwecke [...] konstituiert«[23] – nämlich auf die Konsumgewohnheiten einer exklusiven Gruppe –, sondern auch seine Geschichte höchst selektiv und marketingtauglich inszeniert. Hinzu kommt eine keinerlei Heimatgefühl vermittelnde Architektur, deren Bauten ebenso gut in jeder anderen kosmopolitischen Stadt stehen könnten.

Privatwirtschaftlich betriebene Stadtquartiere wie der Potsdamer Platz lösen zwei miteinander verknüpfte Entwicklungen aus: einen steigenden Bedarf an Servicetätigkeiten zu ihrem Betrieb und der Versorgung ihrer Klientel sowie vermehrte Anstrengungen, diese Tätigkeiten und diejenigen, die sie erbringen, unsichtbar zu machen. Durch die Mietpreisentwicklung aus dem Stadtzentrum verdrängt, werden die Servicearbeiterinnen, wenn sie nach langer Anreise ihren Arbeitsplatz erreichen, ein zweites Mal verdrängt, diesmal in den Untergrund. Die Serviceeinrichtungen und Abfallsammelstellen, in denen sie arbeiten, wurden tief in den Boden unter den Wolkenkratzern versenkt. Wenn die Vordenker, Investorinnen und Architekten des Potsdamer Platzes recht haben und der Komplex tatsächlich die Zukunft des urbanen Lebens verkörpert, müssen die Auswirkungen einer derartigen Segregation untersucht werden. Wer arbeitet hier und was folgt für die Beschäftigten und für die Gesellschaft daraus, dass ihnen ein Platz im Untergrund zugewiesen wird?

Das »Prestigeobjekt«

Ein breites Spektrum an Dienstleisterinnen geht am Potsdamer Platz seiner Arbeit nach: Security-Leute, Müllwerker, Empfangsdamen, Kellnerinnen und Küchenpersonal, Schneiderinnen, Verkäuferinnen und Reinigungskräfte. Einige von ihnen verbringen ihren Arbeitstag oberirdisch, viele Tätigkeiten spielen sich jedoch in der Unterwelt ab: Hier werden Waren angeliefert, sortiert und gelagert, hier wird der Abfall gesammelt, Wäsche gereinigt und ausgebessert. Unter den Dienstleistern sind die Reinigungskräfte die Einzigen, die, auch wenn sie immer wieder in ihren unterirdischen Aufenthaltsraum zurückkehren, in so gut wie alle Räume der Oberwelt gelangen – Büros, Apartments, Läden, öffentliche Bereiche.

Die Servicemitarbeiterinnen sind nicht bei den Mietern des Komplexes, sondern bei Dienstleistungsunternehmen angestellt, deren Verträge vom Management des Potsdamer Platzes alle paar Jahre neu ausgeschrieben werden. Aufgrund seiner Größe und Prominenz ist das Areal ein wichtiger Kunde im Portfolio dieser Unternehmen, ein »Prestigeobjekt«, wie es bei Reinlich & Co. heißt.[24] Indem die Manager von Reinlich & Co. die vermeintliche Exklusivität und Prestigeträchtigkeit dieses Auftrags unterstreichen, fördern sie zugleich das Image des eigenen Unternehmens. Daher überrascht es nicht, dass der Geschäftsführer der Berliner Niederlassung gerade dieses Objekt für mein Vorhaben empfiehlt. Tom, der dortige Kundenbetreuer, betont nicht nur den Erfolg und den bracheninternen Rang des Unternehmens, sondern auch das gute Verhältnis zu den Auftraggebern vor Ort. Die Arbeit hier verlaufe zumeist reibungslos, was keineswegs überall so sei. Seine Kollegen hätten nicht selten mit Kundinnen zu tun, die über den Vertrag hinausgehende Leistungen einfordern oder sich herablassend verhalten. Von seinem Kunden hingegen, auf den er offensichtlich stolz ist, weiß Tom nur Gutes zu berichten: »Der Potsdamer Platz ist unser Prestigeobjekt. Wir machen hier allet Mögliche. Es ist unser größtes Objekt in Berlin, jeder kennt das.«

Obwohl Tom vielleicht nur aus Gründen der Firmenpolitik ein übertrieben positives Bild seines Kunden zeichnet, wirkt sein Enthusiasmus echt. Mit 25 Jahren ist er ziemlich jung für seine Position. Das sieht man ihm auch an. Er trägt eine feste Zahnspange, sein braun gebranntes Gesicht mit der Narbe auf der rechten Wange strahlt blühende Jugend aus. Einige seiner Untergebenen glauben, dass die Narbe auf seinen Wochenendjob als Türsteher zurückgeht, andere meinen, es sei ein Treppensturz im Rausch gewesen. Dass er wie ein Manager wirkt, liegt in erster Linie an seiner Kleidung. Er trägt rosa Anzughemden (manche mit dem Reinlich & Co.-Logo auf dem Kragen), die er in seine Designerjeans stopft, braune Lederschuhe und eine schwere silberne Uhr am rechten Handgelenk.

Toms Büro liegt in dem von Richard Rogers entworfenen Bürogebäude, das mit seinen Proportionen und seinem futuristischen Äußeren wie ein Update von Rogers' Centre Pompidou wirkt. Aus seinem Fenster hat Tom einen unverbauten Blick über die Berliner Skyline, davor liegen die künstlich schräg geneigten, gepflegten Rasenflächen des Tilla-Durieux-Parks. Abgesehen von einem Pokal, den er bei einem Martial-Arts-Turnier gewonnen hat, und einem Foto seines kleinen Sohnes dominieren Unternehmensbotschaften von Reinlich & Co. das Büro: Logos, Slogans und Aufkleber. Bilder lächelnder Reinigungskräfte dienen als Bildschirmschoner, stilisierte Darstellungen von Reinigungsarbeiten zieren Kaffeebecher, auf einem prominent platzierten Poster ist das Unternehmensmotto zu sehen.

Tom hat Ambitionen, seinen Verantwortungsbereich zu vergrößern, indem er die Hausverwaltungen weiterer Gebäude des Komplexes als Kunden gewinnt. Bei unserem ersten Gespräch zeigt er mir einen Lageplan, auf dem das Areal in die Bereiche A bis D eingeteilt ist, während die Gebäude entsprechend mit A1, A2, B1, B2 und so weiter bezeichnet sind: »Hier sieht man, wie groß der Potsdamer Platz ist. Tagsüber halten sich hier mehr als 100 000 Menschen auf, nachts natürlich etwas weniger.« Stolz berichtet Tom, dass er neue Objekte, wie die kanadische Botschaft akquirieren konnte. Dass sich so viele Besucherinnen hier aufhalten, hat unmittelbare Folgen für die Reinigungsvorgänge, ebenso wie die Architektur: »Der Potsdamer Platz ist arbeitsintensiv. Hier müssen sehr viel Flächen sauber gemacht werden. Es ist enorm hier, die Architektur hier ist enorm. Überall Flächen zum Saubermachen, und dann das ganze Glas«, erklärt Tom.

Der Potsdamer Platz ist nicht nur dem Image von Reinlich & Co. förderlich, auch Tom hat ihm sein Vorankommen in der Firma zu verdanken. An meinem ersten Tag auf dem Gelände begleiten er und Vorarbeiter Norbert mich zum Kollhoff-Tower, wo wir mit »dem schnellsten Fahrstuhl Europas« in die 24. Etage fahren und die Aussichtsplattform auf der Dachterrasse, den »Panoramapunkt«, besuchen. In jeder Richtung zeigt Tom auf Objekte, die zum Kundenportfolio von Reinlich & Co. gehören. Für ihn ist der Potsdamer Platz der Ort, an dem er von der Reinigungskraft im Untergrund zum Manager aufgestiegen ist, der ein Imperium repräsentativer Objekte überblickt.

Während Toms Büro ihn als Teil der Oberwelt ausweist und seinen Aufstieg in der Firmenhierarchie auch räumlich manifestiert,[25] ist Norberts Vorarbeiterbüro in der zweiten Etage des Gebäudes untergebracht, in dem sich die unterirdischen Räume der Reinigungskräfte befinden. Offensichtlich ist es weniger darauf ausgelegt, das Unternehmen gegenüber Kundinnen und Öffentlichkeit zu repräsentieren. Ein kleiner Raum mit einem einfachen Schreibtisch und einem Stuhl für den Papierkram. Reinigungsmittel und Reinigungsgeräte la-

Abb. 2: Blick über Berlin von der Aussichtsplattform des Kollhoff-Towers

gern an den Wänden. Wer etwas braucht, muss Norbert darum bitten. Ansonsten, sagt er, lösen sich die Sachen gerne mal in Luft auf.

Während Toms Arbeitstag um neun Uhr morgens beginnt, fangen die Vorarbeiter zum Schichtbeginn der Reinigungskräfte um fünf Uhr früh an. Im Niemandsland zwischen Oberwelt und Unterwelt verbringen sie den Großteil des Tages auf Wegen zwischen den Gebäuden, von einer Etage zur anderen. Für die Reinigungskräfte sind die Vorarbeiter die wichtigsten Ansprechpartner. Sie weisen sie ein, teilen sie den Schichten zu, statten sie mit dem nötigen Equipment aus, kontrollieren ihre Arbeit und springen notfalls selber ein. Ähnlich wie das Reinigungspersonal tragen die Vorarbeiter Arbeitshosen, Thermojacken und Baseballcaps mit Firmenlogo und unterscheiden sich deutlich von Tom und den Büroangestellten.

Tom betrachtet den Potsdamer Platz in erster Linie unter geschäftlichen und Karriereaspekten. Für die Vorarbeiter stellt das Prestigeobjekt mit den himmelhohen polierten Türmen eher eine Einladung zur Überarbeitung dar. Ihr »Revier« ist ebenso weitläufig und schwer zu überblicken wie die Erwartungen der Kunden hoch sind. Unvermeidlich haben sie es hier mit »Etepetete-Reichen« aus der Oberwelt zu tun. Schon die schiere Größe des Gebäudekomplexes und die Vielzahl der Objekte sind ein Problem. »Ich laufe am Tag acht Kilometer unter dem Potsdamer Platz hin und her«, erzählt Norbert. Stress und Schlafmangel haben sich unter seinen Augen und auf seiner Stirn eingegraben. Niemand ist überrascht, als er schließlich wegen Überarbeitung und hohen Blutdrucks fast ein halbes Jahr lang krankgeschrieben wird. Anton, der Norberts Aufgaben übernimmt, wird unter der Mehrarbeit zusehends blasser und ausgelaugter, so dass die Reinigungskräfte fürchten, auch er werde demnächst wegen Überarbeitung »umkippen«. Anton selbst bekundet so etwas wie Stolz darauf, das stressige Dasein eines Vorarbeiters »durchzuhalten«.

Die Unterwelt des Potsdamer Platzes

In den Großstädten der Gegenwart sind Areale wie der Potsdamer Platz nichts Ungewöhnliches. Von der Hafencity in Hamburg über die Hudson Yards in New York bis zum Archipelago 21 in Seoul finden sich überall auf der Welt ähnliche Micro-Citys. Sie ziehen zahlreiche Besucherinnen an, werden fotografiert und kommen in den Medien vor. Auch die Büros von Tom und Norbert unterscheiden sich, wenn man von den zeitweilig dort gestapelten Reinigungsmaterialien absieht, nicht von den überall üblichen, mehr oder weniger repräsentativen Angestelltenbüros. Die Geschosse unter dem Areal hingegen wurden von vornherein in der Absicht gebaut, sie der Sichtbarkeit zu entziehen.

In diesem Untergrund halten sich die Reinigungskräfte während ihres Arbeitsalltags häufig auf. Sie müssen bestimmte Bereiche reinigen, außerdem befinden sich dort das Entsorgungszentrum und der Materialraum. Die Regularien des Potsdamer Platzes sehen vor, dass sie sich nach neun Uhr morgens nicht mehr in ihrer Arbeitskleidung durch die Oberwelt, also etwa die Shopping Mall, bewegen dürfen. Für notwendige Gänge sollen sie stattdessen die Tiefgeschosse nutzen. Auf diese Weise werden sie in der Oberwelt räumlich und zeitlich unsichtbar gemacht.[26]

Das Labyrinth

Im Boden unter dem Areal erstreckt sich über bis zu vier weitläufige Ebenen der subterrane Minus-Bereich, dessen horizontale Ausdehnung etwa der des oberirdischen Geländes entspricht. Es ist eine durch Kunstlicht erhellte Unterwelt, in der man nichts vom geschäftigen Treiben auf den Straßen mitbekommt. Einmal fragt Bertha, eine ältere Reinigungskraft, wie das Wetter ist. »Ich habe keine Ahnung«, erklärt sie, »die Sonne scheint, und ich sitze immer nur im Keller.« In manchen Abschnitten ist es so kalt, dass ich bei der Arbeit Jacke und Schal tragen muss – zum Amüsement der anderen. »Ach, bisschen frisch? Och, wie süß«, frotzelt Christian. »Na, wenn du aufgewärmt bist, kannste ja weiterarbeiten.« Als ich die Kälte im Entsorgungszentrum nicht aushalte, nennt mich Matthias spöttisch »Madame«. In anderen Bereichen der Unterwelt wiederum ist es stickig und heiß. Beim Durchgang durch bestimmte Tunnel wird der Mangel an Frischluft offenbar, mit dem das Reinigungspersonal regelmäßig zu kämpfen hat. Die Bedingungen ändern sich in Abhängigkeit von dem Ort, an dem man sich aufhält, und von der Jahreszeit. »Du solltest erst mal sehen, wie stickig es hier im Sommer ist«, sagt Michaela. »Da kriegt man keine Luft mehr. Und im Winter ist es richtig kalt.«

Der Geruch im Minus-Bereich grenzt bisweilen ans Unerträgliche. Aller Unrat der Oberwelt kommt hier in Abfallbehältern und Fettabscheidern zusammen. An vielen Stellen ist der Unrat zu riechen. Das Reinigungspersonal transportiert ihn über Lastenaufzüge und durch kahle Korridore in die dritte Minus-Etage, wo sich die Müllentsorgung befindet. In dieser großen Halle werden die Abfälle getrennt und in Container umgefüllt, die von Lastwagen abgeholt werden.

Abb. 3: Korridor zum Entsorgungszentrum

Verglichen mit den hell erleuchteten Einkaufszentren, weiträumigen Lobbys und Großraumbüros über der Erde, kommt einem die Unterwelt des Potsdamer Platzes erdrückend und ungepflegt vor. Die grauen oder schmutzig weißen Wände sind mit Beulen und Kratzspuren anstoßender Transportwagen übersät – eine voll beladene Mülltonne unfallfrei durch einen Korridor zu lenken, ist schwerer, als man denkt. Selbst Reinigungskräfte, die seit Jahren hier arbeiten, haben mitunter Schwierigkeiten, sich in den Gängen zu orientieren. »So, jetzt kommt das Labyrinth«, sagt Lena, eine Auszubildende, als wir uns in die Versorgungstunnel begeben, um die Betonböden zu wischen. »Eine Tür, und dann noch eine – Türen ohne Ende.«

Einem nicht ganz ernst gemeinten, aber vielsagenden Gerücht zufolge gibt es hier unten Räume, in denen noch nie jemand gewesen ist. Das Labyrinth erweist sich als schier endlose Abfolge sich kreuzender Pfade, unerwarteter Abzweigungen, schmaler Durchgänge und an Stahltüren endender Sackgassen. Treppenaufgänge, Fahrstuhlschächte und Tunnel erstrecken sich bis in die Servicebereiche der Oberwelt. Es ist nicht schwer, sich hier zu verlaufen – oder plötzlich festzustecken. »Ohne Schlüssel siehst du hier arm aus«, warnt mich Benjamin. »Und wenn du mal die falsche Tür zumachst und der Schlüssel ist da noch, dann kommt man auch nicht mehr zurück.«

Ich halte das für eine Übertreibung, bis mich die Wirklichkeit eines Besseren belehrt. Eines Tages, auf dem Rückweg von einem Reinigungsauftrag, weiß ich nicht mehr genau, wo ich hergekommen bin. Alle Türen sehen gleich aus, und als ich mich für die falsche entscheide, finde ich mich in einem winzigen Raum in kompletter Dunkelheit wieder. Ich kann nicht zurück, weil sich die Tür von dieser Seite nicht öffnen lässt. Mir bleibt nur der Weg auf die Feuertreppe, aber alle Türen, die ich über sie erreiche, sind verschlossen. Schließlich finde ich eine Stelle, an der ich Handyempfang habe, und bitte Ali, mich abzuholen.

Die Reinigungskräfte in den menschenleeren Territorien unter dem Potsdamer Platz sind daher gut beraten, wenn sie stets an ihre Schlüssel denken und sich eine gute mentale Landkarte zulegen. Aber es gibt auch so etwas wie Treffpunkte im Minus-Bereich. Als ich auf einen freien Lastenaufzug zur zentralen Müllentsorgung warte, fällt mir auf, wie viele Gesichter ich hier schon kenne. Beinahe jeden Morgen laufen Michaela und ich einem Handwerker über den Weg, der sofort mit uns zu schäkern beginnt. »Da sind ja die Damen wieder, die Sonne geht auf!«, ruft er. Manchmal bietet er uns Schokolade oder Bonbons an, die er aus den Taschen seiner Arbeitskleidung holt. Auch einer der Männer im Entsorgungszentrum, der von sich behauptet, der am längsten am

Potsdamer Platz tätige Servicemitarbeiter zu sein, ist immer bereit für einen Plausch.

Im Minus-Bereich werden zudem die Waren für die Läden der Oberwelt angeliefert und gelagert. Hier arbeiten im zweiten Unterschoss auch Schneiderinnen für die Kleidungsgeschäfte. Sie sitzen zwischen den Kleiderstapeln an von hohen Gittern umgebenen Plätzen, die mich an Gefängniszellen erinnern. Matthias und Benjamin begeben sich regelmäßig hierher, weil sie hoffen, einer kurvenreichen und schon etwas älteren brasilianischen Schneiderin über den Weg zu laufen. Matthias ereifert sich darüber. »Mal schauen, ob sie jetzt hier ist. Benjamin freut sich schon so. Deswegen müssen wir diese Gänge zweimal die Woche machen, obwohl einmal im Monat eigentlich reichen würde.« Seiner Nüchternheit und allen sonstigen Unannehmlichkeiten zum Trotz fungiert der Minus-Bereich auch als soziale Bühne und Kontakthof.

Der Materialraum

Der Materialraum der Reinigungskräfte liegt im zweiten Untergeschoss unter dem Einkaufszentrum. Er ist dunkel, fensterlos und stickig. Er dient zugleich als Lager, Wäscherei, Umkleide- und Pausenraum. Die Arbeitskräfte nennen ihm mal A2 (nach der Bezeichnung des Gebäudes auf dem Plan der Anlage), mal Unterhalts-, Abstell- oder Putzraum. Aufgrund seiner vielen Funktionen ist er für gewöhnlich gut besucht.

Auf der linken Seite stehen Reinigungswagen. In diesen Wagen transportiert man alles, was man für seine Schicht braucht: Staubwedel, Wischmopps, Handfeger, Kehrblech, Reinigungstücher. Besen, Moppstangen und andere Werkzeuge hängen an der Wand über den Wagen. Die Flaschen mit Reinigungsmittel stehen auf Regalbrettern neben der Eingangstür. In der Nähe der Tür entsorgt man auch sein Schmutzwasser in einen Abfluss im Boden und holt sich frisches Wasser aus einem Hahn.

Im hinteren Teil des Raums führt eine schmale Tür in eine winzige unbeleuchtete Kammer, in der zu Bündeln geschnürte Kabel in Wandanschlüssen stecken. Die Reinigungskräfte nutzen die Kammer für zwei Dinge: Erstens können sie hier bestimmte Teile ihres Equipments bunkern – wie mir Marcel verrät, als er einen nagelneuen Besen versteckt. Ältere Besen riechen und funktionieren weniger gut, und neues Equipment ist so rar, dass die Reinigungskräfte sich häufig darum streiten. Außerdem dient die Kammer vor und nach den Schichten als Umkleideraum. Da es dort keine Ablage gibt, klemmt man sich die Klamotten unter den Arm. Und weil sich die Tür wegen der Kabel nicht vollständig schließen lässt, muss man sich dagegenstemmen, damit sie nicht aufgeht, während man sich umzieht. Mancher männliche Kollege erspart sich diesen Balanceakt und zieht sich lieber vor den anderen um.

Im Materialraum hat jede Mitarbeiterin einen Spind für ihre privaten Dinge. Auf den Spinden, die entlang zweier Wände aufgereiht sind, verstaut man seinen Eimer und anderes Zubehör. In einem Kasten an der Wand befinden sich die Schlüssel, die für die Schichten benötigt werden, denen man über einen Aushang auf dem Schwarzen Brett daneben wöchentlich zugeteilt wird. Größere Spinde und solche in den oberen Reihen sind beliebter. An meinem ersten Tag ist nur ein kleiner Spind ganz unten frei. Michaela rät mir, ein Vorhängeschloss mitzubringen. Meine Jacke lasse ich auf einem der Stühle. Als ich am Ende der Schicht zurückkomme, ist sie weg.

Abb. 4: Die Spinde

Obwohl in einer Ecke ein kleiner Kühlschrank steht, bewahren die Mitarbeiter ihre Lebensmittel in den Spinden auf. Als der aus Kasachstan stammende Dmitrij den Kühlschrank öffnet, schlägt er die Tür gleich wieder zu. Ich solle lieber die Finger davon lassen, im Inneren seien nur verschimmelte Lebensmittel und Gott weiß was für Bakterien. Auf dem Kühlschrank blubbert während der Frühstückspause durchgehend ein alter Wasserkocher. Alle trinken ihren Kaffee schwarz – der Zustand des Kühlschranks lässt Milch als unkalkulierbares Risiko erscheinen. Tasse und Besteck sind Privatbesitz und werden mit heißem Wasser aus dem Kocher abgespült. Der Hahn neben dem Kühlschrank bietet nur kaltes Wasser, außerdem fehlt es öfter an Geschirrspülmittel und Handseife, insbesondere wenn Michaela – von einigen der jüngeren Männer »Mutti« genannt – im Urlaub ist. In dieser Gruppe ist sie die Einzige, die sich darum bemüht, den Aufenthaltsraum in Schuss zu halten.

Im rückwärtigen Teil des Raums stehen neben Eimern

Abb. 5: Die Waschmaschinen, der Trockner, einige Wischmopps

und Mopps mehrere Industriewaschmaschinen und ein Wäschetrockner. Die Waschmaschinen laufen beinahe ununterbrochen, allerdings ist immer mindestens eine von ihnen defekt. Auch wenn nur einige in Betrieb sind, machen sie einen Höllenlärm. Der Trockner wiederum erzeugt eine solche Hitze, dass es sich Matthias zufolge anfühlt, als läge die Raumtemperatur bei 80 Grad Celsius.

Die wichtigste Anlaufstelle ist der große weiße Tisch im rückwärtigen Teil des Raumes, um den sich ein mit Farbspritzern übersäter Hocker und vier Stühle in verschiedenen Stadien des Verfalls versammelt haben, die in der Oberwelt aussortiert wurden. »Auf irgendwas müssen wir ja sitzen«, sagt Michaela spitz. Da es weniger Sitzgelegenheiten als Reinigungskräfte gibt, ist das Vorrecht auf einen Stuhl während der Neun-Uhr-Pause ein Quell von Streitigkeiten. Manchmal versucht jemand, sich einen Platz zu reservieren. »Reserviert für Frau Naller!«, kritzelt Maria auf einen Zettel und heftet ihn an die Lehne. An der Lehne eines anderen Stuhls hängt ein Zettel mit der Aufschrift »Regie«. Derartige Besitzansprüche werden für gewöhnlich ignoriert; für Stühle wie Spinde gilt: Wer zuerst kommt, mahlt zuerst.

Insgesamt bietet der Materialraum wenig Möglichkeiten für ein Miteinander oder eine angenehme Auszeit von der Arbeit. Vollgestopft mit Equipment, Regalen, Spinden und zuweilen auch Menschen, durchdrungen vom Lärm und der Abwärme der Maschinen, riecht er auch noch betäubend nach feuchten Wischmopps, Abwasser und dem im angrenzenden Raum gesammelten Müll. Wenn die schwere Stahltür offen steht und die Abfallcontainer voll sind, ist der Gestank fürchterlich. Daher überrascht es nicht, dass sich die Mitarbeiter hier nicht heimisch fühlen und, mit Ausnahme Michaelas, auch nichts tun, um die Einrichtung in Ordnung zu halten.

Dennoch ist der Materialraum als Ort der Begegnung, der Gespräche und der Entspannung ein zentraler Schauplatz ihres Arbeitsalltags. Manchmal geht es in A2 zu wie auf einer turbulenten Theaterbühne, auf der sich Komödien und Tragödien abspielen. Besonders vor dem Beginn der Frühschicht um fünf Uhr, während der halbstündigen Frühstückspause um neun und gegen Schichtende um halb zwei kommen dic Mitarbeiterinnen hier zusammen. Es herrscht ein Kommen und Gehen, man zieht sich um, deckt sich mit Ausrüstung ein, wechselt das Wasser im Eimer, trinkt eine Tasse Kaffee, beißt in das von zu Hause mitgebrachte Brot, wirft einen Blick auf die Schichtpläne oder füllt seinen Stundenzettel aus. Zu bestimmten Zeiten ist der Raum so voll, dass die Leute auf den Stühlen ständig beiseiterücken müssen, weil sie anderen den Durchgang versperren.

Die Reinigungskräfte erzählen mir – und ein Vorarbeiter bestätigt es später –, dass sie früher einen Aufenthaltsraum im zweiten Stock hatten. Von dort hat man sie jedoch verbannt, als ein Kunde, der während ihrer Frühstückspause dort vorbeigegangen war, sich beim Management beschwerte, dass das Personal zu laut sei und schmutzige Witze mache. Als Ausweichmöglichkeit steht den Reinigungskräften jetzt nur noch der Raucherraum im zweiten Stock zur Verfügung. Doch nicht jeder raucht oder verfügt über die notwendige Zugangskarte oder möchte von den Vorarbeitern, deren Büro direkt gegenüber liegt, gesehen werden, insbesondere, wenn er eine längere Pause macht. Hingegen findet sich immer ein Vorwand, sich auch während der Schicht in den Materialraum zu begeben, da dort das Equipment lagert.

Besuche in der Oberwelt

Zwar befinden sich Materialräume und andere Knotenpunkte in den Untergeschossen, doch halten sich die Reinigungskräfte bisweilen auch in den öffentlich zugänglichen Bereichen des Areals auf, etwa in den frühen Morgenstunden, wenn sie sich, bevor die Oberweltler erscheinen, noch frei auf dem Gelände bewegen können. Bestimmte Ecken, an denen sich ihre Wege kreuzen oder wo man kurz verschnaufen und eine Zigarette rauchen kann, werden dann zu Treffpunkten. Auch an diesen Orten begegne ich mit der Zeit immer öfter vertrauten Gesichtern.

So versammelt sich eine Gruppe Reinigungskräfte regelmäßig an einem der Seiteneingänge des Einkaufszentrums, um vor der Schicht rasch noch eine zu rauchen. Eine weitere wichtige Koordinate auf dem Gelände ist ein Fast-Food-Restaurant. Es hat rund um die Uhr geöffnet, der Kaffee ist bezahlbar und die Mitarbeiter geben den Reinigungskräften, besonders den jüngeren, gerne etwas aus. Morgens kaufe ich meinen Kaffee oft bei derselben jungen Frau, wir wechseln ein paar Worte und lächeln uns zu. Nach ein paar Monaten fängt sie an, mir gelegentlich ein Cookie zu schenken, oder ich bekomme einen größeren Kaffee zum Preis eines kleineren.

Als ich Marcel zum ersten Mal auf seiner Putztour durch die Außenbereiche begleite, treffen wir zwei Gerüstbauer. »Sag mal, wer ist denn die Schnitte, mit der du hier rumläufst?«, will der ältere der beiden wissen. »Meine Praktikantin«, entgegnet Marcel mit breitem Grinsen. Die Gerüstbauer sehen erst ihn an, dann mich, dann wieder ihn. »Ich such keine Freundin«, stellt Marcel klar. »Bist du schwul oder was?«, fragt der ältere Gerüstbauer. »Nee, ich bin doch kein Arschpirat – der da ist einer«, sagt Marcel und zeigt auf den jüngeren. »Nö, bin ich nicht!«, wehrt der kichernd ab. Ein paar Tage später laufe ich den beiden Männern wieder über den Weg. »So allein hier?«, fragt der ältere. »Hat das dein Chef erlaubt?«

Zunächst machen mich solch gönnerhafte und bevormundende Flirtversuche sprachlos, doch mit der Zeit gewöhne ich mich an diese Art der Konversation, die den Boden für anzügliche Witze bereiten soll (mehr dazu in Kapitel 4). Zudem zeigt sich, dass nicht nur weibliche Arbeitskräfte zum Ziel unerbetener amouröser Aufmerksamkeiten werden. So ist etwa Clare, die in einem Fast-Food-Restaurant an der Kasse steht, von Marcel derart betört, dass er regelmäßig nichts bezahlen muss. »Ich hab' vier Hamburger bestellt, und dann hat sie noch zwei große Burger reingetan, und bezahlt hab' ich gar nichts«, erzählt er. »Ey, das war schon zu viel.« Alle Reinigungskräfte wissen davon und gehen dorthin, wenn Clare Dienst hat. Marcel ist jedesmal ratlos, wenn ihm wieder ein Kollege sein »Ey, Mann. Danke auch« zuruft. Sie alle profitieren von Clares Verliebtheit, wie sie ihnen selbst verkündet: »Könnt ihr euch bei Marcel bedanken!«

Die kostenlosen Speisen und Getränke im Fast-Food-Lokal sind kein Einzelfall, sondern Teil einer regelrechten Ökonomie von Geschenken und Flirts, die die Servicemitarbeiterinnen des Komplexes untereinander austauschen. Die Rezeptionistin Jasmin bringt Paul unaufgefordert seinen Morgenkaffee, der laut Marcel »schwule« Barbesitzer lädt ihn zu einem Cocktail nach Arbeitsschluss ein, und Lena ist immer aufgeregt, wenn sie an der Eisdiele vorbeikommt: »Hier kriege ich manchmal ein Eis umsonst. Der eine, der gibt mir immer so 'ne Kugel im Becher – aber pssst!«

Die Reinigungskräfte bilden mit den anderen Servicemitarbeitern eine Art Szene mit eigenen Verhaltensregeln und Ausdrucksformen. Wenn sie sich im Sommer, wenn es in ihrem Raum im Keller viel zu heiß ist, vor dem Fast-Food-Lokal aufhalten, kommt es regelmäßig zu Frotzeleien. So spottet etwa ein Handwerker im Vorbeigehen: »Bei eurer Firma würde ich ja auch mal gerne arbeiten!« – da die Reinigungskräfte wohl ständig Pause machen. Marcel, der den Spruch schon öfter gehört hat, gibt ihm unverzüglich Antwort: »Ja, aber da kommt nicht jeder rein.«

Abgesehen vom Bereich um das Fast-Food-Lokal und von den Raucherzonen besteht die Oberwelt aus Orten, an denen die Reinigungskräfte zu arbeiten haben. Doch findet sich auch beim Reinigen einer Lobby, eines Treppenhauses oder einer Dachterrasse Gelegenheit für eine Pause und die Betrachtung des geschäftigen Treibens in der näheren Umgebung; man kann also am Leben teilnehmen, wenn auch nur auf voyeuristische Weise. So behalten die Reinigungskräfte ein Pärchen im Auge, das sich regelmäßig an einer verborgenen Stelle zum Händchenhalten und Küssen trifft. Vielleicht handelt es sich um eine außereheliche Affäre – einer meint gesehen zu haben, dass der Mann einen Ehering trägt.

Männliche Reinigungskräfte vertreiben sich die Zeit auch damit, nach attraktiven Frauen Ausschau zu halten. »Im Sommer ist das hier wie eine Bestrafung«, stöhnt Marcel. Als eine Gruppe junger Frauen vorbeigeht, hält er inne, schaut ihnen nach und vollführt einen kraftlosen Hüftschwung in ihre Richtung. »Ey, die jetzt durchrattern!« Kurze Röcke, nackte Beine und tiefe Ausschnitte befeuern unerfüllte Sehnsüchte und geben Stoff für sexistische Bemerkungen ab.

Die Straßen, die den Komplex umgeben, und die Innenhöfe der Apartmenthäuser bieten den Gebäudereinigern Möglichkeiten, der Arbeit den Rücken zu kehren. Allerdings kann man das immer nur heimlich tun, was angesichts der vielen Glasflächen und der Überwachungskameras in der hoch verdichteten Bebauung nicht ganz einfach ist. Auf diese Weise dehnt sich der Arbeitsalltag der Reinigungskräfte, ausgehend von seinen Basen in der privaten Unterwelt, bis auf die Erdoberfläche aus. In ihren Augen besteht der Potsdamer Platz keineswegs nur aus Gebäuden, die sie zu reinigen haben. Er ist für sie auch ein Schauplatz sozialer Erfahrungen, ein Ort, an dem sie eigenen Interessen nachgehen und mit der Welt in Kontakt treten.

Die Reinigungskräfte und ihre »Präsenz von unten«

Die öffentlichen Bereiche des Potsdamer Platzes sind großzügig angelegt und voller Licht, die Untergeschosse dunkel, labyrinthisch, eng und muffig. Auch die Menschengruppen, die sich in diesen beiden Welten aufhalten, unterscheiden sich erheblich: oben Konsumentinnen, Touristen, Büroangestellte und solvente Mieter, unten Gebäudereiniger, Müllwerker, Schneiderinnen und weitere Servicekräfte. Eine Art semipermeable Membran trennt die Sphären: Während das Reinigungspersonal selbstverständlich Zutritt zu den oberen Etagen hat, deren Säuberung ihm schließlich obliegt, bleiben die Minus-Ebenen für Oberweltlerinnen verschlossen. Mehr noch: Während die Oberwelt das Image des Komplexes als Ort des »neuen Berlins« und als »City für das 21. Jahrhundert« bestimmt, kommt die Unterwelt in der öffentlichen Wahrnehmung überhaupt nicht vor. So wird sie gleichsam ein zweites Mal versenkt.

Schon durch die bauliche Einrichtung ist die Sichtbarkeit der Reinigungskräfte auf ein Minimum reduziert. Hinzu kommen vom Management der Anlage aufgestellte Verhaltensregeln. So sollen sich die Reinigungskräfte nach neun Uhr morgens nicht mehr in der Oberwelt aufhalten beziehungsweise, falls sie sie dennoch aufsuchen müssen, jede Belästigung der Oberweltler, etwa durch lautes Reden oder anstößige Witze, vermeiden. Die Architektur des Potsdamer Platzes ist darauf angelegt, jene Statushierarchien zu festigen, die wiederum die Trennung in Ober- und Unterwelt vertiefen.[27] Auch bei Reinlich & Co. findet der Status der Mitarbeiterinnen räumlichen Ausdruck: Tom hat ein repräsentatives Büro in einem der »prestigeträchtigen« Gebäude, das schmucklose Büro der Vorarbeiter ist mit Reinigungsmaterialien vollgestopft, den Reinigungskräften steht die muffige Kammer im zweiten Untergeschoss zur Verfügung. Die Hierarchisierung setzt sich in ihren Reihen fort und offenbart sich beispielsweise im Besitz bestimmter Zugangskarten und Schlüssel, in der mehr oder weniger intimen Kenntnis des Labyrinths, einem größeren oder günstiger gelegenen Spind wie auch darin, wer im Materialraum einen der Stühle für sich beanspruchen kann.

Die Reinigungskräfte konstituieren, was man eine »Präsenz von unten« nennen könnte. Ich entlehne diesen Begriff aus der Geschichtswissenschaft, wo man von einer »Geschichte von unten« spricht, um auszudrücken, dass die Erfahrungen und Sichtweisen gewöhnlicher Menschen für die Geschichtsschreibung mindestens ebenso wichtig sind wie die Taten »großer Männer«.[28] Den Reinigungskräften sind ihre herbeigeführte Unsichtbarkeit und ihr geringer Status als »Minus-Männer«, wie Matthias sich selbst beschreibt – wobei er die Minus-Frauen hinzuzufügen vergisst –, vollkommen bewusst. Doch das heißt nicht, dass sie den Potsdamer Platz nur so erleben, wie es durch dessen Einrichtung und ihre Positionierung darin vorgesehen ist.[29]

Die Reinigungskräfte sind sich ihrer Unsichtbarkeit bewusst und haben an diesem Status zu knabbern; dennoch nehmen sie sich selbst nicht als unsichtbare Figuren war. Über wie unter der Erde sind sie Bestandteil einer Szene, in der sie mit anderen Arbeitskräften interagieren und Anerkennung finden können. Daher erleben sie selbst die Unterwelt nicht nur als einen dunklen, beengten, übel riechenden, unspezifizierten »Raum«, sondern eben auch als einen »Ort«[30] sozialer Erfahrungen, an dem sie sich der Beobachtung durch Management und Kundinnen entziehen können. Das gilt auch für die Oberwelt, in der sie ebenfalls Gelegenheit für Arbeitspausen und Begegnungen finden oder schaffen. Damit wird, in Lefebvres Terminologie formuliert, ein auf Homogenität und Kohärenz getrimmter »abstrakter Raum« wenigstens zeitweilig zu einem »differenziellen Raum«, der auf heterogene alternative Weisen inszeniert und erlebt werden kann.[31] Obwohl in allen Einzelheiten durchgeplant, ist der Raum des Gebäudekomplexes daher in weit höherem Maße »notwendig umstritten«, als es zunächst den Anschein hat.[32]

Abgesehen von dem Materialraum, auf den sie ein Anrecht haben, sind die Reinigungskräfte nicht an bestimmte Orte gebunden. Vielmehr sind sie ständig in Bewegung, die Räume, in denen sie sich bei der Arbeit und in den Pausen aufhalten, sind dynamische.[33] Die an Arbeitsplätzen übliche Trennung in »dominante« Räume wie etwa das Büro, den Schreibtisch oder die Ladentheke einerseits und »Schwellenräume« wie Toiletten und Treppenhäuser andererseits fehlt in ihrem Fall.[34] Auch lassen sich die Räume, in denen sie tätig sind, nicht ohne Weiteres in solche, in denen sie für Kunden und Vorgesetzte sichtbar sind, und ein wenig Privatsphäre erlaubende »Hinterbühnen«-Bereiche aufteilen.[35] Denn sowohl in Schwellenräumen wie in Backstagebereichen haben sie im selben Umfang Arbeit zu verrichten wie in Räumen, die in der Regel als dominant gelten beziehungsweise für Kunden und Vorgesetzte einsehbar sind.

Indem ich aus der Oberwelt des Potsdamer Platzes, in der Menschen wie ich sich üblicherweise aufhalten, in dessen Unterwelt vordringe, erfahre ich »mit allen Sinnen, mit meinem ganzen Körper«, wie Lefebvre schreibt,[36] ganz andere Facetten des Areals. Es erscheint mir immer weniger als einer jener transitorischen, durchgestylten, homogenen kommerziellen Nicht-Orte, die sinnstiftende zwischenmenschliche Beziehung ausschließen. Je mehr Zeit ich in dieser Arbeitswelt verbringe, desto mehr treten das gewollt Glamouröse, die glatte Architektur und die Maßanzugshaftigkeit der Oberwelt hinter den zunehmend vertrauten Gesichtern der Arbeiterinnen zurück.

Doch nicht nur meine Wahrnehmung ändert sich, auch ich werde anders wahrgenommen. Hier unten bin ich für die Servicemitarbeiter weitaus sichtbarer, als ich es als Oberweltlerin war. Meine vorübergehende Identität begleitet mich, wenn ich nach einer Schicht auf der verstopften Potsdamer Straße nach Hause radle. Im türkischen Supermarkt reagiert der Mann an der Kasse auf meine Arbeitskleidung. »Schon Feierabend? Am Wochenende schon was vor? Party heute Abend?« Seit vier Uhr auf und viel zu müde, bedaure ich. Ein stattlicher Mann mittleren Alters in Jeans und schwarzem Sweater entdeckt das Logo auf meiner Bluse: »Du bist bei Reinlich & Co.«, sagt er mit einem Grinsen. »Da bin ich auch!«

Zugleich bin ich für Oberweltler vorübergehend unsichtbar geworden. Kolleginnen von der Universität und eine alte Schulbekanntschaft erkennen mich in der Arbeitskleidung nicht und gehen grußlos an mir vorbei – was zeigt, in welchem Maß Reinigungskräfte übersehen, ignoriert und gesellschaftlich unsichtbar gemacht werden. In der Oberwelt bleiben sie Minus-Frauen und Minus-Männer.

2. Wege in den Minus-Bereich: Alex, Ali, Luisa und Marcel

Vor Beginn meiner Feldstudie fragte mich Ludwig, der Personalmanager bei Reinlich & Co., ob ich meinen akademischen Hintergrund nicht verschweigen und mich als hauptberufliche Reinigungskraft ausgeben wolle. Ich könne beispielsweise als Griechin durchgehen, die vor der Wirtschaftskrise in ihrer Heimat geflohen sei. Doch selbstverständlich ist das keine Option: Nicht nur wäre eine solche Täuschung unethisch, ich käme damit auch nicht durch. Tatsächlich merken die Leute, mit denen ich vor Ort zu tun habe, sofort, dass ich keine von ihnen bin. Schon in einem der Workshops erklärt mir ein Kundenbetreuer, Reinigungskräfte würden sich ganz anders ausdrücken als ich, da habe man »doch eher einfaches Klientel«. Auch die Reinigungskräfte am Potsdamer Platz sind nicht im Geringsten überrascht, als sie erfahren, dass ich von der Uni komme, wenngleich sie mich nicht für eine Professorin, sondern für eine Studentin halten. Ich sehe wohl weder so aus wie eine typische Reinigungskraft noch rede oder benehme ich mich so. Wer aber wäre eine typische Reinigungskraft?

Während meiner Studie treffe ich niemanden, der in irgendeiner Hinsicht als typisch gelten könnte, dessen Profil oder Biografie ihn zwangsläufig für die Gebäudereinigung bestimmt erscheinen ließen. Es hat eher den Eindruck, als wäre der Minus-Bereich eine Art Auffangnetz für die unterschiedlichsten Charaktere. Alter, Ausbildung und Berufserfahrung der Reinigungskräfte variieren stark. Unter ihnen sind Männer und Frauen, Ost- und Westdeutsche, Personen mit und ohne Migrationshintergrund. Doch auch wenn Menschen mit unterschiedlichsten Lebensgeschichten und Beweggründen in dieser Branche landen, stammen doch alle auf die eine oder andere Art aus der Unterschicht. Arbeitslosigkeit, Immigration, sogar Vorstrafen, Drogenabhängigkeit und ähnliche Dinge kennzeichnen ihre Lebensläufe. Was bedeutet es für Menschen, die am Rand der Gesellschaft stehen, als Reinigungskräfte zu arbeiten? Welche Rolle spielt Reinlich & Co. für ihr Selbstverständnis?

Alex, Ali, Luisa und Marcel repräsentieren vier Wege in diese Branche und vier Sichtweisen auf diese Arbeit. Sie alle ziehen ein gewisses Selbstwertgefühl aus ihr, das stärker ist als das negative Image des Jobs. Um ihre Geschichten in einen Kontext zu setzen, beginne ich mit einem Überblick über die Stigmata, die der Reinigungsarbeit anhaften, und werfe anschließend einen Blick auf die Ansätze, die das Personalmanagement von Reinlich & Co. verfolgt.

Saubermachen als Beruf: Ein Überblick

Wie die Sozialanthropologin Mary Douglas gezeigt hat, spielen Vorstellungen von Sauberkeit und Reinheit ebenso wie Akte materieller und spiritueller Reinigung in den meisten Religionen und Gesellschaften eine wichtige Rolle.[1] Als eine Form der Lohnarbeit hat sich die Reinigung im Wesentlichen in zwei Stränge aufgespalten: die Reinigung von Innenräumen und zumeist gutbürgerlicher Haushalte, die ursprünglich in der Regel jungen Frauen aus der Arbeiterklasse übertragen und niedrig entlohnt wurde, sowie die im Zuge der Industrialisierung entstehende Außenreinigung insbesondere der Glasfassaden von Fabriken, Kaufhäusern, Verwaltungsgebäuden und öffentlichen Einrichtungen, in der hauptsächlich Männer aus der Arbeiterklasse beschäftigt waren und bis heute sind.[2] Letztere Entwicklung führte zu Bestrebungen, der Gebäudereinigung Anerkennung als gewerbliches Handwerk zu verschaffen, zur Gründung von Berufsverbänden und der Einführung einer Ausbildung zum Gebäudereiniger. Die Professionalisierung der Branche erreichte einen Höhepunkt während der nationalsozialistischen Herrschaft, als die Gebäudereinigung den Status eines Handwerks erhielt und die Unternehmen verpflichtet wurden, einer Innung beizutreten.[3]

Als westdeutsche öffentliche Einrichtungen, Gemeinden und Unternehmen in den siebziger Jahren begannen, die Reinigung ihrer Gebäude externen Dienstleistern zu übertragen, um Kosten zu sparen, entstanden zahlreiche neue Unternehmen insbesondere im Bereich der Unterhaltsreinigung. Mit einer Novellierung des Handwerksrechts wurde 2004 die Zulassungspflicht in der Branche aufgehoben, seither bedarf es zur Gründung eines Reinigungsunternehmens keines Meisterbriefs mehr. Diese Lockerung des Marktzugangs führte zu einer explosionsartigen Zunahme von Reinigungsbetrieben.[4] Der deutsche Markt ist der größte in Europa.[5] Er ist geprägt von Preisrivalität, der zunehmenden Vielfalt von Angeboten und von Marktpolarisierung: Wenige große Facility-Management-Firmen, darunter auch Reinlich & Co., vereinigen einen großen Teil des Umsatzes auf sich.[6] Insgesamt ist die Gebäudereinigung »die beschäftigungsstärkste Handwerksbranche Deutschlands mit nahezu 700 000 Beschäftigten«.[7]

Die meisten von ihnen sind Frauen,[8] wobei für den Bereich der Glas- und Fassadenreinigung davon auszugehen ist, dass Männer die Mehrheit bilden.[9] Mehr als ein Viertel der Beschäftigten haben keinen deutschen Pass, sie sind vor allem in den alten Bundesländern tätig; der Anteil der Beschäftigten mit Migrationshintergrund liegt noch darüber und ist auch im Vergleich zu anderen Branchen hoch.[10] Reinigungskräfte sind typischerweise zwischen 45 und 54 Jahre alt.[11] Mehr als die Hälfte von ihnen hat keinerlei Berufsausbildung absolviert.[12] Die Beschäftigten, die ich während meiner Feldforschung kennengelernt hatte, sind damit also nicht in jeder Hinsicht repräsentativ für die Branche in Deutschland. Was Einblicke in den Arbeitsalltag sowie Erkenntnisse zu ihrem Selbstverständnis angeht, scheint mir das aber kein größeres Problem zu sein.

Die Ausbildung im Gebäudereinigungshandwerk dauert in der Regel drei Jahre; um einen Meisterbrief zu erwerben, sind Fortbildungen an Fach- oder Meisterschulen nötig; manche Hochschulen bieten gar einen Master-Studiengang Facility Management an.[13] Die Ausbildung wird hauptsächlich von jungen Männern durchlaufen, die anschließend in der Glas- und Fassadenreinigung tätig sind, wo höhere Anforderungen gestellt und höhere Löhne gezahlt werden. Allerdings ist die Zahl der Auszubildenden im Lauf des vergangenen Jahrzehnts kontinuierlich zurückgegangen, weshalb Unternehmen wie Reinlich & Co. ihre überwiegend ungelernten Arbeitskräfte inzwischen auf andere Weisen zu schulen versuchen. Insgesamt ist das Reinigungspersonal also überwiegend weiblich, deutsch (eventuell mit Migrationshintergrund), älter und ungelernt; allerdings bestehen hinsichtlich der Mitarbeiterschaft erhebliche Unterschiede zwischen West- und Ostdeutschland sowie zwischen der Innen-/Unterhaltsreinigung und der Glas-/Fassadenreinigung.

Diese Unterschiede betreffen auch die Arbeitsbedingungen. Hier mischen sich eher positive und eher negative Aspekte. Um Lohndumping zu verhindern, hat die Branche schon vor der 2015 erfolgten gesetzlichen Regelung einen Mindestlohn eingeführt.[14] Reinigungskräfte verdienen also nicht schlechter als Beschäftigte in anderen Niedriglohnbereichen, es sei denn, ein Unternehmen bezahlt illegalerweise zu wenig.[15] Wie ein von der Berliner Senatsverwaltung für Integration, Arbeit und Soziales geförderter Branchenreport zur Gebäudereinigung zeigt, sind die Arbeiterinnen zunehmend stärkerem Druck ausgesetzt und müssen in weniger Zeit mehr Arbeit erledigen. Zudem werden, wie am Potsdamer Platz, Reinigungstätigkeiten meist in die späten Abend- und in die frühen Morgenstunden verlegt, damit sie möglichst unbemerkt vonstattengehen.[16] Auf diese Weise wird die Arbeit zerstückelt, und die wenigsten Reinigungskräfte sind ganztägig beschäftigt.[17]

Verglichen mit anderen Berufen arbeiten überdurchschnittlich viele Reinigungskräfte nur wenige Stunden. Ihre Arbeitszeit reicht nicht aus, um ihren Lebensunterhalt zu bestreiten, infolgedessen sind sie auf staatliche Hilfen und/oder weitere Jobs angewiesen.[18] Das gilt vor allem für die Frauen in der Branche, da die meisten von ihnen nur vier Stunden am Tag in sogenannten Minijobs oder Teilzeit arbeiten.[19] Zudem hat laut Schätzungen etwa die Hälfte der Mitarbeiterinnen der fünf größten Reinigungsunternehmen lediglich einen befristeten Arbeitsvertrag.[20] So eröffnet das Gewerbe zwar vielen Menschen, etwa unqualifizierten, zugewanderten oder älteren Frauen, die sonst nur geringe Chancen auf eine Anstellung hätten, eine Arbeitsmöglichkeit, ohne sie jedoch in die Lage zu versetzen, ihren Lebensunterhalt dauerhaft zu sichern und ausreichende Rentenansprüche zu erwerben.[21]

Die Reinigung ist eine stigmatisierte Beschäftigung.[22] Das liegt zweifellos daran, dass Reinigungskräfte mit Schmutz in Kontakt kommen und Dinge tun, die bei vielen Menschen »körperlichen Abscheu« auslösen.[23] Die Stigmatisierung geht aber nicht nur auf den Umgang mit Schmutz zurück, sondern auch auf die weitverbreitete Vorstellung, dass Reinigungstätigkeiten keine besonderen Kenntnisse und Fähigkeiten erfordern. Infolgedessen erscheint diese Arbeit nicht als qualifizierte Tätigkeit, sondern als etwas, das jeder kann. Und »unter sonst gleichen Voraussetzungen trägt eine qualifizierte Tätigkeit mehr Respekt ein und ist eine stärkere Quelle von Würde als eine, die jede auszuführen vermag«, wie der Soziologe Andrew Sayer konstatiert.[24]

Im Zusammenhang damit steht, dass die Arbeit in der Gebäudereinigung mit »niedrigen Löhnen, prekären Beschäftigungsverhältnissen, drohender Arbeitslosigkeit und einem ›Außenseiter‹-Status« assoziiert wird,[25] was weiter zur Stigmatisierung der Branche und ihrer Beschäftigten beiträgt. Diese rührt also sowohl von der Tätigkeit selbst als auch von den Personengruppen her, die diese nach allgemeiner Wahrnehmung ausführen:[26] ungelernte, ältere, weibliche Arbeitnehmer mit Migrationshintergrund wie zum Beispiel Frauen aus osteuropäischen EU-Staaten, Türkinnen oder seit einiger Zeit auch Geflüchtete aus arabischen Ländern, der Ukraine und aus Staaten des subsaharischen Afrika. Diese Menschen gelten als Außenseiter, die ansonsten kaum Chancen auf dem Arbeitsmarkt haben, weshalb die Reinigung wiederum als Tätigkeit erscheint, der nur nachgeht, wer keinen besseren Job bekommt. Folglich werden Reinigungskräfte sowohl aufgrund ihrer Arbeit wie auch aufgrund ihrer sozialen, kulturellen und ökonomischen Hintergründe, mit Erving Goffmans Definition des Stigmas, als »befleckte, beeinträchtigte« Menschen angesehen.[27]

Die Stigmatisierung ist ein Problem für die Branche, da sie es den Unternehmen erschwert, höhere Preise zu verlangen und qualifiziertere Mitarbeiter anzuwerben. Von verschiedener Seite wird versucht, ein positiveres Bild zu vermitteln. So organisiert die Gewerkschaft IG Bau einen »Internationalen Tag der Gebäudereinigung«, um die Wahrnehmung des Berufs und die Sichtbarkeit der Arbeitnehmerinnen zu erhöhen.[28] Der Bundesinnungsverband des Gebäudereiniger-Handwerks wiederum führt Imagekampagnen durch, die mit Karrierechancen werben und das Gewerbe als »modernes Dienstleistungshandwerk« darstellen sollen.[29] Schließlich haben die großen Reinigungsunternehmen, darunter auch Reinlich & Co., eigene Initiativen gegen die Stigmatisierung ins Leben gerufen.

Anerkennung durch Professionalisierung

Reinlich & Co. ist europaweit im Bereich Facility Management tätig. Nach dem Markteintritt mit Reinigungsdienstleistungen hat das Unternehmen sein Angebot in den vergangenen Jahrzehnten stetig erweitert. Es gehört zu den größten Arbeitgebern in der Branche. Ausgehend von den politischen Überzeugungen seiner Gründer, orientiert es sich am Konzept der sozialen Marktwirtschaft und versucht, die Anforderungen des Marktes mit sozialen Bedürfnissen zu versöhnen. So hebt Reinlich & Co. im Marketing stets die Professionalität seiner Mitarbeiterinnen hervor,[30] um das zu korrigieren, was Ludwig »die verzerrte Sicht auf die Reinigungsbranche« nennt. Seiner Ansicht nach ist »die Arbeit von Reinigungskräften mindestens so anspruchsvoll wie die von Facharbeitern in der Industrie, wenn nicht anspruchsvoller«.

Bei Reinlich & Co. hat man es sich zum Ziel gesetzt, das Personal zu fördern und den »Stolz« und das »Selbstbewusstsein« jedes Einzelnen auf sich, die erbrachten Leistungen und Erfolge zu stärken, wie Ludwig in einer Unternehmensbroschüre zitiert wird. Nur wenn die Mitarbeiterinnen ihre Arbeit stolz und selbstbewusst angehen, so der Gedanke, werden sie sich als Fachkräfte verstehen und entsprechend verhalten, was dann auch vom Kunden honoriert wird. Dem offiziellen Leitbild zufolge zählen neben der Hingabe an die Arbeit die Wertschätzung der Mitarbeiterinnen und die Vielfalt der Belegschaft zu den Werten des Unternehmens. Zusammen mit Fotos, die diese Diversität belegen sollen, schmücken solche Statements Firmenwände, Kaffeebecher und Broschüren.

Reinlich & Co. sucht sich als attraktiver Arbeitgeber für Menschen unterschiedlichen Alters, Geschlechts und verschiedenster religiöser, kultureller, Bildungs- und Beschäftigungshintergründe zu präsentieren, als Unternehmen, das seinen Mitarbeitern Anerkennung und Möglichkeiten für berufliches Fortkommen bietet. Die Unternehmenskommunikation stellt die Gebäudereinigung als etwas dar, zu dem mir der Begriff *Auffangnetz* einfällt. Wer jemanden »auffängt«, bewahrt ihn womöglich vor einem tiefen Fall – und tatsächlich ist die Reinigung für viele ein Weg aus Arbeitslosigkeit und Armut. Besonders für ungelernte Arbeiterinnen sei »der Job bei Reinlich & Co. eine echte Chance«, so Ludwig. Allerdings kann man sich in einem Auffangnetz auch verheddern, und tatsächlich ist es alles andere als leicht, die Branche wieder zu verlassen, wenn man einmal in sie hineingeraten ist. Auch um diese Problematik zu entschärfen, bemüht sich die Personalabteilung von Reinlich & Co., firmeninterne Karrieren zu ermöglichen – auf diesem Weg ist Tom Kundenbetreuer am Potsdamer Platz geworden.

Zur Förderung des Selbstvertrauens der Angestellten hat man außerdem ein Schulungs- und Fortbildungsprogramm aufgelegt, das sich in erster Linie an ungelernte Kräfte richtet. Doch daneben gibt es Angebote für Mitarbeiterinnen aller Hierarchieebenen. So erhalten die Reinigungskräfte Schulungen in den regionalen Niederlassungen, Vorarbeiter und Kundenbetreuerinnen werden zu ein- bis dreitägigen Workshops in Hotels eingeladen. Während es in der Schulung der Reinigungskräfte vor allem um handwerkliche Aspekte geht, konzentrieren sich die Workshops auf die Personalführung und den professionellen Umgang mit Kundinnen.[31] Das Schulungsprogramm baut auf dem »Train the Trainer«-Konzept auf, gemäß dem die Teilnehmerinnen selbst zu »Trainern« ausgebildet werden sollen. Die Teilnahme wird den Reinlich & Co.-Mitarbeiterinnen mit einem Zertifikat bestätigt.

Mit alldem will man ihnen ein Gefühl der Anerkennung und das Selbstverständnis vermitteln, professionelle Servicekräfte zu sein, wie Ludwig in meinem Beisein einem Workshop-Teilnehmer erklärt: »Wissen Sie, wieso wir mit ProfiStark [einem Schulungsprogramm] bei den Mitarbeitern von ganz unten angefangen haben? Weil wir genau die stärken wollen. Es geht um Wertschätzung. Die Führungskräfte sind da manchmal ganz eifersüchtig. Aber das haben wir bewusst gemacht.«

In diesem Punkt unterscheidet sich die Strategie des Unternehmens von der des Bundesfachverbandes und der Gewerkschaft, die an der staatlich zertifizierten Ausbildung zum Gebäudereiniger festhalten. Bei Reinlich & Co. will man die diverse und größtenteils ungelernte Belegschaft im Rahmen eigener Programme selbst ausbilden. Dieser Ansatz entspricht einem allgemeinen Trend zur Eliminierung von

Eingangsvoraussetzungen im Berufsleben und der Öffnung von Jobs für Menschen wie Alex, Ali, Luisa und Marcel.

Alex, Ali, Luisa und Marcel

Die Reinigungskräfte des Potsdamer Platzes sind auf unterschiedlichen Wegen zu ihrem Job gekommen. Unter ihnen befinden sich gelernte Fachkräfte wie Alex, die den traditionellen Weg einer Berufsausbildung eingeschlagen haben, häufig angeregt vom Beispiel ihrer Eltern, sonstiger Verwandter, Nachbarn oder Freunde, die im Reinigungsgewerbe tätig sind. Andere verfügen wie Ali über eine Ausbildung in einem anderen Beruf, etwa als Heizungstechniker, Fabrikarbeiterinnen, Bundeswehrsoldaten oder Friseurinnen. Sie sind in die Gebäudereinigung »reingerutscht«, wie der ehemalige Heizungsinstallateur Benjamin sagt, weil sie in ihrem ursprünglichen Beruf keine Arbeit finden konnten und/oder weil ihnen die Reinigungsbranche bessere Aussichten bot. Außerdem gibt es die Ungelernten. Sie sind entweder Neuankömmlinge im Land wie Luisa oder deutsche »Dropouts« wie Marcel. Auch wenn der Job für jeden der Genannten eine andere Bedeutung haben mag, teilen sie die Herkunft aus den unteren Regionen der Gesellschaft, die ihr Selbstwertgefühl als Reinigungskräfte signifikant beeinflusst.

Der Auszubildende Alex: Saubermachen als Familientradition

Alex ist achtzehn und Auszubildender im zweiten Lehrjahr. Er hatte eigentlich nicht vor, in die Fußstapfen seiner Eltern zu treten, die seit mehr als zwanzig Jahren als Reinigungskräfte tätig sind. Er wohnt nach wie vor bei ihnen im Wedding, einem Arbeiterviertel, in dem viele Personen türkischer, arabischer oder afrikanischer Herkunft leben. Als ich ihm das erste Mal begegnete, war er Ali, dem türkischen Reinigungsveteranen, zugeteilt, weshalb ich ihn ebenfalls für eine Person mit Migrationshintergrund hielt. Er stammt zwar aus einer deutschen Familie, spricht aber den Slang junger Immigranten. Er geht anscheinend regelmäßig ins Solarium und trägt sein braunes Haar stylisch kurz geschnitten. Ein »cooles« Aussehen, wie es für junge Immigranten typisch ist, ist ihm offensichtlich wichtig. Die grauen Arbeitshosen trägt er im vom Hip-Hop inspirierten Baggy-Style, dazu modische Sneakers, einen eng anliegenden Hoodie und eine verkehrtherum aufgesetzte Basecap. Da er jahrelang Fußball gespielt hat, ist er schlank und athletisch. Als er jünger war, hat er davon geträumt, Profi zu werden, musste den Versuch aber aufgrund von Knieproblemen aufgeben.

Eine Zeit lang hat Alex in kriminellen Kreisen nach Bestätigung gesucht. Im Wedding ist Bandengewalt Alltag, und es bereitet ihm sichtlich Freude, mir zu erzählen, wie rau es in seiner Straße zugehe und wie hart ihn das gemacht habe. Er zeigt mir ein Handyfoto einer jungen Palästinenserin, mit der er drei Jahre zusammen war. Ihr Bruder hatte etwas gegen die Verbindung und verprügelte zuerst sie und dann ihn. Die türkischen Jugendlichen, die 2012 am Alexanderplatz einen jungen Mann zu Tode traten, lebten in seiner Straße.

»Das ist echt krass«, erklärt er mir. »Die siehst du jeden Tag und sagst hallo und bla, und dann machen die so was. Die mussten in den Knast, aber das bringt gar nichts. Der deutsche Staat ist viel zu locker mit … Die Leute können sich hier alles erlauben.«

Auch er selbst ist mit dem Gesetz in Konflikt geraten. Mit einem Freund, der bei der örtlichen Post arbeitete, hat er dreizehn Kreditkarten samt den zugehörigen PIN-Nummern »eingeheimst« und für über 5000 Euro Kleidung und elektronische Geräte gekauft. Geschnappt wurde er, als er in eine Personenkontrolle geriet und man die gestohlenen Kreditkarten bei ihm fand. Er kam ins Gefängnis, allerdings lediglich für ein paar Tage – »es war kein Problem«. Von einem Ausbildungsplatz in einem Best-Western-Hotel erhoffte er sich einen Neustart, stellte aber bereits nach drei Wochen fest, dass der Beruf nichts für ihn war, was auch die für seine Ausbildung zuständige Vorgesetzte bestätigte. Alex erinnert sich, dass sie ihm erklärte: »Du bist zwar gut gebaut und siehst im Anzug prima aus, aber das Hotelbusiness ist nichts für dich.« Der direkte Umgang mit Kunden ist für Alex mit seiner rebellischen Natur und seinem Stolz nicht das Richtige. Anschließend unterschrieb er einen Ausbildungsvertrag bei Reinlich & Co.

Seine Eltern sind seine Vorbilder. Aus Alex' Sicht haben sie es in der Reinigungsbranche zu etwas gebracht. Sie sind fähig, engagiert und fleißig. »Mein Vater arbeitet sich richtig einen ab. Wenn meine Eltern Treppen machen, dann sehen die super aus!« Wie er erzählt, kann es sein Vater sogar am Wochenende kaum erwarten, zur Arbeit zu gehen. »Er schafft nicht mal seinen Kaffee«, bevor er sich auf den Weg macht. Er selbst sei ebenso besessen von Sauberkeit und Ordnung: »Ich bin der Krasseste in der Familie. Wenn die Gardine nicht richtig gerichtet ist, geht gar nichts.« Alex ist stolz darauf, dass seine Eltern, vor allem sein Vater, für viele Objekte alleine verantwortlich sind. »Der ist halt immer alleine, der ist auch sein eigener Herr.« Trotz der Bewunderung für seinen Vater ist ihm klar, dass dessen übermäßiges Engagement einen Preis hat: »Mein Vater wird immer bei allem angerufen, den kannst du nie ausschalten. Er hat sich auch körperlich kaputtgemacht und schon drei Herzinfarkte gehabt. Das kann einen richtig krank machen, aber der kann nicht ohne diese Arbeit.«

Von den drei Geschwistern ist nur Alex dem Vorbild der Eltern gefolgt. Seine Schwester ist Tierarztassistentin, sein Bruder arbeitet auf dem Bau, beides Berufe, die aus seiner Sicht schlechter sind als der einer Reinigungskraft. Sein Bruder verlege Rohre und müsse »da unten« arbeiten, »wo Scheiße ist« – »das ist echt eklig«. Alex ist überaus stolz auf seine Tätigkeit. Die Reinigung ist für ihn nicht nur ein Beruf, sondern eine Berufung:[32] eine Arbeit, die er bei Weitem nicht nur um des Geldes willen macht. Im Gegensatz zum Image des Putzens in der Öffentlichkeit betrachtet er es als körperlich anstrengende Arbeit für Männer. Aus seiner Sicht ist Büroarbeit weiblich und wäre mit seinem Selbstverständnis unvereinbar:

> Ja, weißt du, ich bin ein Kerl. Ich habe immer Fußball gespielt, ich muss mich bewegen. Ich will nicht so rumstehen. Die [Büroangestellten] kriegen bestimmt 3000 Euro, voll viel Geld im Monat, aber trotzdem würde ich das nicht machen wollen. Bei diesem Wetter [wir sprechen im Sommer], die sitzen immer drin. Na gut, die haben eine Klimaanlage, aber trotzdem, den ganzen Tag am Schreibtisch sitzen, Papierkram – das wäre nichts für mich.

Wenn er über Bürojobs redet, hat Alex seinen Schwager vor

Augen, der einen Bachelorabschluss gemacht und bei einer großen Autofirma angefangen hat. Alex hat ihn dort einmal besucht, und gefallen hat es ihm nicht gerade. Indem er so tut, als säße er am Schreibtisch und tippte auf einer Tastatur herum, schüttelt er den Kopf: »Bei denen zu Hause hat meine Schwester die Hosen an.«

Alex schätzt die Reinigungsarbeit auch aus ökonomischen Gründen. Wenn er die Ausbildung abgeschlossen hat, wird er für seine Maßstäbe anständig verdienen, vor allem, wenn er als Glasreiniger arbeitet, und kann dann auf eigenen Beinen stehen. Obwohl er noch zu Hause wohnt, erhält er von seinen Eltern keinerlei finanzielle Unterstützung. »Ich krieg nichts von meinen Eltern, was denkst du denn?«, tönt er, offenbar schon von der Vorstellung beleidigt. Da er lediglich einen Hauptschulabschluss hat, wäre es auch eine Option, wieder zur Schule zu gehen. Als Handwerksgeselle könnte er sich an einer Fachschule einschreiben. Im Moment ist es ihm aber das Wichtigste, so rasch wie möglich »Geld, Geld, Geld« zu verdienen.

Ungeachtet ihrer Vorzüge stellt ihn die Ausbildung aufgrund seines Ehrgefühls, seines Stolzes und seiner Vorstellung von Unabhängigkeit auch vor Probleme. Das Sprichwort »Lehrjahre sind keine Herrenjahre« gefällt ihm überhaupt nicht: »Als Azubi ist man hier Knecht. Man fühlt sich überall beobachtet, und du kriegst immer nur so kleine Scheißjobs und musst da immer irgendwohin gehen und auf Anton [den Vorarbeiter] warten, bis der dir wieder sagt, was du machen musst.«

Dagegen rebelliert Alex regelmäßig. Im Sommer hat ihn Anton mit der Toilettenreinigung bei einem samstäglichen Rave beauftragt. Alex empfand es als unfair, dass von allen Auszubildenden ausgerechnet er dafür ausgewählt wurde.

Aus seiner Sicht war es erniedrigend, als Dienstleister für »Junkies« Toiletten zu putzen. Er verließ die Veranstaltung, ohne jemanden zu informieren. Daraufhin erhielt er eine Abmahnung – die ihm allerdings weniger Sorgen bereitet als die Wahrung seiner Würde: »Mir kann hier überhaupt keiner was sagen. Auch nicht Anton oder so. Ich bin doch ein Mensch, ich mach doch mein Maul auf. Ich bin doch keine Prostituierte, ich mach doch nicht alles hier.«

Mit Alex zusammenzuarbeiten ist nicht immer einfach. Wie er mir gesteht, gerät er leicht in Rage, wenn ihn andere Reinigungskräfte, vor allem ungelernte und solche, die eine Schicht weniger gut kennen als er, von oben herab behandeln. Zuweilen stellt er auch Alis Anweisungen infrage, vor allem dann, wenn er glaubt, dass Ali mehr tut, als zur Zufriedenstellung eines Kunden nötig ist. Auch hier geht es ihm darum, kein »Knecht« zu sein – nicht der Alis und schon gar nicht der irgendeines arroganten reichen »Schnösels«. Die meisten weiblichen Kolleginnen und Auszubildenden wiederum sind seines Erachtens »faul« und »unfähig«. Ihnen fehle einfach die erforderliche – männliche – Stärke, um gute Reinigungskräfte zu sein. So ließ er sich auch keine Gelegenheit entgehen, mir Fehler bei der Arbeit vorzuhalten. Vergaß ich einen der Tische im Café abzuwischen, nannte er mich für den Rest der Schicht hartnäckig »Nicole« – Ausdruck seiner Geringschätzung, da er eine mehrgewichtige Auszubildende gleichen Namens verachtet.

Allerdings beeinträchtigen seine Aufsässigkeit und sein Temperament nicht seine Stellung bei Reinlich & Co. Vor allem männliche Kollegen schätzen ihn aufgrund seiner Haltung. »Alex mag ich, der erinnert mich an mich, als ich so jung war wie er«, erklärt Marcel. »Der lässt sich auch nichts sagen.« Andere, die vor allem Alex' Sorgfalt und Gewissenhaftigkeit loben, sind ihm gegenüber nachsichtig oder versuchen sogar, ihn zu erziehen. Ali, der Alex wie einen jüngeren Bruder behandelt, rät ihm, er solle sein Temperament zügeln und »sich zurückhalten«. Auch das Management, das um Alex' Fähigkeiten als Reinigungskraft weiß, sieht über seine rebellische Art hinweg. Anton hält ihn für »unseren besten Azubi«.

Da er seinen Status kennt, macht sich Alex keine Sorgen, dass man ihm vor Abschluss seiner Ausbildung kündigen könnte. Allerdings fragt er sich, ob er die Arbeit als Reinigungskraft auf Dauer durchhalten wird. In dieser Frage ist er gespalten. Wenn seine lädierten Knie wieder zu schmerzen beginnen, überlegt er, ob er nicht lieber zur Bundeswehr gehen sollte: »Beim Bund kannst du, wenn du richtig gut bist, gut Geld verdienen und auch früh in Rente gehen.« Dann wieder zweifelt er an diesen Optionen: »Guck mal, ich hab immer Schmerzen, aber welcher Job ist schon gut für die Knie?« Andererseits könne er auch nicht einfach rumsitzen. »Ich will sowieso nicht alt werden – in meiner Familie werden alle nicht alt.« Und wenn er als Glasreiniger arbeite, würde er schließlich auch »gutes Geld verdienen«. Er ist fest überzeugt, dass Jobs in der Reinigung sicherer sind als in anderen Branchen. Leute zum Saubermachen würden immer gebraucht, »kannste immer Geld verdienen«. Also, resümiert er, überwiegen die Vorteile der Reinigung zumindest fürs Erste die Nachteile.

Unter dem Strich ist die Reinigungsarbeit für ihn ein handwerklicher Beruf – eine Ansicht, die eher mit der des Bundesfachverbandes als mit dem bei Reinlich & Co. verfolgten Konzept des Saubermachens als professionelle Dienstleistung übereinstimmt. Alex ist von ziemlich weit unten ins Reinigungsgewerbe gekommen, mit einer Vorstrafe, einem Hauptschulabschluss und einer abgebrochenen Lehre. Nicht zuletzt aufgrund seines familiären Hintergrunds stärkt die Arbeit sein Selbstwertgefühl; sie ermöglicht es ihm, seine Kraft, sein Engagement für Sauberkeit und seine Leistungsfähigkeit zu zeigen und verspricht zudem ein sicheres Einkommen und Unabhängigkeit. Zugleich empfindet er es als Bedrohung seiner Würde, Kunden bedienen, Anweisungen befolgen und mit ungelernten – vor allem weiblichen ungelernten – Kolleginnen zusammenarbeiten zu müssen, die seinem Bild einer Reinigungskraft diametral widersprechen. Außerdem bedrückt ihn die Aussicht, dass sein Körper den Belastungen nicht gewachsen sein könnte – eine Angst, die auch Ali umtreibt.

Ali: Vom Industriearbeiter zum Reinigungsveteran

Ali ist Ende dreißig. Er ist zwar in Berlin geboren und aufgewachsen, hat aber die türkische Staatsbürgerschaft inne. Seine Eltern kamen in den siebziger Jahren wie viele andere »Gastarbeiter« aus Ländern wie der Türkei, Italien, Griechenland oder Spanien nach Deutschland. Sein Vater arbeitete als Maschinenschlosser in einer Fabrik, seine Mutter blieb zu Hause und kümmerte sich um Ali und seine drei Geschwister. Die Familie wohnte in einem der ärmeren östlichen Randgebiete Kreuzbergs. Heute ist das Viertel weitgehend gentrifiziert, doch gibt es dort nach wie vor eine Moschee, zahlreiche türkische Supermärkte sowie Cafés, in denen die Männer starken schwarzen Tee trinken und Tavla, eine Art Backgammon, spielen. Zum erweiterten Kreis der Familie gehören Onkel, Tanten und Cousins, auch mit der türkischen Gemeinde ist man vernetzt. Ende der neunziger Jahre verlor der Vater seine Anstellung und hörte auf zu arbeiten. Als Ruheständler verbringen Alis Eltern inzwischen einen Teil des Jahres in ihrem Heimatort in der Türkei.

Wie sein Vater hat auch Ali als Industriearbeiter angefangen. Er schloss eine Ausbildung zum Maschinenfahrer ab, fand aber keine entsprechende Stelle. Um nicht arbeitslos zu werden, wechselte er in die Reinigungsbranche, in der auch sein Bruder untergekommen ist. In Alis Familie haben nur die beiden Schwestern eine höhere Schule abgeschlossen; sie sind heute Erzieherinnen. Ali ging gern zur Schule und fand vor allem am Mathematikunterricht Gefallen, dennoch ist sein Deutsch mit Slangausdrücken durchsetzt, wie sie sie viele Menschen mit Migrationshintergrund in Kreuzberg, Neukölln oder im Wedding verwenden; so spricht er etwa Alex stets mit »Bruder« an. In einer bestimmten Phase seiner Jugend hat er sich zu sehr mit »anderen Dingen« beschäftigt und konnte deshalb nicht weiter zur Schule gehen (auf meine Frage, um welche »Dinge« es dabei ging, verweigert er die Auskunft). Dadurch blieb ihm einer der wenigen Wege zum sozialen Aufstieg versperrt, die aus der Arbeiterklasse stammende Menschen mit Migrationshintergrund einschlagen können.

Auch Ali ist in die Gebäudereinigung geraten, weil er »schnell Geld verdienen« wollte. Er war nicht bereit, wie sein Vater jahrelang von Sozialhilfe zu leben, und ist stolz auf die Unabhängigkeit, die ihm sein Einkommen verschafft. Geld nach Hause zu bringen ist ihm wichtig. Mit seiner deutschen Frau hat er drei Kinder. Sie arbeitet dreißig Stunden in der Woche am Empfang einer Autowerkstatt, wo sie ordentlich verdient. Die beiden haben ein Grundstück außerhalb Berlins gekauft und sparen auf ein eigenes Haus, das sie weitgehend ohne Kreditaufnahme bauen wollen. Zuweilen reibt sich Ali an der Lebensart der Deutschen, ihrer Ignoranz gegenüber der türkischen Kultur, türkischem Essen und türkischer Musik, die er während der Arbeitszeit zu preisen nicht müde wird: »Die Leute wissen nicht, wie schön die Türkei ist«, erklärt er Alex und mir. »Die sehen nur die Türken hier. Alex, komm wir gehen zusammen in die Türkei. Ich lade dich ein, und wenn du das Flugticket nicht zahlen kannst, zahl ich das auch.« Später weitet er das Angebot auf mich aus.

Einmal lädt Ali mich nach der Schicht in einen Brathähnchenimbiss in Kreuzberg ein. Hier ist er ganz in seinem Element, spricht türkisch mit den Kellnern, grüßt Passanten auf der Straße und erzählt mir von seiner Jugend und seinen gegenwärtigen Sorgen. Dass er sich mir öffnet, hat auch damit zu tun, dass er eine Ausländerin in mir sieht. »Du weißt ja, was ich meine«, sagt er. »Griechen würden das auch nie machen. Wir sind nicht wie die Deutschen.« Ali variiert dieses Thema anhand typisch deutscher Verhaltensweisen, die ihn auf die Palme bringen, etwa die, dass deutsche Kolleginnen auf seine Einladungen nicht mit Gegeneinladungen zu reagieren pflegen.

Am Arbeitsplatz berichtet Ali voller Stolz von seinen Kindern und ihren Fortschritten. Frisch barbiert und in seinem besten Anzug ist er zur Feier des Realschulabschlusses seiner ältesten Tochter gegangen. Sie war die Zweitbeste in ihrer Klasse und wechselt in die gymnasiale Oberstufe. Von dort schafft sie es vielleicht auf die Uni. Ali will nicht, dass seine älteste Tochter Reinigungskraft wird. »Du musst zu hart arbeiten«, sagt er. »Und ich sehe ja, wie scheiße die mit Azubis sind.« Er hofft, dass seinen Kindern, anders als ihm, über die Bildung der gesellschaftliche Aufstieg gelingt.

Das heißt jedoch nicht, dass er darunter leidet, in der Gebäudereinigung tätig zu sein. Da er über eine abgeschlossene Berufsausbildung verfügt, betrachtet er sich als qualifizierte

Arbeitskraft. »Jana, ich bin zwar hier, und du denkst vielleicht, ich bin dumm, weil ich so eine Reinigungskraft bin, aber ich bin eigentlich ziemlich schlau. Ich hab Maschinenfahrer gelernt.« Er ist stolz auf sein Einkommen. Er schäme sich nicht, in der Branche zu arbeiten. Für ihn komme es darauf an, »gutes Geld zu verdienen«. Die Arbeit mache oft sogar »Spaß«.

Ali ist nicht nur irgendeine Reinigungskraft am Potsdamer Platz, sondern beinahe so etwas wie eine Institution. Er arbeitet seit über einem Jahrzehnt dort (nur der Mann im Entsorgungszentrum ist wohl länger da, woran sich Ali nur ungern erinnern lässt) und unterhält gute Beziehungen zu Kolleginnen und Vorgesetzten. Noch stolzer ist er auf die Beziehung, die er zu den Chefs einiger Kunden von Reinlich & Co. aufgebaut hat. Sie begrüßen ihn mit Vornamen, außerdem wird er zur Weihnachtsfeier des Cafés eingeladen, für dessen Reinigung er verantwortlich ist.

Diese persönlichen Kontakte gehen auf seine Anfangszeit am Potsdamer Platz zurück, als er für die Büros der Daimler AG, des ersten Eigentümers des Areals, zuständig war; sie sind auch der Grund, weshalb er noch immer hier ist. Das Management der Betreibergesellschaft besteht bei jedem Wechsel des beauftragten Reinigungsunternehmens darauf, dass Ali seine Stelle behält. Tatsächlich hat er bereits drei solcher Wechsel miterlebt und sie stets überstanden. »Alle hier lieben ihn«, versichert Alex. Davon profitiert auch Reinlich & Co., da Ali der Firma zu weiteren Kunden verholfen hat, etwa dem Café im Kollhoff-Tower.

Dass Ali einen solchen Grad der Unabhängigkeit erreicht hat, liegt nicht zuletzt an der Gewissenhaftigkeit, mit der er seinen Aufgaben nachkommt. Bei den Kollegen wie beim Reinlich & Co.-Management gilt er als fleißig, ehrlich und zuverlässig. Er arbeitet in seinem »eigenen Gebäude«, wie er es nennt, und weder Tom noch die Vorarbeiter kontrollieren, wie er seinen Job macht. Stattdessen kommen sie morgens manchmal auf eine Tasse Kaffee beziehungsweise Tee vorbei – der Geschäftsführer des Cafés hat Ali erlaubt, sich vor seiner Schicht etwas aufzubrühen.

Vor einiger Zeit hat man Ali zum Vorarbeiter befördert, doch er hat die Stelle rasch wieder aufgegeben. Die ständigen Telefonate, die von allen Seiten – von Kundenbetreuern, Kundinnen und Reinigungskräften – auf ihn einprasselnden Forderungen und die Verantwortung für die Arbeiterinnen bereiteten ihm zu viel Stress. In seiner jetzigen Position hingegen sei er sein »eigener Chef«.

Doch der Job hat auch Nachteile, wie Ali deutlicher spürt, seit sein kurzes dunkles Haar zu ergrauen beginnt und sein Bauch an Umfang gewinnt. Die jahrelange körperliche Arbeit fordert ihren Tribut: Er hat Schmerzen in der Bauchgegend und im Rücken, es fällt ihm mitunter schwer, den Wassereimer die Treppen hinunterzutragen oder sich zu bücken. Wenn er für Ali etwas vom Boden aufheben soll, beklagt sich Alex mit seinem üblichen Spruch: »Bin kein Vogel hier! Bin doch kein Knecht!« Ali ärgert sich darüber; immerhin behandelt er Alex wie einen Bruder. Auch macht ihm seine Zukunft Sorgen: »Es ist eine Knochenarbeit. Letztens war ich im Büro [in der Firmenzentrale], und dann kam da so einer, der noch älter war, und da hab ich mir auch gesagt: Wie lange geht das noch?«

Seine Cousins und seine Schwestern fragen sich das auch. »Bruder«, sagen sie, »wir wollen, dass es dir gut geht.« Sie haben ihm vorgeschlagen, eine Taxilizenz zu erwerben und für ihr Unternehmen zu fahren. Obwohl Ali ihren geschäftlichen Erfolg bewundert – »Die machen mindestens 60 000 im Jahr. Ich hab gesehen, was die meiner Oma in der Türkei alles geschenkt haben« –, will er die Reinigungsbranche nicht verlassen. Wenn er bei seinen Cousins anfinge, könnte er nicht mehr so selbstständig arbeiten wie am Potsdamer Platz. Auch gefällt ihm die Aussicht nicht, den ganzen Tag in einem Taxi zu sitzen und noch mehr zuzunehmen. Es macht ihm immer noch Freude, körperlich zu arbeiten. »Wenn es einem gut geht, dann ist es eigentlich kein schlechter Job.« Im Moment verdient er ausreichend. Es lohne sich nicht, jetzt darüber nachzudenken, was die Zukunft bringt und wie viel Rente er einmal bekommt. »Du weißt ja nicht, wie alt du wirst und ob du überhaupt eine Rente kriegen wirst. Sowieso traue ich dem deutschen Rentensystem nicht. Wir müssen jetzt schon bis siebenundsechzig arbeiten, dann hat ein Politiker schon gesagt, bis siebzig!«

In Alis Laufbahn spiegelt sich die allgemeine Entwicklung eines wachsenden Dienstleistungssektors bei gleichzeitigem Verlust von Arbeitsplätzen in der Industrie wider (auch wenn die wirtschaftliche Bedeutung des Industriesektors in Deutschland noch vergleichsweise groß ist).[33] Einerseits beruht sein Selbstwertgefühl, vor allem aufgrund des Stigmas, das Reinigungskräften anhaftet, auf seiner Ausbildung als Industriearbeiter. Andererseits ermöglicht ihm die Reinigungsarbeit, einen Beitrag zur Ernährung seiner Familie zu leisten und sich im Gegensatz zu seinem Vater die Demütigung der Arbeitslosigkeit und Abhängigkeit vom Staat zu ersparen. Wie Alex kommt er aus den Niederungen der Gesellschaft, was in seinem Fall mit dem Migrationshintergrund und Phasen der Arbeitslosigkeit zu tun hat und erklärt, dass für ihn ein enormer Wert darin liegt, einer Arbeit als Reinigungskraft nachzugehen. Er ist stolz darauf, in weiten Teilen seiner Tätigkeit sein eigener Herr zu sein, eine Sonderstellung, die er der hingebungsvollen Dienstleistungsattitüde verdankt, mit der er den Kunden gegenübertritt – und die das Reinlich & Co.-Management gerne bei allen Reinigungskräften sähe. Je weiter sein körperlicher Verschleiß jedoch voranschreitet, desto ungewisser erscheint seine Zukunft in der Branche.

Luisa: Reinigungsarbeit als Chance für Immigrantinnen

Als die 37-jährige Luisa vor zwei Jahren aus Angola nach Deutschland kam, schickte die Agentur für Arbeit sie zu Reinlich & Co. Luisa ist nicht als Flüchtling, sondern als Frau eines Arbeiters, der bei einem hiesigen Industriebetrieb angeheuert hat, nach Berlin gezogen. Die Gewöhnung an die deutschen Lebensverhältnisse fällt ihr nach wie vor schwer. In Angola hat sie als Hairstylistin für lokale Berühmtheiten gearbeitet; jetzt stylt sie nur noch ihr eigenes Haar, mal mit kleinen geflochtenen Zöpfen am Hinterkopf, mal mit glatten Extensions, mal mit Locken. Ihre Deutschkenntnisse sind auch nach zwei Jahren noch rudimentär. Sie kann keine ganzen Sätze bilden, verwechselt die grammatischen Geschlechter und antwortet einem häufig mit einem freundlichen, aber fragenden Gesichtsausdruck. Ihre Wortbetonungen sind mitunter skurril, zum Beispiel wenn sie, wie es öfter vorkommt, »Scheeiiiiisse« sagt. Die Sprache bildet eine Barriere zwischen ihr und den Kolleginnen.

Möglicherweise verbringt sie deshalb einen Großteil ihrer Zeit in der Igreja Universal do Reino de Deus (Universalkirche des Königreichs Gottes), einer evangelikalen Kirche, die ein dubioser brasilianischer Geschäftsmann gegründet hat. Bekleidet mit einem Kostüm, einem Geburtstagsgeschenk ihres Mannes, geht sie jeden Sonntag und nach Möglichkeit auch unter der Woche zum Gottesdienst. Dort trifft sie auf eine Gemeinde, deren Mitglieder wie sie portugiesisch sprechen und mit denen sie singen, tanzen und ihre Hoffnungen und Kümmernisse teilen kann.

Angesichts ihrer Probleme am Arbeitsplatz ist Luisa auf die Unterstützung dieser Gemeinschaft angewiesen. Sie hat nie zuvor als Reinigungskraft gearbeitet. Im Gegenteil: In Angola hatte sie selbst eine Reinigungskraft für ihr großes Apartment. Ihre Familie gehört zur soliden Mittelschicht. Einer ihrer Brüder arbeitet im Parlament, ein anderer hat gerade sein Jurastudium abgeschlossen. Da die Familie eine große Examensfeier ausrichten möchte, spart Luisa Geld, um es nach Hause zu schicken. Wie für viele Einwanderer und Flüchtlinge geht die Ankunft in Deutschland auch für sie mit einem sozialen Abstieg einher.

Allerdings verdienen sie und ihr Mann hier deutlich mehr als in ihrem Heimatland. So schicken sie nicht nur regelmäßig Geld, Kleidung und elektronische Geräte (Handys, Wasserkocher, Plasmafernseher) an die Verwandtschaft und sparen für ihre alljährliche Reise nach Angola, sondern bauen dort auch ein Haus. Luisa hat es mir auf Fotos gezeigt und betont, wie groß und schön es sei. Zweifellos ist es eine Verbesserung verglichen mit dem heruntergekommenen Apartment, in das ich sie nach gemeinsamen Schichten im Einkaufszentrum zweimal begleitet habe. Wie Alex lebt sie im Wedding. Am Potsdamer Platz arbeitet sie sechs Tage die Woche von fünf bis neun Uhr morgens. Sie hat einen sogenannten Minijob. Neben der Arbeit bei Reinlich & Co. macht sie nachmittags teilweise in einem Hotel sauber. Ohne das Einkommen ihres Mannes wäre ihre finanzielle Situation prekär.

Luisa genießt nicht gerade ein hohes Ansehen bei ihren

Kollegen. Sie ärgern sich oft über sie, weil sie Hinweise missversteht oder etwas falsch macht. Ali beschwert sich, weil sie nicht die richtige »Chemie«, also Putzmittel, benutzt oder nicht alle Oberflächen reinigt. »Die kannste vergessen«, sagt Hans. Thorsten bezeichnet sie als »dumm«. Sie dient ihnen als Gegenstand verächtlichen Spotts, als Beispiel dafür, wie man es nicht machen sollte. »Jeder hat seine eigene Technik, um den Mopp mit der Stange aufzunehmen«, sagt Matthias. »Nur Luisa bückt sich immer und hebt ihn von Hand auf.« Die anderen Beschäftigten sind oft ungeduldig mit ihr. Wenn sie nach dem Reinigungsplan fragt und dabei ein falsches Wort benutzt, korrigiert Bertha sie in scharfem Ton: »Was? Unterschreiben? Du meinst einschreiben!« Solche Vorwürfe sorgen dafür, dass sich Luisa mit Äußerungen noch mehr zurückhält.

Allerdings weist Luisa durchaus auch andere auf Fehler hin. Während einer Schicht im Einkaufszentrum wischt sie die Geländer, die Bertha kurz zuvor gereinigt hat, erneut und zeigt den schwarzen Staub auf ihrem Reinigungstuch vor. »Muss perfekt sein, perfekt!« Mit solchen Besserwissereien macht sie sich keine Freunde. Sie kann auch aufdringlich sein. Während sie mir erklärt, was ich sauber machen soll, stupst sie mich eines Tages in die Rippen. Als ich die Geste erwidere, schnaubt sie. Mit der Zeit lernen wir aber, uns miteinander zu verständigen, und schließlich werde ich eine ihrer wenigen Verbündeten am Potsdamer Platz.

Welche Bedeutung hat die Arbeit als Reinigungskraft für Luisa? Einerseits bezeichnet sie sie häufig als »Scheißarbeit«, andererseits ist sie offensichtlich stolz auf sich. »Arbeit nicht schwer«, sagt sie und versichert, dass Anton und Tom ihre Fähigkeiten zu schätzen wüssten. »Meine Seite besucht der Chef nicht. Er weiß, ich bin gut.« Anton bestätigt das. »Luisa versteht vielleicht kein Deutsch«, sagt er, »aber die macht ihre Arbeit.« Dass sie ihr eigenes Geld verdient, ermöglicht ihr zudem, sich außer der Reihe eine neue Frisur zu leisten oder ihrer Familie in Angola kleinere Beträge zu überweisen.

Luisa hat in ihrer neuen Umgebung noch einiges vor. Sie wünscht sich ein Kind, hofft, weitere Familienmitglieder nach Berlin holen zu können, und sucht nach einem besser bezahlten und weniger anstrengenden Job. Sie will nicht, wie ihr Mann, in einer untergeordneten Position bleiben, sondern eines Tages ein Café eröffnen, in dem sie afrikanische Spezialitäten verkaufen und ihr eigener Chef sein kann. Sie weiß, dass sie, um diese Ziele zu erreichen, Sprachkurse besuchen und den Führerschein machen müsste. »Schwierig, mit Arbeit«, sagt sie, fürs Erste gehe es nicht. Ihr Leben besteht derzeit aus frühem Aufstehen, Reinigungsarbeit und Gottesdiensten sowie dem Versuch, sich einen festen Platz in der Unterwelt des Potsdamer Platzes zu erobern.

Luisas Verhältnisse ähneln denen anderer weiblicher ungelernter Arbeiterinnen mit Migrationserfahrung, die zumeist nur über ein geringes und noch dazu unsicheres Einkommen verfügen, das kaum ausreicht, um sich über Wasser zu halten. Für Immigrantinnen ist die Reinigung eine der wenigen Möglichkeiten, den Eintritt in den deutschen Arbeitsmarkt zu schaffen, sei es, weil sie bislang Hausfrauen waren, ihre Zeugnisse hierzulande nicht anerkannt werden, ihre Sprachkenntnisse unzureichend sind oder, wie wohl zumeist, wegen einer Kombination aus mehreren oder all diesen Faktoren.

In Luisas Fall steht die Arbeit in der Gebäudereinigung, gemessen an ihrem Leben in Angola, für einen gesellschaftlichen Abstieg, zugleich aber auch für einen sozialen Aufstieg in Deutschland. Wie ihre besser integrierten Kolleginnen gehört auch sie zur Unterschicht. Die Reinigungsarbeit eröffnet ihr jedoch die Chance, den Niederungen der deutschen Gesellschaft zu entkommen und sich zumindest ein wenig mehr Unabhängigkeit von ihrem Mann und dem Staat zu verschaffen. Luisa ist stolz darauf, dass sie genug verdient, um Geld und Geschenke nach Angola zu schicken, was auch ihr Ansehen unter ihren Verwandten und Freunden dort fördert. Obwohl die Reinigung für sie keine Berufung, sondern nur ein Job ist, geht sie offensichtlich engagiert zu Werke. Da sie weder über formelle Qualifikationen noch besondere Kontakte zu Kunden verfügt, ist ihr die Anerkennung ihres Vorgesetzten sehr wichtig, vermutlich besonders wegen ihres geringen Ansehens bei den Kollegen. Luisa träumt zwar weiterhin von ihrem eigenen Café, doch je mehr Zeit vergeht, ohne dass sich ihre Deutschkenntnisse verbessern, desto mehr fürchtet sie, dass der Reinigungsjob für sie die Endstation ist.

Marcel: Ein Aussteiger bringt Ordnung in sein Leben

Eine solche Endstation ist die Reinigungsarbeit für Marcel, der vom äußersten Rand der Gesellschaft in die Branche gekommen ist. Er sieht furchterregend aus. Auf den Handrücken hat er sich eine schwarze Pistole tätowieren lassen, im Nacken hat er zwei Piercings. Sein schwarzes Haar trägt er an den Seiten kurz rasiert, auf dem Kopf länger, gegelt und zur Seite gekämmt. Seine Zähne sind vom unablässigen Rauchen dunkel gefärbt. Er wirkt abgemagert, das Trinken nach Feierabend und der Marihuana-Konsum an den Wochenenden haben Spuren im Leben des 38-Jährigen hinterlassen. Vor langer Zeit hat ihn seine Mutter auf Entzug geschickt, wo er sich unter »Junkies« wiederfand, »die sich das Zeug unter die Fingernägel gespritzt haben«. Bei seiner Entlassung prophezeiten ihm die Ärzte, dass er »mit 98-prozentiger Wahrscheinlichkeit rückfällig« werden und kaum die vierzig erreichen werde, wenn er so weitermache. Das ist ihm allerdings »scheißegal«.

Inzwischen hat er sein Leben besser im Griff. Seine Zeit in der Entzugsklinik und die »scheiß Psychotherapie«, die er dort durchlief, sind ein Quell komischer Anekdoten, die er den Kollegen erzählt. So habe ihn der Therapeut einmal gebeten, sich seinen Vater und seine Mutter als Tiere vorzustellen – »Welche Tiere wären die denn?« Die Kollegen machen regelmäßig Witze über Marcels Herkunft. Ali behauptet, er sei gar kein Ostdeutscher, sondern Rumäne: »Seine Mutter hat ihn aus einem Waisenhaus, wo er mit Dreck gespielt hat.« Ein anderer scherzt: »Marcel ist doch Knastkind. Sein Vater hieß Walter« (wie die sich maskulin gebärdende Hauptdarstellerin der RTL-Serie *Hinter Gittern – Der Frauenknast*).

Diese Spötteleien reflektieren eine düstere Realität. Nach der Scheidung seiner Eltern wuchs Marcel mit seinen beiden Brüdern bei der Mutter und deren wechselnden Partnern auf. Sein Vater kam wegen Körperverletzung ins Gefängnis, weil er eine Frau und ihren Ehemann verprügelte, nachdem Letzterer ihn mit ihr im Bett erwischt hatte. Auf den Fotos der Polizei war wohl überall in der Wohnung des Paares Blut zu sehen. Kurz nach seiner Entlassung aus dem Gefängnis starb er. Marcels Mutter, die die Familie als Kellnerin über Wasser zu halten versuchte, ist dreimal geschieden. Sie sucht sich immer »scheiß Kerle« aus, versichert Marcel, der sich mit jedem von ihnen angelegt hat. Mit fünfzehn zog er aus und bezeichnet sich seither als »das schwarze Schaf« der Familie.

Trotz zunehmender Suchtprobleme machte er seinen Realschulabschluss. Er arbeitete zunächst als Koch, dann als Altenpfleger. Obwohl er zum Sous-Chef befördert worden war, langweilte ihn die Arbeit in der Küche. Auch im Altersheim war es schwierig. Voller Abscheu schildert er, dass man den Alten passierte Speisen mit Gewalt »in den Mund geschaufelt« und bettlägerige Insassen »die ganze Zeit nur in ihrer eigenen Scheiße« habe liegen lassen. Vor drei Jahren hat ihm sein Bruder, der damals bei Reinlich & Co. arbeitete, seine gegenwärtige Stelle vermittelt.

»Die Leute sagen immer, hier ist das Allerschlimmste. Wie kannst du nur?«, sinniert er. »Aber hier kann man gutes Geld verdienen.« Marcel bekommt rund 1500 Euro im Monat, je nachdem, wie viele Stunden er arbeitet. »Die Altenpflege ist viel schlimmer gewesen, richtig eklig.« Auch seine Mutter ist wegen des Jobs endlich stolz auf ihn. »Die dachten alle, es würde gar nichts aus mir werden. Jahrelang. Ich hatte ja nichts vorzuweisen.«

Marcel lebt in einer kleinen Wohnung in Eberswalde, etwa vierzig Kilometer nordöstlich von Berlin. Die Kollegen scherzen, er schlafe wahrscheinlich auf einer Parkbank, »auf der Dritten aufm Marktplatz«. Marcel sagt, er lebe lieber allein. »Ich hab kein Bock auf 'ne Alte. Da fahr ich lieber einmal die Woche ins Puff nach Polen.« Seine Freizeit verbringt er mit Freunden in Eberswalde, außer zur Arbeit kommt er kaum nach Berlin, geschweige denn irgendwo anders hin.

In Eberswalde gibt es einige aktive Rechtsextreme, deren Ansichten Marcel und seine Freunde teilen. Sie hören rechte Bands und spielen Paintball in Tarnkleidung (er lud mich ein, ihn zu begleiten, was ich aber ablehnte, nachdem er mir die von diesen Spielen rührenden Blutergüsse auf seinen Armen gezeigt hatte). Ihn amüsiert das Foto eines Säuglings mit aufgemaltem Hitlerbart. Als ihm seine Freunde Vorwürfe machen, weil unter seinen Facebook-Freunden »ein N****« ist, entfernt er das Profil aus der Liste.

Militarismus und Rassismus gehen bei ihm und seinen Freunden Hand in Hand mit nostalgischer Schwärmerei für das Leben in der DDR, in der es Organisationen wie die Freie Deutsche Jugend und »noch echte Werte« gegeben habe. Marcel ist sogar stolz darauf, dass sein Großvater Mitglied in einer »Einsatzgruppe« der SS in Stalingrad war. »Es gibt ein Foto mit ihm, das hat meine Oma, mit so einem Totenschädel vorne«, sagt er. »Das Foto will ich haben.« Nichtsdestotrotz kommt er bei der Arbeit gut mit Immigranten zurecht und verbringt seine Pausen regelmäßig mit Ali, den er ironisch »unseren Quotentürken« nennt. Im Materialraum plaudert er angelegentlich mit Viola, einer älteren Reinigungskraft, die wie Luisa aus Angola stammt.

Sein Leben habe ihn zu einem optimistischen Pessimisten gemacht. Er habe keine hohen Erwartungen, da es schnell passieren könne, dass man etwas »verkackt« oder von anderen enttäuscht und im Stich gelassen werde. Doch andererseits komme es manchmal auch besser, als man erwartet habe. Er bezeichnet sich selbst als »Menschenhasser«, insbesondere hasse er Kinder. Beiläufig erzählt er, wie er nach einem Selbstmord am Potsdamer Platz ausgeschlagene Zähne aufgehoben und Blut aufgewischt oder wie er kopflose Tauben aus einem Schacht entfernt hat. Allerdings spricht und gebärdet er sich immer wieder derart ironisch – etwa, indem er seinen Bizeps anschwellen lässt und »Ich bin der King am Potsdamer Platz!« ruft –, dass es schwer zu bestimmen ist, ob diese Geschichten, die rechten Tendenzen und seine übrigen dunklen Eigenschaften nicht wenigstens teilweise nur Show sind.

Tatsächlich kümmert sich Marcel für einen Misanthropen

überraschend liebevoll um einen jungen Obdachlosen, der sich tagsüber am Potsdamer Platz aufhält, und gibt ihm öfter eine Zigarette oder etwas zu essen. Bei den Reinlich & Co.-Kollegen ist er beliebt, sie respektieren seinen Arbeitseinsatz und seine Gründlichkeit. Manchmal ziehen sie ihn auch damit auf. Alis Standardwitz besteht darin, auf eine einzelne Zigarettenkippe zu zeigen und Marcel vorzuhalten, der Potsdamer Platz sehe wie eine Müllhalde aus.

Marcel ist auch in der Lage, sich selbst zu parodieren. Als er mir die Straßen zuteilt, die ich säubern soll, sagt er: »Dass mir da keine Beschwerden zu Ohren kommen!« – »Nein, werden dir nicht«, beteuere ich ostentativ. »Ich gebe alles.« – »Das ist manchmal nicht genug«, erwidert Marcel. »Dann gebe ich eben hundertzwanzig Prozent.« – »Ja«, sagt er mit gespielter Herablassung, »das höre ich gerne.«

Tom bewundert Marcel. »Hut ab, was der hier alles leistet«, sagt er und erklärt, dass Marcel vor nichts zurückschrecke und menschliche Exkremente und Tierkadaver entferne, ohne mit der Wimper zu zucken. Er mache Überstunden und kümmere sich nicht um das, was andere – die Leute aus der Oberwelt – von ihm halten. Es komme ihm nur darauf an, gute Arbeit zu leisten.

Vor einiger Zeit hat er ihn deshalb zum Vorarbeiter befördert. Doch Marcel knallte ihm die Schlüssel bald wieder auf den Schreibtisch. Er mochte den Papierkram nicht, es gefiel ihm nicht, anderen Anweisungen zu geben und außerhalb seiner Arbeitszeit angerufen zu werden. »Ich hab richtig abgekotzt«, erinnert er sich. Jetzt geht es ihm besser: »Ich bin mein eigener Herr, hab mein eigenes Revier« – den großen Außenbereich, für dessen Reinigung er zuständig ist. Er ist mit seiner Position als einfache Arbeitskraft zufrieden und sehnt sich nicht nach beruflichem Aufstieg, auch wenn das mehr Geld bedeuten würde. Es sei »richtig scheiße«, sich für so wenig Geld »so anwichsen zu lassen«, sagt er. In Abhängigkeit von seiner Stimmung und seinem aktuellen Verhältnis zu Tom spricht er manchmal davon, zu einem anderen Anbieter zu wechseln. Einmal bittet er Anton und Tom, ihm ein Arbeitszeugnis zu schreiben, aber sie wimmeln ihn ab, weil sie ihn nicht verlieren wollen – Marcel ist zu gewissenhaft und arbeitet zu hart.

Insgesamt ist Marcels Geschichte typisch für aus der deutschen Gesellschaft herausgefallene Menschen, für »gescheiterte Existenzen«, wie er sie nennt, die aus einem von zerrütteten Familienverhältnissen, Abhängigkeit, häuslicher und anderer Gewalt, Obdachlosigkeit und Gefängnisaufenthalten geprägten Umfeld in die Gebäudereinigung kommen. Die meisten dieser Drop-outs verfügen über keinerlei Berufsausbildung. Die Tätigkeit als Reinigungskraft eröffnet ihnen nicht nur die Chance auf einen Arbeitsplatz, sondern darüber hinaus auch darauf, ihr Leben in geregelte Bahnen zu lenken. Im Fall Marcels bedeutet das, dass er über ein regelmäßiges Einkommen und eine feste Tagesstruktur verfügt und dass seine Mutter stolz auf ihn ist.

In mancher Hinsicht hat er ähnliche Erfahrungen gemacht wie Luisa. Auch für sie ist die Reinigung eine Chance, den Einstieg in den Arbeitsmarkt und in die Gesellschaft zu schaffen. Allerdings ist Luisa ein Neuankömmling, Marcel jemand, der draußen war und zurückgekehrt ist. Er besitzt eine Würde, die es ihm erlaubt, die Stigmatisierung durch die Oberwelt zu ignorieren und sein Selbstvertrauen darauf zu stützen, dass er von seinesgleichen als hart arbeitende, unerschrockene und gewissenhafte Reinigungskraft anerkannt und respektiert wird. Wie Ali, Alex und Luisa betrachtet auch er seine Arbeit als Zeichen des Erfolgs, insbesondere, da er sein »eigenes Revier« hat. Doch während andere Aufstiegsambitionen hegen, ist Marcel mit dem zufrieden, was er hat.

Reinigungsarbeit als Tor zur Würde

Nach einem Reinlich & Co.-Workshop für Kundenbetreuer in Leipzig, den ich zur Vorbereitung auf meinen Einsatz am Potsdamer Platz besuche, nimmt mich Ludwig mit zurück nach Berlin. Unterwegs fragt er nach meinen Eindrücken von der Veranstaltung. Ich erkläre ihm, dass ich überrascht sei, wie stark die Mitarbeiterinnen an ihrem Beruf hängen. Es entwickelt sich ein Gespräch über die Bedeutung, die ihre Tätigkeit für die Menschen in der Branche hat. Reinigungskräfte, sagt Ludwig, »können sich Zynismus nicht leisten«. Diese Bemerkung verstehe ich erst richtig, nachdem ich die Unterwelt des Potsdamer Platzes betreten und Alex, Ali, Luisa und Marcel kennengelernt habe.

Die vier sind auf unterschiedlichen Wegen in die Branche gekommen. Das zeigt, dass die Gebäudereinigung als Auffangnetz für ganz unterschiedliche Menschen fungiert, für Alte und Junge, Gelernte und Ungelernte, Männer und Frauen, Personen mit und ohne Migrationshintergrund, mit und ohne deutschen Pass. Für manche ist die Reinigung eine Berufung, in der sie aufgehen, für andere nur ein Job. Keinerlei Kultur verbindet sie miteinander, weder eine des Berufs noch eine der Klasse,[34] und sie machen sich auch die Unternehmenskultur nicht zu eigen.[35] So betrachten sich Alex, Luisa und Marcel nicht als professionelle Servicekräfte, wie man es sich eigentlich bei Reinlich & Co. wünscht. Allein Ali legt ein Dienstleistungsethos an den Tag, das es ihm erlaubt, Beziehungen zu Kunden aufzubauen und das ihm einen Sonderstatus und eine relative Unabhängigkeit am Arbeitsplatz verschafft. Auch wenn die Professionalisierungsbemühungen des Unternehmens nur begrenzte Wirkung auf das Selbstverständnis der Reinigungskräfte haben, legen diese doch erheblichen Wert darauf, als arbeitsam und selbstständig zu gelten, um entsprechende Anerkennung für ihre Arbeit zu bekommen.

Max Weber zufolge hat die protestantische Arbeitsethik dem aufkommenden Kapitalismus den Boden bereitet.[36] In der christlichen Tradition sind Fleiß, Selbstdisziplin und Entsagung Merkmale der Frömmigkeit und eines würdevollen Lebens, während Untätigkeit Sünde und Krankheit hervorbringt.[37] Diese Verquickung von Arbeit und Moral formt die deutsche Gesellschaft bis heute. Ob jemand »in Arbeit« ist, wird weniger auf die tatsächliche Verfügbarkeit von Jobs als auf die innere Einstellung zurückgeführt. Im Jahr 2001 stellte der damalige Bundeskanzler Gerhard Schröder fest: »Es gibt kein Recht auf Faulheit in unserer Gesellschaft.« Es liege in der Verantwortung jedes Einzelnen, erwerbsfähig zu sein und sich einen Job zu suchen.[38]

Diese Aufwertung der Berufstätigkeit bei gleichzeitiger Verdammung der Arbeitslosigkeit hat großen Einfluss auf das Reinigungspersonal. Aufgrund ihrer Vergangenheit messen die Beschäftigten dem Job, der ihnen den Ausgang aus einem Leben ohne Würde ermöglicht, eine enorme Bedeutung bei.[39] Tanja, eine Kundenbetreuerin bei Reinlich & Co., konstatiert: »Einige [Hartz-IV-Bezieher] denken sich, wieso sollte ich für so wenig arbeiten? Aber die Leute hier wollen einfach wirklich Geld verdienen und nicht zu Hause sitzen und vom Staat abhängig sein. Die sind zu stolz dafür.« Anders formuliert: Da sie weder über Bildung noch Vermögen verfügen, haben die Reinigungskräfte das Gefühl, sich ihren Platz in der Gesellschaft durch ehrliche, körperliche Arbeit verdienen zu müssen – die Arbeit ist ihr Ausweg aus der Unterschicht.[40] Das ist der Hintergrund von Ludwigs Bemerkung, sie könnten sich »Zynismus nicht leisten«.

Dieser Einschlag von Zuversicht und sogar Idealismus erklärt, weshalb die vermeintlich erniedrigende, unqualifizierte und würdelose Tätigkeit ihr Selbstwertgefühl als arbeitende Menschen nicht vollständig bestimmt.[41] In der Welt unterhalb des Potsdamer Platzes existiert ein Wertesystem,[42] mit dessen Hilfe Reinigungskräfte ihre Arbeit allen Stigmatisierungen zum Trotz auch als Quelle der Zufriedenheit und des Stolzes empfinden können.

3. Ein Quell des Abscheus wie auch der Freude: Scham, Ekel, Stolz und Vergnügen bei der Arbeit mit Schmutz

Als ich Marcels Schicht im Außenbereich zugeteilt werde, sprechen die anderen ominöse Warnungen aus.[1] Mit verzogenem Gesicht erinnert sich Alex daran, wie Marcel einmal fünfzehn kopflose Tauben aus einem Schacht entfernt habe. Ich finde diese Vorstellung so verstörend, dass ich nicht frage, ob irgendjemand weiß, wie die Vögel ihre Köpfe verloren haben, oder ob Marcel womöglich dazu neigt, seine Geschichten auszuschmücken. Jedenfalls versichert mir Bertha, dass Tierkadaver bei Marcels Runden die Ausnahme seien; die Regel, sagt sie, sind Zigarettenkippen und Erbrochenes.

Dennoch ist Marcel überrascht, als ich mich ihm anschließe. »Willst du zuschauen oder mitarbeiten?«, fragt er skeptisch. »Mitarbeiten«, antworte ich. Dann, auf Nummer sicher gehend: »Oder was dir lieber ist.« Er mustert mich von oben bis unten, befindet mich für würdig. »Ja, nee, nee«, sagt er, »mitarbeiten.«

Im Außenbereich fegt er, zur Seite gelehnt und leicht gebückt, fachmännisch Zigarettenstummel auf eine Kehrschaufel, während er den Bürgersteig nach verirrten Kaugummis, Kaffeebechern und leeren Capri-Sonne-Trinkpäckchen absucht. Sosehr ich es auch versuche, es gelingt mir nicht, seine Fegetechnik zu erlernen. Ich mühe mich gerade damit ab, eine Kippe aus einer Betonspalte herauszuschmeicheln, als Marcel verkündet: »Da ist Kacke. Willst du die nicht wegmachen?«

Ich schaue mich furchtsam um, kann aber weder etwas sehen noch etwas riechen. Marcel lacht. »Ich meine die Baumkacke«, sagt er und deutet auf ein Häufchen Birkensamen.

Auch über das Vergnügen hinaus, eine hospitierende Akademikerin zu irritieren, macht Marcel die Arbeit offensichtlich Spaß. Während ich ihn begleite, wird immer deutlicher, welche zentrale Rolle der Schmutz im Leben der Reinigungskräfte spielt. Ihr ganzes Schaffen kreist um Schmutz – sie suchen ihn, spüren ihn auf und entfernen ihn. Sie haben es mit Schmutz aller Arten zu tun, von Einmalverpackungen aus unzersetzbarem Plastik bis zu verrottenden Speiseresten, Tierkadavern, menschlichen Exkrementen und Laub. Was bedeutet es, wenn all das die Substanz der alltäglichen Arbeit bildet?

Wie die Reinigungsarbeit selbst dreht sich auch dieses Kapitel um den Schmutz. Wir folgen dem Arbeitsprozess der Reinigungskräfte: von der Suche nach und der Begegnung mit Schmutz bis zur körperlichen Arbeit seiner Beseitigung und ihrer Bedeutung in ihrem Leben. Abschließend untersuche ich, wie sie ihren unbarmherzigen Kampf gegen den Schmutz selbst empfinden und welche Genugtuung ihnen der – stets nur temporäre – Sieg über ihn verschafft, und zu guter Letzt, welche Konsequenzen all dies für ihre Würde hat.

»Wie Überraschungseier«: Schmutz-Detektive

Marcel hat eine spielerische, allerdings auch etwas kindische Art, mich auf Abfälle aufmerksam zu machen, indem er »Ich sehe was, was du nicht siehst …« ruft. Wenn es ein Wettkampf wäre, hätte ich keine Chance gegen sein sensibles Radar, das auch die anderen Reinigungskräfte rühmen. Allerdings haben sie alle gelernt, schlichtweg überall mit Schmutz zu rechnen – alles, was sie übersehen, ist ein potenzieller Anlass für Beschwerden der Kundinnen. Die Menge und Art des Schmutzes, den sie finden, bestimmt, wie viel Zeit und Mühe sie für einen Bereich aufwenden müssen. Es ist auch von Belang, wo sie ihn finden. Im Einkaufszentrum beschäftigt eine einzelne Bananenschale auf einer hohen Säule eine Gruppe von Reinigungskräften beinahe zwanzig Minuten lang. Als sie endlich entfernt worden ist, muss sich der Rest der Mall mit leichtem Staubwischen begnügen.

Die Suche nach Dreck erinnert an eine Schatzsuche. Die Reinigungskräfte haben ihre Antennen darauf trainiert, Wertvolles in dem zu finden, was andere als Müll abtun würden. Wie Mary Douglas in ihrer wegweisenden Studie *Reinheit und Gefährdung* schreibt: »Schmutz als etwas Absolutes gibt es nicht: er existiert nur vom Standpunkt des Betrachters aus.«[2] Vor allem Luisa tut sich als Schatzsucherin hervor. »Die Schwarze sammelt das alles«, sagt Michaela. »Dat musst du mal sehen.« Mit den Einkünften aus Flaschen- und Dosenpfand, zur Hochsaison um die 20 Euro am Tag, hat sich Luisa ein neues Samsung Galaxy gekauft. Im Einkaufszentrum findet sie eine weggeworfene Lederhandtasche, Damenstrümpfe von Wolford und eine unbenutzte Tube Handcreme. Gefundene Münzen und Geldscheine betrachtet sie als gutes Omen. »Auf meiner Seite [für die sie im Einkaufszentrum verantwortlich ist] immer Geld finden«, kommentiert Luisa in ihrem gebrochenen Deutsch. Andere sind wählerischer. Marcel nimmt nur Pfandflaschen mit, die 15 Cent oder mehr einbringen. Andere sammeln gar kein Pfandgut, es ist unter ihrer Würde. Matthias nennt es ein »Armutszeugnis«.

Sogar wertloser Müll und simpler Schmutz vermögen das

Interesse des Reinigungspersonals zu wecken. Wie Detektive betrachten sie, was sie finden, als eine Art Beweismaterial. So deuten in Stirnhöhe befindliche verschmierte Stellen an einer gläsernen Aufzugwand für Christian auf Haargel hin. »Ja, da waren die Leute vom Büro wieder so müde und sind bestimmt mit dem Kopf gegen die Wand eingeschlafen«, kombiniert er.

»Hier guck mal«, sagt Michaela an der Eingangshalle eines Clubs. »So schmutzig ist es hier, die Kippen und das Bier. Da spucken die hin, weil sie nichts Besseres zu tun haben, das sind die jungen Leute, die in diese Disco gehen.« Der Fund einiger in einer Mülltonne entsorgter Pornoheftchen löst weitere Erzählungen aus.

Und dann gibt es die unangenehmen Überraschungen. Auf dem Weg zu einem Apartment vergleicht Susanna Damentoiletten mit Überraschungseiern. »Man weiß nicht, was kommt«, sagt sie, »nur ist halt die Überraschung nie positiv.« Bilder von Toiletten, die sie selbst gesehen haben oder die ihnen beschrieben wurden, haben die Reinigungskräfte stets vor Augen. Wenn ich eine Kabine betrete und den Toilettendeckel öffne, halte ich den Atem an und lehne mich so weit es geht zurück. Doch während manche von uns von dem, was wir finden, abgestoßen sind, fängt damit für andere der Spaß erst an.

»Auge hat Angst, Hand macht«: Begegnungen mit Kot, Erbrochenem und verrottendem Fleisch

»Müll ist den Reinigungskräften unheimlich«, sagt Ludwig, der Personalchef. Sein Wortgebrauch erinnert an Sigmund Freuds Definition des Unheimlichen: etwas, das vertraut ist, aber verborgen bleiben soll.[3] Womöglich entsteht der Eindruck aus der unbehaglichen Nähe zum Dreck anderer, vor allem wenn es sich um jene Art Dreck handelt, auf die das englische Wort *dirt* verweist, das vom Altnordischen *drit* stammt, was Exkrement bedeutet. In der Konfrontation mit Kot riskiert man die Überschreitung kulturell verankerter religiöser Verbote,[4] deshalb steht sie auf der Liste der Berufsängste von Reinigungskräften ganz oben.

Wie Susannas Überraschungsei-Vergleich andeutet, gelten »Frauentoiletten« als das »Allerekligste«. Das Thema beschwört beim Reinigungspersonal verstörende Bilder herauf: Toiletten, in denen Frauen versucht haben, ihre Tampons runterzuspülen, anstatt sie in den Eimer zu werfen, in denen »hinter der Heizung alles voll mit Binden« war, in denen ein Kollege »Blut oben an der Decke gefunden hat«. Es sind nicht nur der Anblick und der Geruch, es ist auch die Notwendigkeit, in die Toilettenschüssel zu fassen, um sie sauber zu machen, die die Reinigungskräfte als ekelhaft empfinden. Manche finden öffentliche Toiletten, auch wenn sie sauber sind, so abstoßend, dass sie sie nicht benutzen; sie bezeichnen sich als »Heimscheißer« und sehen darin eine Art Reinigungspraxis.

Aber keine solche Praxis kann verhindern, dass der Schmutz auf den Körper der Reinigungskraft gelangt. Gerüche lassen sich schwer abwehren, sie dringen auf die Riechschleimhäute vor. Dabei ist der Geruchssinn der Beschäftigten ein wichtiges Werkzeug. Mit seiner Hilfe finden sie sowohl versteckten als auch unsichtbaren Schmutz. Aber er ist auch der Fluch des Jobs. So atmet Alex, wenn er den Korridor neben einem Restaurant wischt, ausschließlich durch den Mund, um sich vor den Dämpfen einer nicht identifizierbaren »giftigen« Quelle zu schützen.

Die Haut der Reinigungskräfte kommt unvermeidbar mit

Schmutz in Berührung, und so ein Kontakt kann Furcht einflößend sein. Dmitrij erinnert sich, wie er seine Furcht zu überwinden suchte, als er zwei große Kanister mit schimmligem Fleisch reinigen sollte. »Ich hab' gedacht, das kann ich nicht«, sagt er. »Und dann hab ich es irgendwie doch geschafft. Ja, wie soll ich sagen: Auge hat Angst, Hand macht.«

Diese Bemerkung zeigt die Bedeutung der Affekte bei der Begegnung mit ekelerregendem Schmutz.[5] Ekel und Abscheu sind keine rein kognitiven Phänomene, sie greifen auf den Körper über.[6] Ekel rührt »von den Sinnen her. Er beruht darauf, wie es sich anfühlt, bestimmte Dinge zu sehen, zu berühren, zu schmecken oder zuweilen sogar zu hören.«[7] Ekel, so der Literaturwissenschaftler Winfried Menninghaus, entstehe aus der »Erfahrung einer Nähe, die nicht gewollt wird«.[8] Es handelt sich also um die affektive Zurückweisung einer Grenzverletzung, einer empfundenen Überschreitung sozialer Normen und Ordnungen.

Manchmal erfüllen die Abfallgerüche sogar die Oberwelt des Potsdamer Platzes und bilden einen kuriosen Kontrast zum erwünschten Chic der Gebäude. In den Fettabscheidern, in denen das übrig gebliebene Fett der Restaurants gesammelt wird, entstehen Gerüche, die ganze Regionen des Komplexes kontaminieren können. Ein anderer Geruch steigt unversehens aus Lüftungsklappen und -schächten auf und legt sich über weite ober- und unterirdische Bereiche. Eine unzureichende Lüftung verwandelt die Müllentsorgungsstelle in ein Inferno des Gestanks.

Der Materialraum, Knotenpunkt im Arbeitsleben der Reinigungskräfte, liegt direkt neben einem Müllraum. »Oa, wie könnt ihr hier sitzen und essen?«, beschwert sich Patrick. »Das ist doch widerlich. Da hab' ich ja Angst, dass ich Nasenkrebs kriege.« – »Na ja, zwanzig Jahre Dauerwelle«, meint Michaela, die früher Friseurin war. »Ich riech' eh gar nichts mehr.« Tatsächlich ist ein schlechter Geruchssinn von Vorteil, wenn man sich länger in dem Raum aufhalten will. Die meisten Arbeiterinnen vermeiden ihn entweder oder versuchen, den Gestank zu verringern, indem sie die Tür schließen. Das macht den Raum unausweichlich stickig.

Die meiste Zeit über befindet sich zwischen den Reinigungskräften und dem Schmutz jedoch keine Tür, die man schließen könnte. Wer sich weigert, dem Schmutz gegenüberzutreten, muss disziplinarische Maßnahmen gewärtigen. Eine Kundenbetreuerin erinnert sich, einer Reinigungskraft gedroht zu haben: »Unten [in meinem Büro] wartet schon eine Kündigung auf dich.« Allerdings erwartet das Management von den Reinigungskräften nicht, dass sie alle Arten der Verschmutzung entfernen. Extreme Fälle, zum Beispiel tote Tiere, zählen nicht zu den gängigen Aufgaben, obwohl sich manche, Marcel etwa, darüber freuen.

Eine Möglichkeit, besonders abstoßende Aufgaben zu vermeiden, besteht darin, eine Kollegin oder einen Kollegen dazu zu bringen, diese zu erledigen. Manche bieten das – zumindest mir – sogar an. »Wenn es zu eklig ist, sag', dann mach' ich das«, sagt Alex, als ich dran bin, eine Toilette zu säubern. Ich bedanke mich, lehne aber ab, entschlossen, alles zu reinigen, was die anderen auch reinigen. Als Marcel mich jedoch auffordert, einen Haufen Erbrochenes zu entfernen, stoße ich an meine Grenzen. Vielleicht testet er mich; falls ja, falle ich durch. Von Anblick und Geruch der schleimigen, halbverdauten Masse wird mir schlecht. »Wie würdest du es denn wegmachen?«, will Marcel wissen. »Ich weiß nicht«, antworte ich. »Du kannst es mir ja zuerst einmal zeigen.« Ohne Zögern macht sich Marcel an die Arbeit. »Die größeren Stücke machst du mit dem Besen weg«, erklärt er mir. »Und nachher kärcherst du dann mit dem Egholm [einer Kehrmaschine] drüber.« Womöglich sollte ich mich meiner Feigheit schämen, doch ich empfinde nur Erleichterung.

In solcher Nähe zum Schmutz kommt Reinigungswerkzeug und Reinigungsmitteln große Bedeutung zu. Je schlimmer die Verschmutzung, desto abhängiger sind die Beschäftigten von Wasser, Duftstoffen und den verschiedenen Flüssigkeiten, die sie »Chemie« nennen. Ludwig zufolge verbrauchen sie mehr »Chemie« als nötig – was sowohl für ihre Gesundheit als auch für die Umwelt von Nachteil ist. Ludwig ist bemüht, das Thema Umweltschutz auf die Firmenagenda zu bringen, indem er es in Schulungen für die Reinigungskräfte, Vorarbeiter und Kundenbetreuerinnen anspricht. Allerdings bemerkt er, dass seine Appelle kaum verfangen, da – wie ich ebenfalls beobachte – sowohl die Kundinnen als auch die Arbeitskräfte einen kräftigen Reinigungsmittelgeruch mit Sauberkeit assoziieren. Zudem ziehen die Beschäftigten starke Mittel vor, da sie glauben, dass diese ihnen die Arbeit an verschmutzten Oberflächen erleichtern.

Die nötigen Utensilien sind manchmal knapp, und ihre Qualität ist wechselhaft, so dass die Reinigungskräfte um sie wetteifern. Am Ende ihrer Schicht stockt Michaela stets das untere Fach ihres Wagens mit allen Mopps, Tüchern und Glasreinigern auf, die sie am nächsten Tag braucht. »Guck mal«, erläutert sie mir, »ich habe hier meinen Wagen, und dann fehlt immer auf einmal ein Tuch oder die Leute nehmen einfach die Sachen weg.« Vor allem Handschuhe sind ein heißes Eisen im Minus-Bereich. Die Mitarbeiter klagen, dass die von Reinlich & Co. zur Verfügung gestellten Handschuhe nicht zur Arbeit taugen. »Diese blauen Handschuhe, die wir hier bekommen, die sind nüscht«, murrt Michaela. »Die gehen immer gleich schon kaputt.« Tatsächlich reißen Luisas

Handschuhe nach einer halben Stunde unserer Schicht im Einkaufszentrum, und sie macht ohne sie weiter. Andere bringen ihre eigenen schwarzen Nitrilhandschuhe mit, die sie wie ein kostbares Gut behandeln. Marcel bezieht seine über Pauls Mutter, die in einem Krankenhaus arbeitet. Wenn wir zusammen unterwegs sind, bietet er mir einen einzelnen Handschuh an und erklärt dazu: »Du brauchst doch nur den rechten.«

Dass Reinlich & Co. sie nicht mit der nötigen Ausrüstung versorgt, verstehen die Reinigungskräfte als Zeichen der Vernachlässigung oder sogar Verachtung. »Echt traurig«, sagt Alex, »dass man alles selber kaufen muss.« Doch auch mit der geeigneten Ausrüstung bleibt die Grenze zwischen Reinigungskraft und Schmutz dünn und durchlässig. Schmutz kontaminiert alles: Kleidung, Ausrüstung, Reinigungsmittel, Wasser. Alex hebt die dreckigen Mopps vom Boden eines Müllraums nur mithilfe einer schützenden Plastiktüte auf. Trotz solcher Vorsichtsmaßnahmen ist seine Arbeitshose voller Flecken, die sich nicht entfernen lassen. Ungeduldig wartet er auf ein neues Paar, wütend auf Reinlich & Co., weil das Unternehmen dafür verantwortlich ist, dass er in einer »Pennerhose« rumlaufen muss – »echt scheiße«.

Auch ich bin keineswegs immun gegen die Verheerungen des Schmutzes: Nach ein paar Wochen an der Front weist mich Michaela auf die Flecken auf meiner Hose hin. »Die musst du wirklich mal waschen«, ermahnt sie mich. Meine Unsauberkeit verletzt einen Kodex der Sauberkeit, der Beschäftigten wie Michaela und Alex hilft, sich von der Substanz ihrer Arbeit, dem Schmutz, zu distanzieren. Eine Firmenuniform zu tragen ist aus ihrer Sicht keine Schande, solange sie nicht in einem Zustand ist, der ihrem Selbstbild als reinliche Menschen widerspricht.

Die Begegnung mit dem Ekligen stellt »eine Gefahr für die Reinheit« dar; es anzufassen bedeutet, »die [eigene] Verschmutzung nicht verhindert« zu haben.[9] Das heißt nicht, dass sich die Reinigungskräfte notwendigerweise für unsauber halten, vielmehr ist der Ekel »das Eingeständnis [ihrer] Verletzbarkeit und Gefährdung, obwohl er zugleich Ausdruck ihrer Überlegenheit ist«.[10] Vielleicht lässt der Schmutz die Reinigungskräfte »an der Menschheit verzweifeln«, wie ich am Potsdamer Platz häufiger höre, doch verzweifeln sie deshalb nicht automatisch auch an sich selbst. Vielmehr fängt ihre Würde erst dann zu leiden an, wenn ihr Arbeitgeber es an den angemessenen Werkzeugen und Kleidungsstücken fehlen lässt.

»Ich find's geil«: Schmutz als Faszinosum

Während wir im Aufenthaltsraum über den Seiten einer Boulevardzeitung frühstücken, teilt Matthias die Highlights seiner Frühschicht mit uns. »Draußen bei der Imbissbude lag so Papier auf dem Boden«, erzählt er. »Ich hab's aufgehoben, ach, und dann war da überall menschliche Kacke.« Er berichtet in aller Nüchternheit, genießt die Geschichte aber offensichtlich, vor allem meine Erschrockenheit und meinen Ekel. »Wer macht denn so was?«, frage ich. »Wer weiß«, sagt Matthias. »Penner, Obdachlose, solche Leute. Das passiert öfters hier.« Nicht jeder hält die Menschen von der Straße für die Schuldigen, manche verdächtigen auch die Partygänger.

So verstörend es sein mag, mit ihm umgehen zu müssen, lässt sich über einen Haufen Kot immer auch eine gute Geschichte erzählen. Und sosehr extremer Schmutz Ekelgefühle hervorruft, so sehr hat er auch das Potenzial zu amüsieren, zu stimulieren, zu faszinieren und sogar zu erregen. Schmutz ist das, was die Philosophin Julia Kristeva »Abjekt« genannt hat, ein Quell des Abscheus wie auch der Freude: »Man kennt [das Abjekt] nicht, man verlangt nicht nach ihm, man erfreut sich an ihm [*on en jouit*]. Gewaltsam und schmerzhaft. Eine Passion.«[11] Auch Susannas Vergleich von Toiletten mit Überraschungseiern weist auf die verbotenen Freuden des Schmutzes hin.[12]

Tatsächlich inspiriert[13] Kot nicht selten Bemerkungen sexueller Art, vor allem seitens der männlichen Reinigungskräfte. Marcel, der die menschlichen Exkremente, auf die er bei der Arbeit stößt, fotografisch dokumentiert, sagt: »Ich find's geil!« Bei anderer Gelegenheit fegt er einen Haufen zusammen, dessen Gestank so schlimm ist, dass sogar er eine Bemerkung dazu macht. Anschließend hält er mir den Besen vors Gesicht: »Für 100 Euro – würdest du ablecken?«

Ekel und Gelächter gehen Hand in Hand. Wie der Jurist und Literaturwissenschaftler William Ian Miller in *The Anatomy of Disgust* erklärt, »ermöglicht der gesamte Vorgang, in dem wir Freude und Faszination an uns mit Ekel erfüllenden Normverletzungen empfinden, auch einiges an Komik«.[14] Berthas Gesicht verzieht sich vor Ekel, und doch amüsiert sie sich zugleich, als sie mir erzählt: »Ja, es stinkt hier, doch du musst mal das Loch sehen, hinten bei mir da [einem Ort in der Unterwelt], wie's da stinkt, uha!«

Ihr Lachen verweist offensichtlich auf die »plötzliche Entladung einer Spannung«.[15] Es ermöglicht ihr, sich von der Situation zu distanzieren und sie auf diese Weise zu bewältigen.[16] In seiner Studie *Das Lachen* erklärt der Philosoph Henri Bergson, Gleichgültigkeit sei das »natürliche Element« der Komik.[17] Die durch Gelächter herbeigeführte Distanzierung erleichtert den Umgang mit dem Ekligen. Indem wir mit Bertha über das stinkende Loch lachen, teilen wir eine Erfahrung miteinander und bekräftigen so etwas wie Gemeinschaftlichkeit.[18]

An Matthias Geschichte mit dem Haufen Kot wird eine weitere Dynamik deutlich, die der Gleichzeitigkeit von Lachen und Ekel entspringt: Schmutz ist ein Mittel, mit dem sich die Reinigungskräfte zu Helden stilisieren können. Statt dem Ekel zu unterliegen, bezwingen sie ihn mit Gelächter.[19] Wer entsprechende Geschichten erzählt, ekelt nicht nur sein Publikum (besonders wenn, wie in Matthias' Fall, die Zuhörer gerade beim Essen sitzen), sondern beweist gleichzeitig seine Tapferkeit und seinen Mut beim Niederringen des Unheimlichen. Indem er ihm hilft, seine Hartnäckigkeit und überlegene Stärke herauszustreichen, verschafft der Schmutz dem Erzähler einen Gewinn an Status und Selbstwertgefühl.

Mit triumphierendem Lächeln berichtet mir Luisa von einer Situation, in der Bertha sie aufgefordert habe, einen Haufen menschlicher Exkremente zu entfernen. »Ein Mann hat das geschissen« – Luisa veranschaulicht den Vorgang, indem sie in die Hocke geht –, »und das stinkt so! Niemand wollte wegmachen. War Berthas Seite. Sie sagt, Luisa, machst du weg? Ich kann nicht.« Dass sie anders als Bertha in der Lage war, den Abfall zu beseitigen, erklärt sie so: »Für afrikanische Frau kein Problem.« Indem sie extremen Schmutz beseitigt, kann Luisa beweisen, dass sie härter zu arbeiten bereit und die bessere Reinigungskraft ist. Sie schreibt ihre Fähigkeit, ekligen Schmutz zu entfernen, ihrer geschlechtlichen und ethnischen Identität zu, ähnlich wie einige der männlichen Kollegen ihre Arbeit als Beweis ihrer Männlichkeit werten (darauf kommen wir in Kapitel 4 noch zurück).

Am ausgeprägtesten findet sich die Vermischung von Ekel, Lachen und Überlegenheitsgefühlen bei Marcel. Er feiert sich selbst in prahlerischen Erzählungen, die Klassiker des Sagenschatzes der Reinigungskräfte am Potsdamer Platz sind. Da gibt es die bereits erwähnten fünfzehn kopflosen Tauben, deren Gestank so überwältigend war, dass Marcel eine Maske aufziehen musste. Vergnügt berichtet er von Erlebnissen, die noch weitaus schlimmer gewesen seien: Einmal habe eine Frau durch einen Sprung aus dem Fenster Selbstmord begangen, ein andermal habe man in einem in der Tiefgarage abgestellten Auto eine Leiche gefunden, Maden seien durch die Fenster gekrochen. Wie jeder gute Geschichtenerzähler weiß auch Marcel mit Details zu brillieren: Er erinnert sich, bei der Selbstmörderin Stücke von Knochen und Zähnen gefunden zu haben, und an Toms blutbesudelte Hose.

Was andere ekelt, bringt Marcel zum Lachen. So unterstreicht er seine Tapferkeit und seinen Ruf als jemand, der auf beiden Seiten der Grenze zwischen Schmutz und Sauberkeit zu Hause ist. »Ich mach alles weg«, prahlt er. »Es gibt nichts Schlimmes.« Und während andere über ihre verschmutzte Arbeitskleidung klagen, frohlockt Marcel über solche Schweinerei: »Oh, Mann«, sagt er, »wie schmutzig ich schon wieder bin!« Manche Reinigungskräfte bezweifeln die Wahrhaftigkeit seiner Geschichten, andere reagieren mit Ehrfurcht auf sie. »Also ich würde das nicht machen«, versichert Christian kopfschüttelnd. »Ich könnte das nicht.« Auch wenn kaum jemand sonst unter dem Reinigungspersonal einen derart furchtlosen und sogar enthusiastischen Umgang mit widerlichem Schmutz pflegt oder auch nur pflegen wollte, wie Marcel es tut, ist dies sicherlich ein Weg, sich Respekt in der Unterwelt zu verschaffen: Marcel genießt seine Stellung über diejenigen, die vor ihrem Ekel kapitulieren.

»Gleich fällt mir die Hand ab«: Mühen und Schmerzen beim Arbeiten mit Schmutz

Mit und gegen den Schmutz zu arbeiten ist körperlich anstrengend. Die Reinigungskräfte müssen sich bücken, um klebrige Substanzen von Oberflächen zu kratzen, sie strecken sich, knien oder kriechen, um entlegene Stellen zu erreichen, und sie legen im Laufe eines Arbeitstags beträchtliche Strecken zu Fuß zurück. Die unterschiedlichen Schichten gehen regelmäßig mit typischen Verletzungen einher. Nachdem ich einige Tage lang die Straßen des Areals mit einem Besen gekehrt habe, zieht sich ein Schmerz von meiner rechten Hand in den Oberarm – ein Phänomen, das Marcel nur zu gut kennt. Wenn er zwei Wochen ohne Pause durchgearbeitet hat, dauert es zwei Tage, bis er seine rechte Hand wieder zur Faust ballen kann.

Einmal verbringen Lucas und ich Stunden damit, einen Klebstoff von einer Hotelwand zu entfernen. Am Ende spüre ich meine Hände kaum noch. »Verdammt«, klagt Lucas: »Gleich fällt mir die Hand ab.« Der Kleber tritt uns wie eine feindliche Armee gegenüber, und mehr als ein Pyrrhussieg ist manchmal einfach nicht drin. Als ich mich bei der Reinigung mehrerer Wandspiegel häufig bücken muss, bekomme ich ungewohnt starke Kopfschmerzen. Ich frage mich, ob das Zufall ist, doch Luisa bestätigt, dass es vom ständigen Bücken und Aufrichten komme, zumindest am Anfang. »Hab ich gesagt. Ich hatte auch zwei Wochen Kopfschmerzen«, erklärt sie mir.

Die Reinigungskräfte nutzen verschiedene Techniken, um die Anstrengung zu verringern. Am Ende meiner Feldstudie weiß ich, wie man einen Mopp wechselt, ohne sich zu bücken. Aber die Anstrengungen fordern ihren Preis: Ali leidet an Rückenschmerzen, Hennings Handgelenk ist chronisch entzündet, und Michaela kann sich nicht mehr hinknien. Die Hände der Arbeiterinnen weisen Schnitte, Blasen und Verätzungen durch den häufigen Kontakt mit Reinigungsmitteln auf. »Man merkt es, wenn Leute in der Reinigung arbeiten«, sagt Christian. »Man kann die harte Arbeit sehen. Wir haben keine Samtpfötchen« – wobei sich Letzteres sowohl auf weiche Haut als auch auf die Verweichlichung von Büroarbeitskräften bezieht. Reinigungsmittel können der Haut Schlimmeres antun, als sie nur aufzurauen, wie Alex erfahren hat, als er einige Tropfen eines scharfen Toilettenreinigers ins Gesicht bekam. »Das ist richtig giftiges Zeug«, sagt er. »Die Stelle im Gesicht ist immer größer geworden. Anton hat gesagt, dass es keine große Sache wär' – aber es hat wirklich gebrannt. Meine Mutter hat sich auch schon Sorgen gemacht.«

Das Einatmen der Dämpfe kann auch zu Kopfschmerzen und Erbrechen führen; zuweilen wird das Reinigungspersonal auch high davon. Sie erzählen, dass sie sich nach längerem Kontakt mit den Dämpfen »komplett zugedröhnt« fühlen: »Dann ist das so wie Drogen, wie Ecstasy.« Im Minus-Bereich des Potsdamer Platzes können die Dämpfe sogar Atemnot erzeugen. »Ich brauch' frische Luft. Ich geh' an die frische Luft«, schnauft Dmitrij. Und als Alex aus der Unterwelt nach oben kommt, seufzt er erleichtert: »Oa, Luft, Luft, Luft!«

Neben all seinen sonstigen Funktionen kann Schmutz auch zum Begriff für körperliche Schmerzen werden. Selbst wenn es nicht um Exkremente geht, ist »Scheiße« das Wort, das den Reinigungskräften dazu einfällt. Nachdem er stundenlang auf einem Dach gekniet hat, um Ablagerungen aus kleinen Spalten zu kratzen, beschwert sich Alex: »Ja, weißt du, wie scheiße es auf dem Dach ist? Die ganze Zeit da immer knien! Das ist richtig scheiße. Und jetzt in der Hitze und so.«

Obwohl die Gefahr körperlicher Beeinträchtigungen stets über ihnen schwebt (vgl. die Abschnitte über Ali und Alex im vorigen Kapitel), sprechen vor allem männliche Reinigungskräfte gern über körperliche Schmerzen, um sich ihrer harten Arbeit zu rühmen. Manchmal bauschen sie ihr Leiden auf, um ihr Selbstbild zu stärken und den Respekt anderer zu erlangen. Aussagen wie »Heute nur am Ackern«, »Wieder richtig was gerissen«, »Sich einen abbrechen«, oder, scherzhaft, »Schlaf nicht ein« unterstreichen die Schwere der Arbeit, auf der ihr Stolz beruht.

Die zweischneidige Natur solcher Prahlereien wird bei niemandem offensichtlicher als bei Marcel. Übergangslos kommt er vom Jammern über seine wunde Hand zu seinen von der Arbeit gehärteten Muskeln. »Guck mal hier, mein rechter Arm, was ich hier für krasse Muskeln entwickelt habe«, ruft er mich zu sich heran und zeigt seinen Arm vor, der allerdings eher dünn ist. »Ja, klar, rechter Arm und so«, lacht Paul, während er die Geste des Masturbierens macht. Marcel lacht. Da er sich der Anerkennung in der Unterwelt sicher ist, kann er sich über Frotzelei amüsieren. In jedem Fall hat er seinen Standpunkt klargemacht, wenn auch in Form einer Selbstparodie: Er hat seine Zuhörer an die körperlichen Anforderungen des Jobs erinnert.

»Mit dem Auge arbeiten«: Abkürzungen nehmen

Bei ihrer Arbeit bieten sich den Reinigungskräften auch Freiheiten. Zuweilen ist ein zu säubernder Bereich nur wenig verschmutzt, was ihnen etwas freie Zeit verschafft. Auch wissen sie, wie man Räume sauber aussehen lässt, ohne sie umfassend zu reinigen; sie nennen das »mit dem Auge arbeiten«. Anstatt zum Beispiel einen ganzen Flur zu saugen, sucht Christian ihn nach sichtbar verschmutzten Stellen ab. Auch kann, wie Ludwig erklärt, ein starker Geruch nach Reinigungsmitteln einen überzeugenderen Eindruck von Sauberkeit vermitteln als tatsächliche Sauberkeit. Und da man nie im Voraus weiß, welche Verschmutzungen einen in einer bestimmten Schicht erwarten, muss man stets über ein gewisses Maß an Flexibilität verfügen.[20] Deshalb wird dem Reinigungspersonal bei Reinlich & Co. eine gewisse Autonomie gewährt.

»Die Tätigkeit von Reinigungskräften ist viel weniger getaktet als die von Industriefacharbeitern zum Beispiel«, erklärt Ludwig dazu. Der Grad der Autonomie variiert. Manche der Reinigungskräfte am Potsdamer Platz haben einen engen Stundenplan als Vorgabe, der ihnen kaum Spielraum lässt. Andere entscheiden selbst, wie sie ihre Einsätze an verschiedenen Orten über eine bestimmte Zeit verteilen. Sie nutzen ihre Selbstbestimmung, um »die Arbeit selbst zu gestalten«,[21] indem sie individuelle Regelungen erstellen und selbst festlegen, wie und in welchem Ausmaß etwas zu säubern ist.[22]

Eine dieser Regeln besagt, dass Glastüren nur bis »auf Sichthöhe« geputzt werden, da für die Bereiche darüber »die Fensterputzer« zuständig sind, die einen höheren Stundenlohn bekommen; eine andere, dass nur die Bereiche des Flurs zu reinigen sind, die einfach erreichbar sind, eine dritte, dass man wertvolle Objekte, die kaputtgehen könnten, nicht zur Seite rückt. Eine andere Grundregel lautet, dass alles, was beim ersten Versuch nicht abgeht, dran bleibt (es sei denn, die Entfernung von Schmutz gehört explizit zur Aufgabe und wird daher vom Management kontrolliert).

Manche dieser Regeln sind offene Geheimnisse, über die zumindest die Vorarbeiter Bescheid wissen, die selbst als Reinigungskraft gearbeitet haben. »Am Wochenende kannste halt Sachen strecken«, sagt Christian. »Das wissen die Vorarbeiter auch. Da arbeitest du mit dem Auge, da werden halt einige Sachen nicht gemacht. Dann sachste: Gut, am Montag geht's dann wieder los.« Was letztlich zählt, ist der Eindruck des Kunden, und solange es keine Beschwerden gibt, spielt es keine große Rolle, wie die Reinigungskräfte ihre Schicht im Einzelnen durchführen.

Aus ihrer Sicht sind die persönlichen Regelwerke unverzichtbares Handwerkszeug.[23] Manche Schichten sind derart unterbesetzt, dass es unmöglich ist, die vertraglichen Vorgaben zu erfüllen. Mit zumindest impliziter Erlaubnis der Vorgesetzten nehmen sie sich also Freiheiten heraus.[24] Sie verfügen damit über ein Maß an Selbstbestimmung, das auch ihre Würde stärkt:[25] Nicht das Management oder der Kunde, die Reinigungskraft entscheidet, wie der Job zu erledigen ist.

Dabei betrachten die Reinigungskräfte solche Abkürzungen weder als Widerstand noch als Ausdruck des Unwillens oder gar der Faulheit.[26] Die meisten pflegen ein robustes Arbeitsethos. Als Matthias aus der Schicht mit Benjamin in eine andere wechselt, in der er mit Christian zusammenarbeitet, äußert er sich erfreut über den Zuwachs an Produktivität: »So schaffen wir halt mehr«, sagt er, »und dann geht die Zeit schneller rum. Also mit Benjamin ist es so, die ganze Zeit mehr oder weniger nur wenig machen und dann immer rumsitzen und dann nicht alles schaffen. Das ist ziemlich scheiße.«

Untätigkeit kann mithin das Gefühl der Erschöpfung verstärken und die Zeit langsamer vergehen lassen, vor allem aber untergräbt sie das Selbstverständnis des Reinigungspersonals als wertvolle Arbeitskräfte.[27] Die Regeln zu seinen

Gunsten auszulegen und »mit dem Auge arbeiten« sind das eine – durch offenen Widerstand jedoch geriete das kompliziert kalkulierte Würdegleichgewicht ins Wanken. Die Reinigungskräfte kalibrieren es, indem sie sich der Freiheiten, die die Arbeit am Schmutz mit sich bringt, erfreuen, ohne dadurch ihr Arbeitsethos zu korrumpieren: Sie sind produktiv, weil sie es so wollen, und nicht, weil ihnen nichts anderes übrig bleibt.

»Eine Sisyphusarbeit«: Der endlose Kampf gegen Verschmutzungen

»Das ist eine Sisyphusarbeit«, sagt Matthias. »Fängst du an und hört nie auf.« Während Verschmutzungen auf vielerlei Arten und mehr oder weniger selbstständig entstehen können, bedarf es zur Aufrechterhaltung von Sauberkeit eines fokussierten, nahezu unaufhörlichen Aufwands.[28] Das Leben geht mit Verschmutzungen einher, die die Gebäudereinigerinnen in einem endlosen Kreislauf wegfegen, abschrubben, auswaschen oder wegwischen. Fußabdrücke auf Marmor, Fingerabdrücke auf einer Türklinke, Haargel am Glas einer Aufzugwand oder die Staubpartikel in der Zimmerecke – all das macht ihre Arbeit binnen kurzer Zeit wieder zunichte. Stark frequentierte Bereiche müssen regelmäßig gereinigt werden, und nicht selten übersteigt der Anspruch an Sauberkeit die Möglichkeiten ihrer Herstellung.

In den Außenbereichen des Potsdamer Platzes ringt Marcel mit den unbarmherzigen Kräften der Entropie. In ihrer Mittagspause verzehren einige Büroangestellte Fast Food auf einem Grashügel, jede Windböe verteilt ihre Hinterlassenschaften über eine größere Fläche. Marcel sammelt eine

Verpackung nach der anderen ein und findet immer neue verirrte Pappschachteln und Kunststofffolien. Seit ich seiner Schicht zugeteilt bin, sehe auch ich auf Schritt und Tritt Zigarettenstummel auf dem Boden liegen. »Es ist wirklich so, es hört nie auf«, seufzt er. »Es sind überall Kippen.«

Je feinkörniger die Verschmutzung, desto mehr hat das Reinigungspersonal mit der Endlosigkeit des Schmutzes zu kämpfen. Schmutz in Form sich unbegrenzt ausbreitender Materie lässt sich nicht besiegen, allenfalls einigermaßen unter Kontrolle bringen.[29] Als sie ein frisch renoviertes Fünfsternehotel für die Wiedereröffnung reinigen sollen, müssen die Arbeiterinnen vor dem Staub kapitulieren: Je mehr von ihnen sich in den Räumen zu schaffen machen, desto mehr Staub wird aufgewirbelt. »Das kriegste einfach nicht so schnell sauber, also: nichtstaubig«, sagt Christian. »Da ist halt der Staub dann überall.«

Auch der Reinigungsvorgang selbst kann Spuren hinterlassen, etwa wenn der Schmutz nur verteilt wird oder Schlieren von Reinigungsmitteln zurückbleiben. Die Reinigungskräfte haben spezielle Techniken entwickelt, um möglichst spurlos zu arbeiten. Sie experimentieren mit der Konzentration des Reinigungsmittels, wischen den Boden in Schwüngen in Form von Achten und vermeiden Fußspuren, indem sie sich bei der Reinigung rückwärts Richtung Ausgang bewegen. In diesem Zusammenhang ist auch die Qualität der Reinigungsutensilien von einiger Bedeutung. Einmal erwischt Marcel eine Kehrschaufel mit Löchern, so dass von jeder Verunreinigung, die er aufzukehren versucht, etwas zurückbleibt.

All das hat Folgen für Aufraggeber, Vorarbeiter, Kundenbetreuerinnen und die Reinigungskräfte selbst. So ist in den Verträgen zwischen Reinlich & Co. und den einzelnen Kunden zwar festgelegt, was wie oft und auf welche Weise gereinigt werden muss, doch erweist sich die tägliche Arbeit als komplizierter. Die Erwartungen der Kundinnen können schwierig zu erfüllen sein, auch wenn sich die Beschäftigten punktgenau an den Vertrag halten. Im Kampf mit dem Schmutz, vor allem bei der Feinreinigung, kann man regelrecht »irre« werden, wie Matthias versichert; die Arbeit erscheine einem dann nicht nur monoton, sondern auch sinnlos. Und natürlich ist man frustriert, wenn Kundinnen oder Vorgesetzte den Aufwand, den man getrieben hat, anzweifeln: »Ja, Anton hat's uns nicht geglaubt, dass man da bei dem Eingang die Abdrücke immer wieder sieht, die Fußabdrücke, weil die Leute gleich drübergehen«, sagt Bertha nach einer Schicht im Einkaufszentrum. »Und dann haben wir's noch mal mit ihm gemacht und trocken drüberpoliert, und dann hat er's auch gesehen.«

Dabei müssen die Reinigungskräfte stets mit Beschwerden rechnen, wie wir in Kapitel 5 noch sehen werden. Am frustrierendsten ist es für sie, wenn Oberweltler, meist ohne einen Gedanken an ihren Aufwand zu verschwenden, Bereiche verschmutzen, die gerade erst gereinigt worden sind. Er könne sich »immer noch so aufregen da drüber, was die Leute hier alles wegschmeißen, manchmal direkt vor einem«, murrt Marcel.

Die Hartnäckigkeit des Schmutzes hat allerdings auch einen Vorteil für die Reinigungskräfte, und der ist entscheidend: Sie begründet ihre berufliche Raison d'être. »Reinigung stirbt ja nie aus, also es gibt immer Jobs«, meint Hermann. Auch Alex findet das (vgl. Kapitel 2), zumal er überzeugt ist, dass Maschinen niemals in der Lage sein werden, den Job so gut auszuführen wie Menschen. Marcel ermahnt sich ebenfalls, nicht permanent zu klagen: Immerhin verdankt er den

Zigarettenstummeln sein täglich Brot. Außerdem stellen sie eine Herausforderung dar, die des bekannten Unterweltbewohners Tantalos würdig wäre, da man sie immer und überall sieht, aber doch niemals alle zu fassen bekommt.

Einen auch nur vorübergehenden Zustand der Sauberkeit zu erreichen, kann nicht nur ästhetische Freude, sondern auch ein tiefes Gefühl der Befriedigung und Erfüllung auslösen. »Ich freue mich einfach auch, wenn es sauber ist«, erklärt Michaela. Marcel, der sich selbst als »Perfektionist« bezeichnet, strebt danach, den Potsdamer Platz so sauber wie möglich zu halten – eine Aufgabe, die ihn wahrhaft ausfüllt: Zigarettenstummel und anderer Müll verfolgen ihn bis in seine Träume. Und es ist die naturgegebene Unerreichbarkeit dieses Ziels, die ihn wie jeden anderen Perfektionisten mit Energie versorgt. Ohne Unvollkommenheit gäbe es für ihn nichts zu tun.

Mit anderen Worten: Das Reinigungspersonal begrüßt den Schmutz, weil er ihrer Arbeit einen Wert gibt. In diesem Sinne gilt: Je mehr Schmutz, desto besser. Einmal fordert Marcel mich zu einem Wettkampf im Aufsammeln von Zigarettenkippen heraus. Nach einer Viertelstunde vergleichen wir den Inhalt unserer Kehrschaufeln, natürlich hat er gewonnen. Regelmäßig versuchen die Kolleginnen einander mit angeberischen Klagen zu übertrumpfen. Das Café, beteuert Luisa, war »ganz schmutzig, Kaffee, viele Flaschen«. Vom Eingang eines Apartmenthauses berichtet Matthias: »Hier sah es aus. Richtig bitter, die ganzen Spinnenweben.« Benjamin verkündet nach einer Schicht im Materialraum: »Oh, all der Schmutz hier. Ham wir mal wieder viel ...« und zeigt auf das Beweismaterial: einen Haufen schmutziger Wischmopps. Schmutz, hier in Wischmopps gemessen, belegt den Wert der Reinigungskraft.

Schmutz spielt eine zentrale Rolle im Alltag der Reinigungskräfte, in symbolischer Hinsicht wie in Bezug auf seine Materialität.[30] Mit Schmutz zu arbeiten geht nicht nur mit Monotonie, Frustration und Schmerz einher, sondern auch mit dem Gefühl der Vergeblichkeit. Unrat gefährdet die Gesundheit, die Sicherheit und die Würde des Personals. Wer beruflich mit Verschmutzungen umzugehen hat, kann leicht dazu kommen, sich nicht wie ein wertvolles Mitglied der Gesellschaft, sondern wie ein »Penner« zu fühlen, wie Alex es ausdrückt. Zugleich bietet die Arbeit Möglichkeiten, sich nicht nur sein Brot ehrlich zu verdienen, sondern sich auch Befriedigung zu verschaffen und den Respekt anderer zu erwerben. Die hergestellte Sauberkeit ist sowohl fühlbar als auch messbar: Ganz gleich, ob man sie in Zigarettenstummeln oder Wischmopps misst, eine zufriedenstellend erledigte Arbeit steht für sich selbst. Dabei eröffnet der Job Freiheiten, die den Reinigungskräften ein Gefühl von Autonomie geben; überdies sorgt die Hartnäckigkeit des Schmutzes für Jobsicherheit.

Wenn wir Schmutz ausschließlich als Quelle von Scham[31] behandeln, tun wir der gelebten Erfahrung der Reinigungskräfte Unrecht, indem wir das stigmatisierte Arbeiten mit Schmutz zum vorherrschenden Faktor ihrer Berufstätigkeit erheben. Wie die Reinigungskräfte selbst ihre Arbeit und Rolle sehen, hängt auch von ihrem Hintergrund und ihrer Umgebung ab. Je nach Persönlichkeit, sozioökonomischer Herkunft und Lebenssituation kann tatsächlich Stolz auf die Arbeit vorherrschend sein.

Wie die Arbeiterinnen in ihrem Umgang mit dem Unrat wieder und wieder zeigen, hat dieser auch eine andere Seite.

Er ist nicht nur ein würdiger Widersacher, sondern zugleich ein faszinierender Gegenstand. Die Jagd nach dem Schmutz kann aufregend sein und Spaß machen – mancher findet sie sogar »geil«. Das widerspricht diametral nicht nur den von der Allgemeinheit, sondern auch den in der Wissenschaft vertretenen Annahmen. Nach Sennet und Cobb »schöpft der Hausmeister wenig Befriedigung aus dem Putzen«.[32] Und Jason Hughes, der den Ausdruck »Schmutzarbeit« geprägt hat, stellt fest, dass der »Hausmeister [...] seine Schmutzarbeit nicht in eine befriedigende Definition seiner Rolle zu integrieren vermag, die seine Feindseligkeit gegen die Leute, deren Dreck er beseitigt, auflösen könnte«.[33] Welche Feindseligkeiten auch immer sie gegen die Oberweltlerinnen am Potsdamer Platz hegen mögen – die Reinigungskräfte, denen ich im Rahmen meiner Feldstudie begegne, ziehen sehr wohl ein Gefühl der Befriedigung aus ihrer Arbeit. Diese Tatsache zu ignorieren, würde das Stigma bekräftigen und zugleich leugnen, was diese Männer und Frauen regelmäßig demonstrieren: dass sie ihrer Arbeit sowohl interessiert als auch motiviert nachgehen.

Welche Erfahrungen sie mit dem Schmutz machen, welche Bedeutung sie ihm beilegen – das ist nicht nur individuell verschieden, es kann sich auch von einem Moment zum anderen ändern. Interesse und Motivation, Scham und Demütigung, Abscheu und Faszination spielen allesamt eine Rolle. Schmutz ist nicht nur ein signifikanter, sondern sogar einer der zentralen Aspekte in den Dramen der Würde am Arbeitsplatz der Reinigungskräfte, allerdings bei Weitem nicht der einzige.

4. Jeder für sich im gemeinsamen Boot: Spaltungen und Allianzen in der Belegschaft

Das Sommerfest, das Reinlich & Co. zusammen mit einem Kunden ausrichtet, ist eine der wenigen Betriebsfeiern des Unternehmens. Jedenfalls organisiert Tom während meiner Feldstudie keine weitere soziale Zusammenkunft. Vielleicht erklärt das die Aufregung im Vorfeld des Festes. In den ihm vorausgehenden Wochen summt es in den Korridoren des Minus-Bereichs. Das Ereignis bietet Anlass für Klatsch und Tratsch – wer wird mit wem tanzen oder gar abstürzen? – und eröffnet vielleicht Möglichkeiten, mit einem der Vorgesetzten über Schichteinteilungen und Sonderwünsche zu reden. Allerdings sind nicht alle gleichermaßen begeistert. Manche qualifizieren die, die zur Party gehen wollen, als »Idioten«, »Verlierer« und »Dummköpfe« ab. Wieder andere können nicht kommen oder nur kurz vorbeischauen – weil Tom ihnen nicht freigegeben hat. Insgesamt aber ist die Sommerfeier wochenlang das Thema Nummer eins.

Das Fest beginnt mit einer Dampferfahrt auf der Spree. Die Reinigungskräfte bevölkern das Oberdeck. Die Leute, die ich sonst nur in Arbeitskleidung kenne, stellen ein vielfältiges Spektrum von Modegeschmäckern zur Schau. Marcel sieht elegant aus in seinen Khakihosen und dem grauem Hemd, auch wenn es einen frischen Kaffeefleck aufweist, den die Kollegin Anja trotz aller fürsorglichen Bemühungen nicht wegbekommen hat. Ali trägt zur Jeans ein Polohemd von Ralph Lauren. Hermann, ein etwas ungelenker Auszubildender, ist in einem schlichten dunklen T-Shirt und schwarzen Hosen gekommen, seine Azubi-Kollegin Lena, die sich von der Sonnenbrille bis zu den Turnschuhen ganz in Pink herausgeputzt hat, orakelt, sein Outfit stamme wahrscheinlich vom Billig-Discounter KiK. Luisa wirkt in engem schwarzem Cocktailkleid und High Heels, mit pinkfarbener Kunstlederhandtasche und Hochsteckfrisur, ein bisschen overdressed. »Die ist ja so schick angezogen. Dachte die, wir gehen jetzt ins Hotel zum Feiern?«, zischt Bertha.

Die Getränke gehen auf die Firma. Ein Reiseführer an Bord weist über Lautsprecher auf die Sehenswürdigkeiten hin, an denen wir vorbeikommen. »Kenn' ich alles nicht«, sagt Marcel in ironischem Tonfall, »ich komm aus Eberswalde.« Als wir an Kreuzberg vorbeifahren, frotzelt Ali den xenophoben Marcel: »Siehst du das Fußballfeld. Da können nur Türken spielen!« – »Ist ja ein ekliges Pack hier«, entgegnet Marcel, indem er den ihm zugedachten Part übernimmt. »Diese ganzen Ausländer.«

Für Menschen, die ins Stadtzentrum pendeln, sind diese Stunden auf dem Wasser eine Gelegenheit, mehr von Berlin zu sehen und einander außerhalb der Arbeit näherzukommen. Doch selbst auf diesem festlich geschmückten Schiffsdeck spaltet sich die Gruppe auf. Tom bleibt in der Nähe des mitveranstaltenden Kunden. Die männlichen Reinigungskräfte, darunter Marcel und Ali, sitzen außer Hörweite, wo sie anstößige Witze machen können – obgleich einer von ihnen behauptet: »Völlig egal, der Kunde denkt doch sowieso, dass wir das Allerletzte sind.« Die Frauen, darunter Bertha und Lena, halten sich auf der anderen Seite des Decks auf. Nur Luisa sitzt allein. Als Lena sie einlädt, sich zu den anderen zu gesellen, rührt sie sich nicht vom Fleck. Womöglich hat sie Lena nicht richtig verstanden oder sie will eher Abstand

Abb. 6: Betriebsausflug auf der Spree

halten. Die sommerliche Zusammenkunft hebt die Spannungen aus dem Arbeitsalltag nur teilweise auf. Tatsächlich kristallisieren sich die Spaltungen und Allianzen unter den Reinigungskräften hier sogar noch deutlicher heraus.

Im Mittelpunkt dieses Kapitels stehen die Beziehungen der Reinigungskräfte untereinander und die Interaktionen innerhalb der Gruppe. Besonderes Augenmerk liegt darauf, wie die Reinigungskräfte Merkmale zu etablieren suchen, anhand derer sie sich voneinander unterscheiden können, um Cliquen zu bilden und Statushierarchien durchzusetzen. Zu den Merkmalen, die sie dafür verwenden, gehören das Alter, die Geschlechts- und die ethnische Zugehörigkeit, aber auch der Modegeschmack, die kulturellen Vorlieben und der Bildungshintergrund. Manche kommen eher subtil zur Anwendung, andere erscheinen so deutlich wie die Sitzordnung, in der Luisa, die einzige schwarze Frau an Deck, von allen anderen getrennt bleibt. Ungeachtet solcher Abgrenzungen besteht allerdings auch ein jede individuelle Einzigartigkeit bedrohendes Gefühl von Gleichwertigkeit unter ihnen. Die Reinigungskräfte möchten gerne glauben, dass sie um ihrer selbst und ihrer Arbeit willen wertgeschätzt werden, dass sie nicht austauschbar und ersetzbar sind, und bemühen sich zur Stärkung ihres individuellen Selbstwerts um den Aufbau interner Statushierarchien. Diese Konstruktionen ruhen meist auf äußerst fragilen Fundamenten, und die Gefahr ihres Zusammenbruchs spielt in den Dramen der Würde eine große Rolle.

»Wir sind kein Team!«

Zu Beginn meiner Feldstudie spreche ich öfter vom »Teamraum«, wenn ich den Materialraum im zweiten Untergeschoss meine. Die anderen treiben mir das rasch wieder aus. »Was is'n der Teamraum?«, fragt ein Glasreiniger und schaut sich um. »Ja, hallo, Teamraum?« – »Also Team kannst du sein lassen«, rät mir Benjamin. »Wir sind hier kein Team.« – »Teamraum«, erläutert Hans, »das ist bestimmt so eine Scheiße, die von Tom oder Anton kommt.« Für die Reinigungskräfte gehört der Begriff »Team« zum Firmenjargon, der von oben über sie verhängt wird und nur eine rudimentäre Verbindung zu ihrer alltäglichen Realität und ihrem Selbstverständnis hat.[1] Und so ist es tatsächlich Tom, der das Wort verwendet, als er mir erklärt, dass Zusammenarbeit bei der Reinigung unerlässlich ist: »Es ist wichtig, dass alle im Team zusammenarbeiten«, sagt er. »Vier oder sechs Augen sind immer besser als zwei, vor allem bei Schmutz.« Er verwendet das Wort abermals, als er mir erklärt, warum er nicht beim »Smiley-System« des Unternehmens mitmacht, bei dem Vorgesetzte einzelne Arbeitskräfte mit Wertmarken belohnen, die diese in Geld, Gutscheine und anderes umtauschen können: »Ich finde es besser, wir sammeln diese Smileys und sagen dann, wir als Team gehen zusammen ins Panorama was essen oder Kartfahren oder egal was.« Andernfalls rufe das Smiley-System »nur Neid hervor«.

Konflikte unter den Reinigungskräften sind alles andere als selten. Solange die Arbeitsabläufe nicht gestört werden, halten sich Tom und die Vorarbeiter aus ihnen heraus. Mit Ausnahme des Sommerfests, dem Zusammenlegen der Smileys und einem einzigen Versuch der Konfliktlösung (als Tom Bertha wegen ihrer Reibereien mit Luisa ins Gebet nimmt, siehe unten) unternimmt das Management meiner Beobachtung nach so gut wie keine konkreten Schritte, um den Gemeinschaftssinn der Beschäftigten, die Entwicklung gemeinsamer Werte oder den Erfahrungsaustausch zu fördern. Zugleich führen die unterschiedlichen Verträge, die Schichtzuweisungen, die Arbeitsteilung sowie Vorzugsbehandlungen ständig zu Konflikten innerhalb der Belegschaft.[2]

Über diese vom Management herbeigeführten strukturellen Segregationen hinaus bemühen sich auch die Reinigungskräfte untereinander ständig um Differenzierungen. Die daraus resultierenden Spaltungen kompromittieren jegliches Solidaritätsgefühl.[3] So gibt es am Potsdamer Platz zwar individuelle Freundschaften und diverse Koalitionen, doch als Gruppe, als Team, agieren die Reinigungskräfte nur selten. Zu Beginn und nach dem Ende einer Schicht nehmen sie einander kaum zur Kenntnis. Begrüßung und Verabschiedung, die hier unterbleiben, sind unter normalen Umständen, mit Erving Goffman gesprochen, »Zugänglichkeitsrituale«, wobei die Begrüßung Offenheit für und Interesse an einer Interaktion signalisiert und die Verabschiedung »den Übergang zu einem Zustand verminderter Zugänglichkeit« markiert.[4]

Die Reinigungskräfte, die umstandslos kommen und gehen, verzichten darauf, ein solches Interesse, eine solche Offenheit zu signalisieren. Sie ziehen es vor, sich von den anderen, sofern es nicht befreundete Kolleginnen sind, zu distanzieren.

Solche Differenzierung kann auch eine Art Spiel sein, mit dem die Beschäftigten die Langeweile vertreiben.[5] Dabei nutzen sie Unterschiede als Ausgangsmaterial für scherzhafte Bemerkungen und Klatsch, zumeist ohne böse Absicht, aber durchaus bissig oder spitz. Zugleich sind die Unterschiede aber auch ein Quell von Missverständnissen, Vorurteilen und Konflikten. Ob sie wollen oder nicht: Mit dem Herausstellen der Unterschiede verschärfen die Reinigungskräfte ihre Spaltungen und festigen ihre Bündnisse. Indem sie Demarkationslinien ziehen, bringen sie Inklusionen und Exklusionen hervor und betreiben auf diese Weise »kategoriale Arbeit«.[6] Dabei trennen sie »zwischen dem, was der Eine, und dem, was der Andere ist«, wie der Soziologe Stuart Hall schreibt.[7] Die Grenzen, die sie dabei ziehen, sind weder unveränderlich noch exklusiv, sie verschieben sich und überlappen einander. Dennoch sind diese Kategorisierungen überaus wirkmächtig, weil man den »Anderen« so als weniger wertvoll und sich selbst zugleich als überlegen positioniert. Dieses »Othering«, die Spaltung in eigene und fremde Gruppen, kennzeichnet die Versuche, eine interne Statushierarchie zu schaffen.

»Voll Assi«: Unterschicht sind immer die anderen

Nach der Dampferfahrt erwartet uns ein Barbecue auf einem abgesperrten Parkhausdach in der Nähe des Potsdamer Platzes. Hermann sitzt seltsamerweise mit einigen Haustechnikern zusammen. Susanna bekommt mit, wie einer ihn fragt, wo er arbeite, worauf Hermann mit Gebäudebezeichnungen antwortet: B2, B3, B4. »Davon hab' ich ja noch nie was gehört«, entgegnet der Haustechniker. Die Geschichte bringt die Reinigungsleute zum Lachen. Wie seine Garderobe von KiK bestätigt auch seine Antwort Hermanns Zugehörigkeit zur »Unterschicht«,[8] über die die Reinigungskräfte spotten und für die sie sich zugleich schämen. Mit quasi soziologischem Blick sezieren sie anhand der Kleidung, des Medienkonsums, des Wohnorts und des Schulabschlusses den Status sämtlicher Kollegen. Jeder, den sie der Unterschicht zurechnen, läuft Gefahr, als »voll assi« oder abwertend als »Hartz-IVler« etikettiert zu werden.

Hermanns Äußeres ist Anlass zur Belustigung, zu Neckereien und zur Besorgnis. Manche Kollegen vergleichen ihn mit der Figur auf Edvard Munchs Gemälde »Der Schrei«. »Guck dir bloß mal seine Zähne an«, sagt Christian. Tatsächlich fehlen ihm einige, andere stehen schief. Die Reinigungskräfte deuten den Zustand von Hermanns Gebiss als Zeichen jahrelanger Vernachlässigung durch lieblose Eltern. Christian schlägt ihm vor, in eine Pflegefamilie zu ziehen, wie er selbst es getan hat. »Die kümmern sich da um dich«, erklärt er. »Du kriegst deine Zähne gemacht – so was geht alles.«

Die männlichen Kollegen verhalten sich Hermann gegenüber wie ältere Brüder, die sich mal über ihn lustig machen und ihn mal mit Ratschlägen überschütten. Sie fordern ihn auf, mehr auf sein Äußeres zu achten, sonst werde er nie eine Frau kriegen. Mit Blick auf seine abgekauten Fingernägel erklärt ihm Marcel: »Frauen gucken als Erstes auf Zähne und Nägel. Fingernägel, das musst du machen. Und deine Haare, jetzt tu mal ein bisschen Gel da rein. Wie siehst denn du aus?!«

Auch Susanna wird wegen ihres Äußeren verspottet. Sie ist eine der älteren Reinigungskräfte, klein und rundlich, das Haar tiefrot gefärbt. Einmal verlässt sie den Aufenthaltsraum in zerrissenen Jeans und ausgebeultem grauen Sweater. »Ey, was war das jetzt?!«, ruft Christian bei ihrem Anblick aus. »Hast du gesehen, wie die da rausgelaufen ist?! Ey, wenn die privat so rumläuft, ist ja echt traurig. Da lauf ich lieber mit den Reinlich & Co.-Klamotten rum.«

Berücksichtigt man Susannas Einkommen, hat der Erwerb modischer Kleidung womöglich nicht oberste Priorität. Doch wie den meisten Reinigungskräften ist selbst Christian, der mit Schulden aus einer jahrelangen Alkoholabhängigkeit zu kämpfen hat, das eigene Erscheinungsbild praktisch jede Investition wert. Er, Marcel und andere haben sich einen Kleidungsstil erarbeitet, mit dem sie sich von anderen, die sie der Unterschicht zuordnen, abheben können. Auf diese Weise versuchen sie offensichtlich, »[s]ymbolische Grenzen« zu etablieren, »um die Bedeutung gesellschaftlicher Grenzen anzufechten und neu zu ziehen«.[9]

Eine andere Demarkationslinie ist der Medienkonsum. Einige Kollegen sehen sich regelmäßig Reality-TV-Sendungen auf RTL II an. Andere wie Benjamin und Matthias bezeichnen das als »Hartz-IV-Fernsehprogramm«. Auf ähnliche Weise qualifizieren sie Boulevardzeitungen wie *Bild* oder die *BZ* ab, die öfter auf dem Tisch im Aufenthaltsraum liegen. »Steht wieder nüscht drin«, mosert Matthias, und stößt das Blatt von sich. »Da steht nie was drin«, erwidert Benjamin.

Einen besonders schlechten Ruf haben die Einwohner des von Plattenbauten dominierten, im ehemaligen Osten gelegenen Hellersdorf, wo viele Menschen von Armut betroffen sind. Die meisten Reinigungskräfte wohnen in Vororten oder Randbezirken Berlins, etwa in Eberswalde, Ahrensfelde, Mahlsdorf, Spandau oder eben Marzahn-Hellersdorf. Denen, die wie Marcel im Osten leben, wird Fremdenfeindlichkeit nachgesagt, die Bewohner westlicher Stadteile wie dem Wedding, wo Luisa und Alex leben, werden mit Immigration und Straßenkriminalität in Verbindung gebracht. So wird von Alex mit einiger Regelmäßigkeit behauptet, er sei wie alle »Zig*****« aus dem Wedding in Kupferdiebstähle auf Baustellen und an Bahnstrecken verwickelt. Wer in einer auch nur marginal wohlhabenderen Gegend lebt, lässt das keinesfalls unerwähnt. »Ich wohne in Mahlsdorf – Süüüd!«, macht Matthias klar.

Wer aus Hellersdorf kommt, versuche erst gar nicht, das Viertel zu verteidigen. »In Hellersdorf siehst du einige rumgehen, die haben da ein Kind, das zweite schon, sind gerade neunzehn und das dritte im Bauch«, sagt Susanna. »Und die warten ja nur darauf, immer von Hartz IV schön das Geld zu holen.« Wenig überraschend, wird auch der in Hellersdorf vorherrschende Modegeschmack kritisiert. »Die haben da alle so hässlich gefärbtes Haar und die sehen richtig scheiße aus«, behauptet Alex. Unter den Reinigungskräften gilt Hellersdorf als regionale Hochburg der Unterschicht.

Auch Tom stammt aus diesem Viertel. Die Reinigungskräfte bewundern ihn dafür, dass er es hinter sich gelassen und einen raschen sozialen Aufstieg hingelegt hat. Ganz anders Lena, die Christian als typisches Mädchen aus Hellersdorf bezeichnet. In ihrem schwarz und rot gefärbten Haar leuchten blonde Strähnchen, sie trägt ausgebeulte Sachen in

Pink und Schwarz und hat ein Zungenpiercing – laut Selbstauskunft, damit sie »den Männern besser einen blasen kann«. Die Kollegen stoßen sich nicht nur an ihrem Äußeren, sondern auch an ihrem Benehmen. Ali »schämt« sich, wenn er sie auf dem Weg zur Arbeit in der U-Bahn trifft, sie »läuft ja auch mit Reinlich & Co.-Klamotten rum und trinkt Bier, rülpst und furzt da«. Die meisten Reinigungskräfte wollen nicht mit ihr gesehen werden. Sie bezeichnen sie als »Ranz-Olle« und machen sich über ihre Unwissenheit, ihren Alkoholkonsum, ihre Fernsehvorlieben, ihre ganze Person lustig.

Auf dem Parkhausdach zieht Lena währenddessen über Hermanns Erscheinung und billige Kleidung her, woraufhin wiederum Marcel behauptet, sie erinnere ihn an einen früheren Kollegen am Potsdamer Platz, der ebenso »stulle« gewesen sei: »Ich hab' ihm gesagt, er soll draußen immer mit einem Helm rumlaufen. Und das hat er auch gemacht. Dem hättest du alles sagen können – und wir haben uns weggepackt über den.«

Als zwei weibliche Reinigungskräfte neu am Potsdamer Platz anfangen, heißt es, eine von ihnen könne nicht richtig lesen und schreiben. In einer Mitteilung an Anton habe sie »Leder« und »Teppich« falsch geschrieben. Während die Sprachprobleme von Immigrantinnen wie Luisa Frustrationen und Spott hervorrufen, entfachen die von Muttersprachlern eine mit Scham durchsetzte Entrüstung. Derartige Dinge stellen die Würde der Beschäftigten infrage, da sie das Stigma heraufbeschwören, dass Reinigungskräfte, wie Marcel es formuliert, »jederzeit ersetzbare Idioten« sind.

Für Benjamin, der über die mittlere Reife und berufliche Qualifikationen aus anderen Beschäftigungsverhältnissen verfügt, ist das Bildungsniveau mancher Kollegen ein steter Quell der Irritation. »Stell dir mal vor, wenn ich jetzt der

Chef wäre und das wären meine Sekretärinnen und sie sollten für mich einen Brief schreiben«, sagt er. »Da müsste ich doch die ganze Rechtschreibung und alles immer kontrollieren.« Benjamin erwartet ein Bildungsniveau – und schreibt es zugleich sich selbst zu –, wie es eher von Büroangestellten als von niedrig bezahlten Dienstleisterinnen verlangt wird. »Um hier zu arbeiten, musste doch nichts gelernt haben«, klagt er. »Hier kommt doch jeder rein, das siehst du doch auch.«

Wenn aber jeder Reinigungskraft sein kann, selbst ungebildete »Vollassis«, läuft er Gefahr, als einer von ihnen zu gelten. Er, Matthias und Marcel suchen sich in ihrem Arbeitsumfeld als gebildetere und kultiviertere Menschen zu positionieren – was ihnen in Gegenwart einer Frau, die irgendwas an der Uni macht, allerdings selbst verwegen vorkommt: »Wenn du an der Uni über uns sprichst, kannst du uns ja einladen und dann sagen wir: Öh, öh, wir sind von Reinlich & Co.«, meint Benjamin. Er und Matthias tun so, als hätten sie eine geistige Behinderung, und klopfen sich an die Köpfe. »Kloppkopf, öh.«

Der Witz bemäntelt Verbitterung. Er zeigt, wie fragil ihre Bemühungen um Differenzierung sind: Das Stigma, das sie anderen anhängen, droht stets, zu ihnen zurückzukehren. Bei all ihren Bemühungen wissen sie, dass die Außenwelt sie der Unterschicht zurechnen wird. Ihr Spott über Hermann, Lena und Susanne entspringt derselben Wurzel wie die Scham darüber, dass sie mit ihnen nicht nur die Herkunft teilen, sondern auch den Arbeitsplatz.

»Ein Job für Männer«: Reinigungsarbeit und Maskulinität

Zum Abschluss des Barbecues findet zu dröhnender Rockmusik ein Schaukampf zweier Boxer statt. Die Männer, unter ihnen Anton und Tom, setzen sich in Bewegung, um den Fight aus der Nähe anzusehen. Nach ein paar Runden beenden die Boxer ihre Vorführung und fordern Freiwillige aus dem Publikum auf, mit ihnen in den Ring zu steigen. Tom meldet sich als Erster. »Der kann richtig boxen, der war ja beim Kickboxen«, sagt jemand bewundernd. Nach Toms Runde ruft die Menge nach Marcel. »Nee, nee«, winkt er ab. »Ich bin Pazifist.« Andere treten vor. Die Herausforderung reizt die meisten der männlichen Reinigungskräfte. Sie gibt ihnen die Möglichkeit, Männlichkeit und Stärke zu beweisen – Eigenschaften, die Tom bei den Beschäftigten schätzt.

Seit er für die Aktivitäten von Reinlich & Co. am Potsdamer Platz verantwortlich ist, kann er Mitarbeiter gemäß seinen eigenen Vorstellungen einstellen und entlassen:

> Ich habe einige Leute ausgesiebt. Ich komme ja selber von der Glasreinigung, und ich habe jetzt immer nach Leuten gesucht, die in mein Schema passen. Und das sind halt eher so jüngere Typen wie ich, die auch Glas machen können. Ich habe nichts gegen Frauen oder gegen Ältere, ich hab auch zu Anton gesagt, dass wir jetzt wieder ein paar mehr nehmen sollten. Die Mischung macht's.

Tom betont mir gegenüber immer wieder, dass man bei Reinlich & Co. großen Wert auf Diversität lege. Doch bei Einstellungen und Beförderungen bevorzugt er Mitarbeiter, die über ein ähnliches Profil wie er selbst verfügen.[10] »Weil's auch beim Kunden besser aussieht«, sagt er, wenn die Vorarbeiter professionelle Reinigungskräfte seien, männlich, jung, mit abgeschlossener Ausbildung.

Allerdings werden unter manchen Umständen Frauen und Ältere bevorzugt. Wenn es etwa um die Reinigung von Privaträumen geht, entsenden die Vorarbeiter in der Regel weibliche Kräfte, was vermutlich den Erwartungen der Kunden entspricht. »Manchmal ist es schon so, dass der Kunde meint, er will lieber eine Frau«, sagt Anton, »weil die haben ein besonderes Händchen, ein besonderes Auge für Sauberkeit.« Weibliche Reinigungskräfte werden auch als sogenannte »Tagesdamen« während der Geschäftszeiten in den öffentlich zugänglichen Bereichen des Areals eingesetzt, wo sie in grauen Anzügen und weißen Blusen Abfalleimer leeren und, wo nötig, Flächen säubern. Daher schätzen Tom und die Vorarbeiter, in Übereinstimmung mit den Erwartungen der Kunden, die vermeintlich speziellen Fähigkeiten weiblicher Reinigungskräfte,[11] womit sie ein essentialistisches Verständnis von Frauen bekräftigen.[12]

Die männlichen Reinigungsleute am Potsdamer Platz vertreten überwiegend dieselbe Meinung wie Tom: Putzen sei Männersache. »Ja, man denkt immer, Putzen und so, das sind alles nur Frauen«, meint Alex. »Aber es ist gar nicht so. Es ist total der Männerjob.« Dass die Öffentlichkeit dabei vor allem an Frauen denkt, bedroht das Selbstbild der männlichen Beschäftigten; dass sie die Reinigung von Räumen im Inneren von Gebäuden zur Frauensache erklären, ist ein im Großen und Ganzen wirkungsloser Versuch, diese Bedrohung abzuwehren.[13] Auch Männern wie den jungen Glasreinigern werden Aufgaben in Innenräumen zugewiesen, sobald im Bereich Glas- und Außenreinigung zu wenig Bedarf besteht.

Die männlichen Beschäftigten begegnen ihren Kolleginnen mit einer Mischung aus Chauvinismus, Spott und Fürsorglichkeit. Gönnerhafte Koketterie, sexuelle Anspielungen und eine generelle Sexualisierung der weiblichen Arbeitskräfte sind an der Tagesordnung (vgl. auch Kapitel 1). Allerdings gibt es auch Ausnahmen: Ali wirft Kollegen, die sexuelle Anspielungen machen, finstere Blicke zu. Marcel wiederum teilt mir während einer gemeinsamen Schicht in scherzhaftem Ton mit, dass die Flecken auf seiner Hose »nur Lusttropfen« seien. Zweifellos können solche chauvinistischen Witze, mit denen die Männer ihre Maskulinität zu bekräftigen suchen, auch als Annäherungsversuche oder gar als Belästigung verstanden werden.[14] Allerdings geht es ihnen mindestens ebenso sehr darum, die Aufmerksamkeit männlicher Kollegen zu gewinnen.

Um sich innerhalb der Männergruppen Respekt zu verschaffen, prahlen männliche Reinigungsleute gerne damit, diese oder jene am Potsdamer Platz beschäftigte weibliche Servicekraft sei »ihre«. Als ich Hans und Paul, die sich dabei besonders hervortun, frage, was sie damit meinen, stellt sich heraus, dass es nicht um sexuelle Begegnungen, sondern darum geht, die Aufmerksamkeit der Betreffenden gewonnen, mit ihr geflirtet oder kostenlose Speisen und Getränke von ihr geschenkt bekommen zu haben. Die übertriebene Art, in der Marcel und andere ihre Männlichkeit hervorkehren, bringt ihnen zudem einigen Spott ein, an dem sich weibliche und männliche Kollegen gleichermaßen beteiligen. Auch die weiblichen Arbeitskräfte ergehen sich in sexuell aufgeladenen Äußerungen. So stellt sich Yvonne Lena und mir gegenüber als nachgerade lüstern dar: »Einmal hab' ich mit einem Kollegen zusammengearbeitet, und der war richtig lecker«, erzählt sie. »So'n geiler Körper. Da werde ich zum Tier.«

Die Ansicht, Frauen seien körperlich nicht stark genug für die Arbeit, ist unter den männlichen Reinigungskräften durchaus verbreitet. Mit Müllsäcken und Wassereimern die Treppen rauf und runter, schwere Gitter anheben – »das ist nichts für Frauen«, weiß Christian. Es sei »körperlich zu schwer«, ergänzt Henning. Sie erzählen von Kolleginnen, die unter Schwindelanfällen litten, ständig über Blasen an den Händen jammerten oder die Geräte nicht richtig bedienten. »Ich hab' noch nie 'ne Frau gesehen, die mit der Maschine umgehen kann«, sagt Patrick. »Ich konnte das gleich.« Alex' oben zitierte Ansicht, die Reinigungsarbeit sei aufgrund der angeborenen Unterschiede zwischen den Geschlechtern eine inhärent männliche Tätigkeit, stimmen die meisten seiner Kollegen zu.

Ein weiteres Argument, das sie nennen, entspricht dem Blickwinkel ritterlicher Fürsorge. Hier sei alles voller Keime, »richtig eklig«, sagt Christian. »Das ist nichts für Frauen.« Marcel meint: »Ich lass auch keine Frau Scheiße und Kotze wegmachen. Das würde ich die nie machen lassen. Das gehört sich nicht.« Tatsächlich traktiert mich Marcel während seiner Schicht gerne mit widerlichen Aufgaben und freut sich, wenn ich auch nur das kleinste Anzeichen von Abscheu zeige – doch letzten Endes ist immer er es, der die extremsten Verschmutzungen beseitigt.

Die männlichen Beschäftigten verweisen auch gerne auf die Gefahren, die den Frauen drohten, wenn sie nachts oder am frühen Morgen allein bei der Arbeit seien. Indem sie mit solcher Fürsorglichkeit zugleich ihre Männlichkeit betonen, suchen die Männer negative Aspekte des Jobs in Auszeichnungen oder Gelegenheiten für Galanterie umzuwandeln.[15] Doch solche Artigkeiten werden äußerst selektiv verteilt. Die meisten Frauen, die bei Reinlich & Co. arbeiten, gelten den männlichen Reinigungskräften als »dumm« und »stulle«, als Menschen ohne Lebensperspektive. »Meine Freundin könnte hier nie arbeiten«, versichert Matthias. »Und die Frauen, schau sie dir doch an!« Und Benjamin sagt: »Seien wir mal ehrlich, die sind ja nicht so helle.«

Weibliche Reinigungskräfte sind froh, wenn auf sie Rücksicht genommen wird und sie bestimmte Tätigkeiten ihren männlichen Kollegen überlassen können. Etwa bei Veranstaltungen, auf denen man mit einer gewissen Wahrscheinlichkeit alkoholisierten Kunden begegnen könnte, fordern manche, von männlichen Kollegen begleitet zu werden. Auch sind die meisten Frauen nicht erpicht darauf, zu Marcels Hardcore-Runden eingeteilt zu werden. Hingegen sind jüngere, ausgebildete Glasreinigerinnen sichtlich stolz auf ihre Ausstattung mit eigener Ausrüstung; sie wetteifern mit den Männern um Tempo und Genauigkeit. Auch nehmen einige Frauen, darunter Luisa, bereitwillig die Herausforderung extremer Verschmutzungen an, da sie sich dadurch beweisen können.

Vor allem ältere weibliche Reinigungskräfte wie Michaela betonen gern, dass sie erfahrener und zuverlässiger seien als ihre jüngeren männlichen Kollegen. Ihnen zufolge lassen die unbekümmerten Nachwuchskräfte nicht genug Sorgfalt walten, um sich mehr Zeit für ihre Zigarettenpausen zu verschaffen. Einige der Männer wiederum halten die älteren Frauen für langsam und ineffizient. Der von vielen belächelte Hermann prahlt: »Ich arbeite richtig schnell. Mit der [gynäkologischen] Praxis bin ich meist schon um sechs fertig. Michaela braucht halt bis sieben.« Frauen hätten es einfach nicht drauf. »Da hatte er mal wieder eine große Klappe!«, ruft Michaela empört. »Von wegen er kann alles so viel schneller machen.« Drei Frauen berichten, dass einer der Vorarbeiter Hermann wegen eines unzureichend erledigten Auftrags zusammengefaltet habe.

Auch die Frauen sorgen sich zuweilen um die Männer. Vor allem die älteren mutmaßen, dass die jungen Männer ihr hohes Arbeitstempo körperlich nicht durchhalten werden – und tatsächlich ziehen sie sich häufiger Verletzungen zu. Ältere Männer gibt es kaum in der Gruppe, nicht zuletzt aufgrund von Toms Vorliebe für jüngere Arbeitskräfte. Die ein oder zwei älteren Männer, die immer noch ein paar Schichten übernehmen, sind regelmäßig Anlass von Beschwerden. »Der war zu alt«, sagt Marcel über einen ehemaligen Kollegen. »Ab drei konnte er nicht mehr. Musste sich dann immer hinsetzen.« Wie lange werden Marcel, Hermann und Matthias noch so arbeiten können, wie es ihr Selbstverständnis verlangt? Von welchem Punkt an werden sie zu jeglicher Männlichkeit beraubten Alten, die, wie eine jüngere Reinigungskraft es ausdrückt, »keine Zähne mehr haben und trotzdem Frauen hinterherpfeifen« oder, wie Gustav höhnisch meint, »nur noch Mini-Aufgaben« kriegen?

Die anhand der Geschlechtszugehörigkeit und des Alters erfolgenden Differenzierungen bringen unterschiedliche Formen der Exklusion und Inklusion hervor, aus denen sich verschiedene Gruppen bilden.[16] So haben sich etwa einige der älteren Frauen, darunter Michaela, Bertha und Susanna, zusammengeschlossen. Marcel wiederum gehört mit Paul, Christian und anderen zu einer Gruppe, die sich durch echte Loyalität und Brüderlichkeit unter Männern auszeichne, wie er halb im Ernst, halb im Scherz bekundet: »Männerfreundschaften sind das Wahre, das einzig Wahre.« Sie unterhielten sich über den neuesten Klatsch und tauschten Handyvideos, Neuigkeiten aus ihrem Liebesleben und Klagen über die Arbeit aus. Sie hätten immer ein Auge auf die anderen und seien füreinander da. An Christians Geburtstag habe er die anderen aufgefordert, ihm zu gratulieren. Als Christian wegen eines Rückfalls in der Entzugsklinik war und Tom ihn schon rauswerfen wollte, habe er ein gutes Wort für ihn eingelegt und ihm eine letzte Chance verschafft. Tom habe Christian dann sogar zusammen mit Norbert in der Klinik besucht.

Allerdings hat die Solidarität unter Kollegen ähnlich wie die Galanterie ihre Grenzen. Um gar nicht erst in Versuchung zu kommen, bleibt Christian dem Sommerfest fern. Als er Marcel und andere zu einer Feier bei den Anonymen Alkoholikern einlädt, zeigt niemand Interesse. »Nee, ist zu trocken«, sagt Marcel. Christian erwähnt die Feier nie wieder.

Rassismus in der Unterwelt

Am frühen Abend verlassen die ersten Reinigungskräfte das Sommerfest. Viele haben einen langen Heimweg vor sich und müssen um fünf Uhr morgens wieder am Arbeitsplatz sein. Luisa und Bertha, die mit derselben Bahn fahren, verlassen die Feier gemeinsam. Das überrascht mich, weil Luisas kleine betriebliche Geburtstagsfeier vor Kurzem ein ziemliches Desaster war.

Sie hatte sich seit Tagen darauf gefreut. »Ich Geburtstag«, erklärte sie mir während unserer morgendlichen Schicht in der Shopping Mall. »Ich bring' Kuchen mit. Hat Chef gesagt. Afrikanischer Kuchen, der Beste … mit Kokos und Condensario [Kondensmilch].« Da Anton von Luisas Schwierigkeiten mit den anderen wusste, hatte er ihr vorgeschlagen, sie solle doch an ihrem Geburtstag etwas mitbringen. Das sei in Deutschland so üblich. Konflikte unter den Mitarbeitern können die Arbeitsabläufe stören, daher sucht das Management, sie nach Möglichkeit zu entschärfen. Ludwig, der Personalchef, rät den anderen Führungskräften, Streitigkeiten am Arbeitsplatz stets im Blick zu behalten, besonders wenn Vorurteile involviert sind.

Trotz aller Bekenntnisse zu »Vielfalt« differiert der Umgang mit Diversität allerdings in der Praxis je nach dem zuständigen Kundenbetreuer beziehungsweise Vorarbeiter. So ging Tom, als er seinen Posten antrat, hart gegen die »Russen« vor. Vor Tom bestand das »Team« am Potsdamer Platz, wohl aufgrund seiner Vorgängerin fast »nur aus Russen«, erzählt mir Tom. »Jetzt sind die alle weg.« An ihrer Stelle hat er vorwiegend deutsche Muttersprachler eingestellt. Einige ausländische Reinigungskräfte blieben, hinzu kamen Immigrantinnen wie Luisa, die aber lediglich Halbtagsstellen haben.[17] Es komme eben darauf an, Personal wie Luisa in die Gruppe zu integrieren – Anton glaubte, ihr Geburtstag böte die Gelegenheit dazu.

Tatsächlich jedoch untergrub die kleine Feier die idealistischen Managementvorstellungen einer Harmonie über ethnische und sonstige Differenzen hinweg. Dmitrij, der ebenfalls im Einkaufszentrum arbeitet, sprach despektierlich von »Affenkuchen«, als Luisa ankündigte, sie werde an ihrem Geburtstag etwas mitbringen. Bertha winkte ebenfalls gleich ab: »Na, dann viel Spaß!«, meinte sie nur – düstere Vorboten für den nächsten Tag.

Unmittelbar nach ihrem Schichtende um neun Uhr früh hatte Luisa begonnen, den Aufenthaltsraum für die Feier vorzubereiten. Auf dem Tisch stand die mit einer Glasur überzogene Schokoladentorte, dekoriert mit Rosetten aus roter Buttercreme und den Worten »Herzlichen Glückwunsch Luisa« aus Zuckerguss. Daneben ein Karton randvoll mit angolanischen Hühnchenfleischbällchen. Luisa war in ein dem Anlass gemäßes dunkles Kleid und enge schwarze Leggings geschlüpft und hatte ihr Haar hochgesteckt, so kamen ihre langen glitzernden Ohrringe besonders zur Geltung.

Um diese Zeit herrscht im Aufenthaltsraum normalerweise reger Betrieb, doch an Luisas Geburtstag war es anders. Fünf Reinigungskräfte saßen um den Tisch. Luisa stand daneben, halb abgewandt, die Schultern gesenkt, und schlang eilig ein Stück Torte hinunter. Sie hatte sie angeschnitten, aber niemand nahm sich davon. Mit ausdruckslosen Gesichtern nippten die anderen stumm ihren Instantkaffee und aßen ihre von zu Hause mitgebrachten Graubrote.

Meine Ankunft unterbrach das angespannte Schweigen. Ich setzte mich auf den letzten freien Stuhl, und Luisa bot mir ein Stück Torte an. Alle starrten erwartungsvoll auf mich. Ich nahm mir erst mal eines der frittierten Bällchen. »Was ist das«, fragte ich neugierig. »Iss mal. Das ist mit Hühnchen«, antwortete Michaela. »Du zuerst.« »Aha«, sagte ich leichthin. »Ich bin die Vorkosterin?« Michaela lächelte, tatsächlich hatte sie bereits einige Hühnchenbälle gegessen. Anschließend kam ich auf Luisas Angebot zurück und verspeiste ein Stück Torte. Außer mir aß nur Dmitrij davon, auch wenn er sich tags zuvor noch rassistisch darüber geäußert hatte. Niemand sprach mit Luisa. Sie stand reglos da, den Blick zu Boden gerichtet. Das Schweigen wurde unangenehm lang.

Dann kamen Benjamin und Matthias hinzu. »Wer hat denn Geburtstag?«, wollte Benjamin wissen. Irgendjemand murmelte, dass es Luisas Geburtstag sei. »Hey, Luisa«, sagte Benjamin. »Wie geht ›Happy Birthday‹ auf Afrikanisch? Dass wir singen können.« Luisa lächelte ihn mit ihren großen schüchternen Augen an. Es wurde klar, dass sie die Frage nicht verstanden hatte. Benjamin begann, die erste Zeile zu singen, hörte aber gleich wieder auf, weil niemand einstimmen wollte.

Luisa tat zwei Stück Torte auf Pappteller, die sie Benjamin und Matthias hinhielt. Diese lehnten aber ab und aßen stattdessen ihre mitgebrachten Brote. Luisa stellte die Teller auf den Tisch. Ein paar Sekunden lang stand sie da, als überlegte sie, was als Nächstes zu tun sei. Dann setzte sie an, weitere Stücke von der Torte abzuschneiden, aber Michaela griff ein. Sie solle jetzt lieber die Torte einpacken, da ja keiner mehr davon essen wolle. Daraufhin packte Luisa ihr so gut wie unangerührtes Essen ein und verabschiedete sich mit einem kaum hörbaren »Tschüss«. Sobald sie den Aufenthaltsraum verlassen hatte, begannen die Beschwerden. »Es ist so schwierig mit ihr«, meinte Benjamin. »Man weiß nie, ob die versteht. Die versteht kein Wort.« – »Ich glaub auch nicht, dass die was versteht«, pflichtete Michaela bei.

Der Verlauf ihrer Geburtstagsfeier verletzte Luisa zutiefst. Während unserer Schicht am nächsten Tag wirkte sie niedergeschlagen und schüttelte immer wieder seufzend den Kopf, offenbar im Gedanken daran, wie die anderen sie behandelt hatten. Sie hatte Benjamin für einen ihrer wenigen Verbündeten gehalten, weil ihr bislang entgangen war, dass auch er sich hinter ihrem Rücken über sie lustig macht. »Deutsche Leute«, klagt sie in ihrem gebrochenen Deutsch, sagen: »Von dir esse ich nichts, nicht dein Essen.« Voller Wehmut erinnerte sie sich an ihre Geburtstagsfeiern in Angola. »In Afrika kommen alle Leute zur Feier, da müsstest du mal sehen!«

Luisas Geburtstagsfeier ist, in der Terminologie des Anthropologen Clifford Geertz, ein gescheitertes Ritual,[18] das sinnbildlich für die Ablehnung und die Spaltungen steht, die den Mikrokosmos der Reinigungskräfte prägen.[19] Am Potsdamer Platz ziehen Reinigungskräfte mit und ohne deutschen Pass in der Regel eine Grenze entlang ethnischer Zugehörigkeiten.[20] Tatsächlich spielt Rassismus hier eine wesentliche

Rolle – trotz der Antidiskriminierungspolitik des Unternehmens. So können rassistische Bemerkungen und diskriminierende Handlungen, gleich, ob sie durch Reinigungskräfte, Vorarbeiter oder Manager erfolgen, Anlass für Maßregelungen bis hin zur Kündigung sein. Die Reinigungskräfte wissen das sehr genau. »Würde das irgendwie rauskommen, dass Marcel ausländerfeindlich ist, und würde er das Tom sagen oder dem Kunden, da wär' Marcel gleich weg«, sagt Ali. »Solche Leute wollen die hier nicht haben.«

In der Praxis wird diese Politik jedoch kaum konsequent umgesetzt. Beweise lassen sich nur schwer beschaffen und noch weniger verifizieren, und so bleiben rassistische und sonstige diskriminierende Bemerkungen und Verhaltensweisen auch weiterhin ein fester Teil des Arbeitsalltags. Dabei sind deutsche wie ausländische Reinigungskräfte gleichermaßen mit diskriminierenden Ausdrücken für Angehörige ethnischer Gruppen schnell zur Hand. Asiatinnen werden »Fid*****« genannt, Schwarze »Ni****«, Türken »Ka*****«. Ich höre auch abwertende Bemerkungen über Juden. Die Reinigungskräfte sehen sich dabei nicht unbedingt als rechts. Selbst wenn sie fremdenfeindliche oder rassistische Dinge sagen, verstehen sie diese Äußerungen nicht als Boshaftigkeit. Wenn Marcel Ali als »unseren Quotentürken« bezeichnet, geht er davon aus, dass Ali in die Sache eingeweiht ist. Die anderen Beschäftigten bezeichnen Menschen wie Marcel als »Hobbyhitler«: Leute, die nur so täten, als ob sie rechte Hetzer seien.

Doch Xenophobie und Rassismus sind hier nicht nur ein Spiel. So unternehmen die Reinigungskräfte alles Erdenkliche, um ihre Ressentiments und Vorurteile zu rechtfertigen, indem sie das Arbeitsethos und das Verhalten von Menschen mit Migrationshintergrund schlechtmachen.[21] Besonders schwerwiegend sind solche Urteile im Fall von Zugewanderten wie Luisa, die nur schlecht Deutsch sprechen und sich deshalb kaum wehren können.

»Ja, die Leute sagen, sie verstehen kein Wort Deutsch, vor so 'ne Leute musst du Angst haben«, bemerkt Ali. »Und bei Luisa war das auch so, sie hat mal für mich sauber gemacht und hat aber meinen Wagen schmutzig hinterlassen und hat gesagt: ›Ja, ich musste schnell gehen, zur Kirche‹«, und er habe ihr geantwortet: »›Das ist mir egal, ob du zur Kirche gehen musst oder nicht, ich hab dir den Wagen auch sauber hinterlassen, den musst du mir auch sauber geben.‹ – Weißt du, solche Leute, sie sagen so, sie verstehen kein Wort, aber wenn es dann darum geht mit Geld und Gehalt, dann können sie auf einmal richtig sprechen.« Michaela stört sich ebenfalls an den Sprachproblemen ihrer Kolleginnen. »Ich kann das nicht verstehen, es hieß: nur die, die Deutsch sprechen, kommen zu Reinlich & Co., und jetzt sind hier alle.« Michaela begrüßt Toms strengere Linie gegenüber nichtdeutschen Reinigungskräften und kann nicht begreifen, warum einige von ihnen, etwa Luisa, immer noch da sind, diese Leute »müssten sie jetzt auswechseln«. Einmal mehr bedrohen die niedrigen Einstiegshürden des Berufs das Selbstwertgefühl der Etablierten. Wenn jeder diese Arbeit machen kann, könnte sich ja herausstellen, dass auch Michaela selbst nur ein austauschbares Rädchen in einem ignoranten Getriebe ist.

Wie das Scheitern von Luisas Geburtstagsfeier gezeigt hat, ist die Sprachbarriere ein Indiz für die fundamentalen Konflikte, die sich am Potsdamer Platz zusammenbrauen. Die rassistische Behandlung, die ihr zuteilwurde, ist kein Einzelfall. Als Christian einer anderen aus einem afrikanischen Land stammenden Reinigungskraft begegnet, die zur Arbeit »echt laut afrikanische Musik« hört, »völlig ohne jeden Refrain«, wird auch das zum Anlass für Empörung und höhnische Bemerkungen: »Ich kann's nicht glauben, was das ist«, sagt Christian. »Das ist bestimmt ein Häuptlingstanz. Wenn ein Kunde jetzt ins Büro käme, der würde sich erst mal gleich krankschreiben lassen bei der Musik. Das geht ja gar nicht.«

Während die Geschichte herumgeht, verschärft sich der Spott, die Reinigungskräfte parodieren afrikanische Tänze und tun so, als hantierten sie mit Voodoo-Puppen. Durch dieses Scherzen entsteht etwas Verbindendes, eine gemeinsame Erfahrung, an der sich nicht nur die deutschen Beschäftigten weißer Hautfarbe, sondern auch einige Immigrantinnen beteiligen.[22] Dem Philosophen Slavoj Žižek zufolge ist das, was einen an den »Anderen« ärgert, nicht selten die eigenartige Art und Weise, in der sie ihr »Genießen [...] organisieren«:

> der Geruch ihrer Speisen, ihre »lärmenden« Gesänge und Tänze, ihre seltsamen Sitten, ihre Einstellung zur Arbeit – in der rassistischen Perspektive ist der Andere entweder ein Workaholic, der unsere Jobs stiehlt, oder ein Faulenzer, der von unserer Arbeit lebt, und es ist amüsant zu bemerken, wie schnell man in bezug auf den Anderen vom Vorwurf, daß er arbeitsscheu ist, zum Vorwurf, daß er uns die Arbeit wegnimmt, übergeht.[23]

Am Potsdamer Platz steht die Musik symbolisch für die vermeintliche Unfähigkeit der Mitarbeiterin, mit den Kollegen auszukommen. Als Laura, die im selben Haus Schichten übernimmt, von der Musik erfährt, sagt sie: »Deswegen [die Musik] arbeitet sie auch oben allein. Mit der kann keiner arbeiten. Du kannst nicht mit ihr arbeiten. Und kannst du dir vorstellen [zu Christian gewandt], so was in meinem Haus?«

In Lauras Formulierung werden nichtdeutsche Arbeitnehmerinnen zu Eindringlingen, zu einem störenden »Lärm«,[24] einem »so was«, dem man aus dem Weg gehen muss. Indem sie die »Anderen« abwertet, sucht Laura ihren eigenen Status über den derer zu heben, die im Organigramm des Unternehmens auf derselben Ebene stehen wie sie: Mit der Empörung über die Vorstellung, dass die afrikanische Kollegin »*in ihrem* [Lauras] Haus« tätig ist, sucht sie diese bedrohliche Gleichrangigkeit symbolisch zu negieren. Indem er eine ähnliche Methode anwendet, formuliert ein neuer Kollege, der Luisas Schicht zugewiesen wurde, seinen Unwillen. »Ja, das ist Sklavenarbeit, N*-Arbeit«, sagt der junge Mann. Die Verunglimpfung der »Anderen« ist ein Versuch, eine dominante soziale Position zu festigen, die manifest bedroht ist – was in diesem Kontext allerdings lächerlich anmutet, da der neue Kollege ja eingestellt wurde, um genau dieselbe Arbeit zu erledigen wie die Frau, die er als »Sklavin« bezeichnet.[25]

Aus dem rassistisch aufgeladenen Spannungsverhältnis von Gleichrangigkeit und Differenzierung erklären sich auch Berthas Interaktionen mit Luisa und Dmitrij. Sie schilt die beiden ständig und kommandiert sie herum, ihre erhobene Stimme hallt durch die Shopping Mall, und zwar so laut, dass ich sie zunächst für die Chefin der beiden halte.[26] »Guck mal, die lässt sich wieder schön Zeit, der ist schön langweilig«, ruft Bertha. »Die schläft uns ja gleich ein.« Auch hier erscheint die Bedrohung durch Gleichrangige als Wurzel des Ressentiments. »Die stellen hier doch jeden ein«, beklagt sich Bertha bei Hans. »Wieso mach'n die denn das? Taub, blind, stumm – egal.« – »Ja, auch körperlich Behinderte«, stimmt Hans zu. Er deutet auf Luisa. »Ja, ist doch auch egal, die arbeitet doch auch nur vier Stunden hier.« – »Ja«, räumt Bertha widerwillig ein. »Aber du, die verdient dasselbe wie ich.«

Der Rassismus und die Ausländerfeindlichkeit werden als

verletzend empfunden und fordern entsprechenden Tribut. »Die [deutschen Kollegen] sagen einem auch nicht hallo, die gucken einen nur so an«, erzählt Ali. Dmitrij wiederum beklagt, die Feindseligkeit der Kollegen, besonders in Reaktion auf falschen Sprachgebrauch, erschwere es ihm, sein Deutsch zu verbessern und verschärfe so die Integrationsprobleme. Zugleich sind die im Ausland geborenen Reinigungskräfte für Toms Vorstellungen von Teamwork aufgeschlossener als ihre Kollegen: »Bertha ist immer so: ›Meine Seite, deine Seite‹«, beschwert sich Dmitrij. »Sie macht nur eine Rolltreppe, nur ihre. Statt dass sie macht, und dann gleich zur nächsten, damit wir im Team vorankommen. Ausländer machen das nicht so, und die Deutschen sind immer so. Die warten nur darauf, was sie genau machen müssen. Und sie machen auch nicht mehr als das und helfen auch nicht.«

Reinigungskräfte mit Migrationshintergrund finden bisweilen durchaus Gelegenheiten, zurückzuschlagen. So jubelt Luisa, als sie Schmutzreste findet, die Bertha übersehen hat: »Guck ihre Seite an!«, verkündet sie bei einer dieser Gelegenheiten triumphierend. »Sieht scheiße aus. Deutsche so schmutzig, Deutsche so schmutzig.« Manchmal arbeiten Dmitrij und Luisa absichtlich so schnell, dass Bertha nicht hinterherkommt – etwas, das sie nur schwer verdauen kann. Am nächsten Tag arbeitet dann Bertha noch schneller, um sich zu rächen und die beiden anderen anzutreiben. Diese spezielle Manifestation des Konflikts harmoniert mit den Produktivitätszielen des Unternehmens, da sie den internen Wettbewerb anfacht.

Die Reinigungskräfte mit Migrationshintergrund reagieren auf die Verunglimpfungen auch, indem sie Bündnisse schmieden. Obwohl Luisa und die »Tagesdame« Viola einander nur selten begegnen, da Viola während der Geschäftszeiten arbeitet, tauschen sie regelmäßig Nachrichten aus und treffen sich gelegentlich in ihrer Freizeit. Die Freundschaft mit Viola – die Anton »'ne gute Seele« nennt – wird zu einem »Safe Space«[27] für Luisa. Zwar sind beide Frauen und schwarz und damit einer »mehrfachen Diskriminierung« (*multiple jeopardy*) ausgesetzt,[28] doch ist Viola weitaus besser integriert; ich habe kein einziges Mal mitbekommen, dass sie Ziel rassistischer Bemerkungen oder ausgrenzenden Verhaltens geworden wäre. Die Trennlinien sind nicht festgelegt, und selbst von der Kategorie her vergleichbare Erfahrungen lassen Variationen zu.[29] Kategorien der Differenz scheinen weniger wichtig als die Aufrechterhaltung der internen Statushierarchien und das Gerangel um sie. So wird Bertha zum Gegenstand des Spotts, als die anderen herausfinden, dass sie einen türkischen Nachnamen trägt. »Aydin«, verkündet Benjamin genüsslich. »Dit sagt allet.« Er und Matthias behaupten im Scherz, eine Party veranstalten zu wollen: »Luisa bringt dann Antilopenkuchen«, sagt Benjamin. »Die Aydinsche bringt einen Riesendöner für alle.« Wenn sie sie »Aydin« rufen, lächelt Bertha in sich hinein und nimmt es hin – ausnahmsweise ohne Kommentar.

Wegen ihres Umgangs mit Luisa erhält sie einen informellen Verweis vom Management. Als Luisa ihren Stand in der Gruppe mit der Geburtstagsfeier nicht verbessern konnte, hat Tom mit Bertha über ihre ständigen gehässigen Bemerkungen gesprochen. Bertha habe ihm entgegengehalten, dass sie das Gefühl habe, er versuche immer gegen sie zu arbeiten: »Ja, ich hab' ihr gesagt, meine Zahlen sind nur so gut, wie ihr das hier unten, wie ihr hier unten alle seid«, erklärt Tom mir. »Und wenn ihr hier nicht richtig arbeitet, dann kann ich oben nach einem halben Jahr auch gleich einpacken.« Er glaube, »das hat halt geklappt«.

Darin, dass Tom von sich da »oben« und denen »hier unten« spricht, spiegelt sich wider, wie wichtig ihm die Statushierarchie ist. Seiner Ansage von oben werde es, so glaubt er, gelingen, Bertha klarzumachen, dass er ihre Arbeit anerkennt und auf sie angewiesen ist. Tatsächlich verbessert sich das Verhältnis von Bertha und Luisa nach dem Gespräch. Anstatt sich zu streiten, beobachtet Anton, »arbeiten die jetzt viel besser zusammen«, was für ihn als Vorgesetzten »schon mal eine große Erleichterung« sei. Auch Luisa bemerkt, dass Tom ein Auge auf die Situation hat, Bertha und sie vermehrt anspricht und »Läuft alles gut?« fragt. Nach einer gewissen Zeit erzählt mir Bertha sogar, wobei sie den Tonfall einer Managerin annimmt: »Arbeitsmäßig kann ich [über Luisa] nicht meckern.« Noch etwas später, als Anton Luisa zu einem anderen Objekt versetzt, ist Bertha unglücklich. Das sei immer so, klagt sie: »Uns ziehen sie die guten Leute immer ab.«

Der Kampf um Würde im Mikrokosmos der Reinigungskräfte

Die Unterwelt des Potsdamer Platzes ist mithin kein »Schmelztiegel«, der alle Unterschiede zum Verschwinden brächte. Die Reinigungskräfte zeigen wenig Bereitschaft, sich als Gruppe zu definieren oder gemeinsame Interessen zu artikulieren.[30] Die Stigmatisierung, der sie und ihre Tätigkeit ausgesetzt sind, erschwert die Entwicklung einer geteilten, »auf den Beruf oder die Arbeitsgruppe bezogenen Kultur« in hohem Maße.[31] Im Gegenteil: Die Beschäftigten ringen ständig um Binnendifferenzierungen. Einerseits spornen diese Bemühungen zur Herausbildung von Cliquen, Freundschaften und Bündnissen und den entsprechenden Solidaritäten an;[32] andererseits führen sie aber auch zu Spaltungen und Konflikten. Dabei sind es nicht so sehr »physische Isolation, häufiger Personalwechsel und das Konkurrieren um Belohnungen«,[33] die eine Solidarisierung aller Arbeitskräfte verhindern. Vielmehr vermittelt das Fehlen von Zugangshürden zu ihrem Beruf den Reinigungskräften ein Gefühl der Minderwertigkeit und mühelosen Ersetzbarkeit: »Jeder«, sogar eine ungebildete und ungelernte Kraft, kann ihren Job übernehmen. Gegen eine solche negative Gleichrangigkeit, wie sie die Zugehörigkeit zu einer Gruppe von »Jedermännern und -frauen« darstellt, entwickeln die Beschäftigten vermittels Binnendifferenzierungen alle möglichen Ersatzhierarchien.

Die Reinigungskräfte begegnen nicht bloß bestehenden Differenzierungen an ihrem Arbeitsplatz, sie erschaffen, mobilisieren und praktizieren sie aktiv in ihrer Interaktion.[34] Zwar spiegeln sie dabei auch die Vorliebe des Managements für deutschsprachige, jüngere, männliche Kräfte mit abgeschlossener Berufsausbildung wider beziehungsweise ziehen Inspiration aus ihr, doch gehen ihre Differenzierungsbemühungen noch über die Vorgaben von oben hinaus.[35] Die Reinigungskräfte kategorisieren »Andere«, um ihre eigene Überlegenheit über diese zu etablieren.[36] Dazu bedienen sie sich allgemeiner Stereotype, diskriminierender Etikettierungen und kulturbezogener Vorurteile, wenn nicht gar unverblümter Rassismen, und verknüpfen sie mit moralischen Urteilen hinsichtlich der Leistungsfähigkeit am Arbeitsplatz.[37] Der Soziologe Everett Cherrington Hughes erklärt in seinem Aufsatz »The social drama of work«:

> Es gehört zu den schlimmsten Dingen, die man über andere sagen kann, dass sie faul seien und eine schlechte Arbeitseinstellung hätten. »Sie« hätten einfach nicht dassel-

be Verständnis von Arbeit wie wir. Urteile über die Qualität der Arbeit anderer machen einen Großteil unserer Moralurteile aus.[38]

Urteile über die berufliche Leistungsfähigkeit anderer werden leicht zu moralischen Argumenten. Wie ich im zweiten Kapitel gezeigt habe, wertschätzen die Reinigungskräfte ihre Arbeit gerade deswegen, weil sie aus der Unterschicht kommen. Unter Bezugnahme auf von vielen geteilte Kategorien und moralische Urteile über die Arbeitseinstellung suchen sie die Statushierarchie zu rechtfertigen, an deren Etablierung sie selbst mitwirken. Das wiederum ermöglicht ihnen, sich nicht als Rassisten, Frauenfeinde und so weiter zu verstehen.[39] Zugleich erhöht die Aufwertung der Arbeit das Risiko der Kritik an ihrer eigenen Leistung und Arbeitsethik. Eine schlechte Beurteilung oder eine Rüge können ihr Selbstwertgefühl jederzeit erheblich untergraben.

Unter dem Potsdamer Platz konkurrieren mehrere Statushierarchien miteinander. Es gibt keine stabile und dominante Gruppe, die eine generelle »soziale Schließung« erreicht, also, wie es der auf Max Weber zurückgehende Begriff besagt, durch den Ausschluss anderer privilegierten Zugang zu Ressourcen und Macht erringt.[40] Die Kategorien, die die Reinigungskräfte zur Binnendifferenzierung in Anschlag bringen, können sich ändern, überlappen und einander ausschließen, dasselbe gilt auch für die relative Bedeutung der Kategorien.[41] Eine Reinigungskraft, die sich freitagnachmittags am »Othering« beteiligt, ist am Montagmorgen möglicherweise selbst dessen Ziel.

Auch sind die zu »Anderen« erklärten Beschäftigten keineswegs wehrlose Opfer, sondern können durchaus auf ihre Ausgrenzung reagieren. Sie können sich über die Ausgrenzer lustig machen oder im Gegenzug auf deren Defizite oder Andersartigkeit hinweisen. Sie können sich auch mit ihnen verbünden, mitlachen oder auf andere Weise versöhnend agieren; und sie können letztendlich, wie Bertha und Luisa, gemeinsam mit der Bahn nach Hause fahren. Damit sollen die realen Verletzungen der Würde jener Reinigungskräfte, deren Anderssein zur Zielscheibe wird, nicht verharmlost werden. Die Diskriminierung und die Schikanen, denen sie sich ausgesetzt sehen, fordern zumindest einen emotionalen Tribut, auch weil sie seitens des Managements keine robuste Unterstützung erfahren.

Beschäftigte, die sich an Ausgrenzungen beteiligen, um ihr Selbstwertgefühl zu erhöhen, geraten in Schwierigkeiten, wenn die Statushierarchien, die sie zu erzeugen und durchzusetzen versuchen, innerhalb der Gruppe angegriffen oder von außen abgewertet werden.[42] So kann eine männliche Reinigungskraft zwar ihre Männlichkeit herausstreichen, um das ihrem Beruf anhaftende Stigma loszuwerden, doch wird sie damit vermutlich wenig Erfolg haben.[43] Wenn sich die Beschäftigten Oberweltlerinnen, insbesondere Menschen mit höherem Status, gegenübersehen, erweisen sich ihre internen Hierarchien schnell als äußerst fragil. Unvermittelt kann sich die Kategorisierung gegen sie selbst wenden, indem sie als genau die ungebildeten, rohen Charaktere behandelt werden, von denen sie sich abzuheben versuchen. Die »beschädigten«[44] Eigenschaften des »Anderen« drohen ständig einen selbst zu beschädigen, und die Folgen für das Selbstwertgefühl können schwerwiegend sein. In dieser Hinsicht sitzen die Reinigungskräfte tatsächlich jeder für sich im gemeinsamen Boot.

5. Wenn Welten kollidieren: Reinigungskräfte in der Oberwelt

Die Arbeit als Reinigungskraft verändert mein Bild von der Oberwelt. Ich erfahre, was es bedeutet, von der Unterwelt aus in die Oberwelt zu kommen. Ich teile die Aufregung der Reinigungskräfte beim Betreten von Wohnungen reicher Leute, wo man einen Blick auf ihr privates Leben erhaschen kann. In meiner Arbeitskleidung wird mir bewusst, wie unsicher der oberirdische Status der Reinigungskräfte ist. Nur mit einem dicken Fell kann man es ertragen, regelmäßig ignoriert, wie ein Ärgernis oder herablassend behandelt zu werden und der Adressat von Beschwerden zu sein. Jetzt begreife ich, warum ein einfaches »Hallo« oder »Guten Morgen« für eine Reinigungskraft so viel ausmachen kann.

Das bedeutet keineswegs, dass ich tatsächlich nachempfinden könnte, wie sich Reinigungskräfte in der Oberwelt fühlen. Die Oberweltler erkennen es vielleicht nicht sofort, aber ich bin eine von ihnen. Die Klage eines Büroangestellten über Kaffeeflecken auf dem Konferenztisch ist für mich nicht so kränkend wie für die Reinigungskräfte, deren Selbstwertgefühl nicht zuletzt von der Erfüllung der Aufgabe abhängt, das Büro sauber zu halten. Ich verkörpere nur vorübergehend eine Dienstleistungsbeschäftigte und spiele die Rolle nicht durchweg überzeugend. Als mich Touristinnen in gebrochenem Englisch nach einer Toilette fragen, reagieren sie verwundert, als ich ihnen in fließendem Englisch antworte. Als ich mich am Potsdamer Platz mit meiner Schwester, die als Juristin in dem Komplex arbeitet, in einem Café treffe, ist der Kellner sichtlich verblüfft beim Anblick dieses Paars: Businesskostüm und Reinigungsuniform, eine Störung der sozialen Ordnung. Seine Verwirrung ruft mir in Erinnerung, dass ich die Uniform eher als Tarnanzug trage.

Die Verkleidung offenbart, wie unterschiedlich Menschen auf den beiden Seiten des den Arbeitsmarkt durchziehenden Grabens behandelt werden. In der Oberwelt sehen sich die Reinigungskräfte unentwegt mit Zweifeln an ihrem Wert konfrontiert. Die oberirdische Welt ist die Bühne für unzählige Dramen der Würde.

Der Kunde als König

Bei Reinlich & Co. ist man sich der Tatsache bewusst, dass Begegnungen mit Kunden für Reinigungskräfte, Vorabeiter und Kundenbetreuerinnen schwierig sind. Da solche Begegnungen Menschen unterschiedlichster Herkunft, Kultur und sozialer Stellung zusammenführen, versucht die Personalabteilung, den Führungskräften »Interaktionskenntnisse« (Ludwig) zu vermitteln.

Das Konzept der *Interaktionskenntnisse* erinnert an Goffmans Beobachtung, dass Menschen versuchen, den Eindruck, den sie auf andere Personen machen, dadurch zu steuern, wie sie sich in der Interaktion präsentieren.[1] Ludwig erklärt Kundenbetreuerinnen und Vorarbeitern, dass ihnen Interaktionskenntnisse dabei helfen werden, »gegenüber dem Kunden die richtige Rolle einzunehmen«. Die »richtige Rolle« zu spielen bedeutet, die Bedürfnisse des Auftraggebers zu erfüllen, ohne dem Kunden jedoch zu erlauben, die Bedingungen der Interaktion zu diktieren und die Reinigungskräfte zum Beispiel dazu zu bewegen, unbezahlte »Zusatzarbeiten« zu übernehmen. In den Schulungsworkshops wird den Kundenbetreuerinnen und Vorarbeitern beigebracht, ihre Außenwirkung richtig zu steuern, den Eindruck zu vermeiden, sie seien unsicher oder defensiv, und stattdessen kenntnisreich und seriös aufzutreten.

In einem solchen Workshop trainieren die Teilnehmerinnen in Rollenspielen, wie man auf Kundenbeschwerden und Forderungen reagiert, die über die vertraglich vereinbarten Leistungen hinausgehen. Bei einer Übung bittet Margot, eine externe Trainerin, eine Kundenbetreuerin namens Nadine, zu demonstrieren, wie sie mit einem penetranten Aufraggeber umgehen würde, der sie um zehn Uhr abends anruft, um sich zu beschweren und mit der Kündigung des Vertrags droht. Margot übernimmt die Rolle des schwierigen Kunden. Nadine wird von ihren Emotionen übermannt und beginnt zu weinen. Margot ist eine harte Trainerin. »Beziehen Sie Stellung, sagen Sie nein!«, schreit sie. »Sie sind nicht hilflos! Versuchen wir es noch einmal. Tun Sie es dieses Mal für Ihre Kinder, für Ihr Leben!« Im Raum herrscht Stille. Die Anwesenden wenden den Blick ab. Einige erinnern sich vielleicht an ähnliche Begegnungen im beruflichen Alltag. In ihrer Reaktion vermischen sich Scham und Hilflosigkeit: Auf manche von ihnen wirkt Margots Methode unrealistisch in Anbetracht des Drucks, unter dem man in der Realität in solchen Situationen steht.

In dem Workshop wird die Interaktion mit Kunden im Wesentlichen als Frage der individuellen Selbstdarstellung behandelt, aber das Problem hat auch etwas mit Ungleichheit zu tun. Die Interaktionen erzeugen und festigen »asymmetrische Beziehungen«.[2] Aufgrund der sozioökonomischen Kluft, die sich zwischen den Mitarbeitern von Reinlich &

Co. und den Kunden auftut, fehlt den Beschäftigten oft das, was Arlie Russell Hochschild in *Das gekaufte Herz* als schützende Kraft eines Status beschrieben hat (*status shield*).[3] Das Konzept besagt, dass uns der Status vor »unpassenden Gefühlsäußerungen anderer Menschen« wie etwa dem rüden, demütigenden oder missbräuchlichen Verhalten eines Kunden schützen kann.[4] Dienstleistungsbeziehungen sind naturgemäß asymmetrisch, und die Vorstellung von der »Souveränität des Kunden«[5] kommt in der bekannten Redensart zum Ausdruck, die man auch bei Reinlich & Co. häufig hört: »Der Kunde ist König.« Diese Vorstellung ist nicht nur falsch – dem Dienst sind zwangsläufig Grenzen gesetzt –,[6] sondern sie zwingt den Dienstleister auch in eine untergeordnete Position, in der er das zur Schau stellen muss, was Goffman als »Ehrerbietung« bezeichnet: »Dieser Bestandteil der Aktivität vermittelt einem Empfänger regelmäßig Anerkennung oder etwas, das dieser Empfänger symbolisiert oder dessen Erweiterung oder Agent er ist.«[7]

In Dienstleistungstätigkeiten können die »Kennzeichen der Ehrerbietung«[8] unter anderem die Form von »aufmunterndem Lächeln, aufmerksamem Zuhören, bestätigendem Lachen, Ausdrücken der Bestätigung, Bewunderung und Besorgtheit« annehmen.[9] Hochschild hat den berühmten Terminus der »Gefühls-« oder »emotionalen Arbeit« (*emotional labour*) geprägt, um zu veranschaulichen, dass von Arbeitskräften »das Zeigen oder Unterdrücken von Gefühlen« verlangt wird, »damit die äußere Haltung gewahrt bleibt, die bei anderen die erwünschte Wirkung« erzielt.[10] Die Soziologin Judith Rollins hat in ihrer Studie über Hausangestellte illustriert, wie Arbeitgeberinnen von der Dienstbarkeit von Angestellten – normalerweise schwarzen Frauen – profitieren, da diese ihren höheren Status bestätigt, und wie sie das

Beschäftigungsverhältnis als maternalistische Beziehung definieren.[11] Die Ungleichheit wird in die Dienstleistungsinteraktionen eingebaut und von ihnen normalisiert.[12]

Ludwig kämpft in den Schulungen gegen die Vorstellung, der Kunde sei König, aber in der Praxis machen die Beschäftigten eine ganz andere Erfahrung. Die Kundenbetreuerinnen, von denen erwartet wird, dass sie neue Aufträge an Land ziehen, geben nach, um die Aufraggeber zufriedenzustellen, und diese Dynamik setzt sich in der gesamten Unternehmenshierarchie fort.

Gelegentlich hört man eine Geschichte über einen freundlichen Kunden, aber Kundenbetreuer und Vorarbeiter beschreiben überwiegend eine entwürdigende Behandlung und schildern Paradebeispiele für asymmetrische Beziehungen. Ein Kundenbetreuer namens Slavoj drückt die Sichtweise der Auftraggeber so aus: »›Ich bin Gott, und du bist Scheiße.‹« Der Vorarbeiter Norbert sagt: »Manchmal behandeln sie einen schon wie das letzte Glied in der Kette.« Ein weiterer Vorarbeiter namens Tim erklärt: »Das Erste, was du hier lernst, ist: Maul halten und weiter. Du kannst da nix sagen.«

Wenn selbst Kundenbetreuer und Vorarbeiter so empfinden, wie müssen sich die Begegnungen mit Kunden dann für die Reinigungskräfte anfühlen? Anders als Beschäftigte in interaktiven Dienstleistungen werden sie nicht für solche Interaktionen geschult und erhalten vom Unternehmen keine entsprechende Anleitung. Sie üben das richtige Verhalten auch nicht in Rollenspielen. Vorgaben können die Autonomie der Beschäftigten unterdrücken und ihnen die Authentizität nehmen, aber sie bieten zugleich »einen gewissen Schutz vor Angriffen auf ihren Selbstwert« – dieses Spannungsverhältnis beschreibt die Soziologin Robin Leidner in ihrer Studie über McDonald's-Angestellte und Versicherungsmakler.[13] Am Potsdamer Platz sind direkte Interaktionen zwischen Reinigungskräften und Kunden begrenzt: Gebäudedesign,[14] Arbeitszeiten und verschiedene Regeln wie die, dass die Beschäftigten statt der direkteren oberirdischen Wege Tunnel nutzen müssen, machen diese Arbeitskräfte räumlich und zeitlich unsichtbar. Doch hin und wieder treffen sie auf Kunden, und Begegnungen mit Oberweltlern sind unvermeidlich.

Die Reinigungskräfte unterscheiden nicht immer klar zwischen Kunden und anderen Oberweltlerinnen, die am Potsdamer Platz arbeiten, wohnen oder einkaufen. All diese Personen profitieren von ihrer Arbeit und leben in einer anderen Welt. Die Reinigungskräfte neigen dazu, Personen mit hohem sozialem Status die gleiche Bedeutung beizumessen wie Kunden, vielleicht in der Annahme, dass all diese Menschen einflussreich sind und sich über sie beschweren könnten. Aber bevor wir uns den direkten Begegnungen mit Bewohnerinnen der Oberwelt zuwenden, sollten wir uns ansehen, wie die Reinigungskräfte diese Welt betrachten.

Reinigungskräfte in der Oberwelt

Sobald wir unseren Bestimmungsort in einem Apartmentkomplex erreichen, beginnen Susanna, Michaela und ich, Vermutungen anzustellen: Wer ist Frau Kaiser, wessen Wohnung reinigen wir hier? Wie sieht die Bewohnerin wohl aus? Was für ein Leben führt sie? Wie reich muss sie sein, um sich diese Wohnung leisten zu können? Anton glaubt, dass sie mindestens 1300 Euro Miete zahlen muss, was in Berlin bis vor Kurzem ein astronomischer Betrag für ein kleines Apartment war. Wir schwärmen wie Detektive aus und beginnen jeweils in einem anderen Raum nach Hinweisen zu suchen. »Schaut euch die Küche an!«, ruft Susanna. »Hier liegt nur Staub, es ist keine Fettschicht – groß kochen tut sie hier nicht.« – »Ja, nicht schlecht hier«, sagt Michaela, »nicht so wie bei Dr. Berger.« Susanna vermutet: »Die Wohnung ist bestimmt eine Zweitwohnung, die benutzt die ja gar nicht.« – »Wenn sie so viel Geld hat, dann geht die essen oder kauft sich Essen«, erwidert Michaela. Kurze Zeit später meldet Michaela aus dem Badezimmer: »Sie muss lange schwarze Haare haben – die sind überall.« Eine Buddha-Statue löst Grinsen aus, und dasselbe gilt für die an eine Apotheke erinnernde Teesammlung: »Oh, Entspannungstee, wie schön!«, sagt Susanna. »Vielleicht sollten wir auch mal ein bisschen davon nehmen.«

Der scharfsinnige »soziologische Blick« der Reinigungskräfte richtet sich auf Hinweise auf Lebensstil, Geschmack und vor allem Reichtum. Ihr Interesse gilt insbesondere Unterschieden zwischen der Oberwelt – mit ihrer vermeintlichen Aura von Exklusivität, Ruhm und Ansehen – und ihrer eigenen Lebenswelt. Nicht alle Orte in der Oberwelt haben diese Aura – ein Beispiel ist das Fast-Food-Restaurant am Potsdamer Platz –, und besonderen Reiz üben auf die Reinigungskräfte jene Räume und Objekte aus, die Statusunterschiede besonders krass anschaulich machen: Fünfsternehotels, Büros von hoch bezahlten Unternehmensdienstleistern, Luxuswohnungen und »Millionen-Euro-Autos« – »ein Bugatti oder eine richtig krasse Karre«. Die Reinigungskräfte knüpfen eine Beziehung zur Oberwelt, indem sie deren Statussymbole annektieren, ihres Nimbus berauben oder ihre Besitzer darum beneiden.

Daran gewöhnt, bei der Arbeit Luxus zu sehen, machen die Reinigungskräfte Fotos von teuren Autos und anderen Statussymbolen,[15] sie studieren Immobilienanzeigen, um den Wert von Wohnungen zu schätzen, und begutachten horrend hohe Gehaltsabrechnungen, die auf einem Schreibtisch liegen. Ein Besuch im Reich eines Fußballers oder eines zur Berlinale angereisten Filmstars ist eine begehrte Belohnung. Man erzählt sich Geschichten über einen »Scheich aus Dubai«, in dessen Wohnung alles aus Gold sei, »da träumt der Führer von«, wie Marcel ironisch bemerkt. Auf Ersuchen des Scheichs wurden rund um die Bäume in der Umgebung seines Gebäudes Kieselsteine im Wert von 20000 Euro geschüttet – ein Ärgernis für Marcel, der verstreute Kiesel vom Bürgersteig entfernen muss. Dennoch fasziniert ihn der Scheich wegen des Einflusses und des Reichtums, den er besitzt und repräsentiert.

Die Reinigungskräfte genießen ihren Zugang zur Oberwelt, erlaubt er ihnen doch, etwas von dem Glitzer dieser Welt zu annektieren. Während der Berlinale drängen sich die Fans, um einen Blick auf einen Filmstar zu erhaschen, während die Reinigungskräfte »überall reinkommen und alle möglichen Stars sehen können«. Der mit einer Reinigungsuniform erworbene Zugang ist besser als überhaupt kein Zugang.

Ali schlendert mit seinem schweren Schlüsselbund durch »sein Haus«, durch »sein Territorium«. Er wird sowohl von dem Mann mit dem Mopp als auch von der Frau im Eckbüro gegrüßt und mit seinem Vornamen angesprochen. Wenn jemand die Architektur des Gebäudes lobt, bedankt sich Ali für die Anerkennung. Er zeigt auf Besucher, die in einer langen Schlange darauf warten, Eintrittskarten für die Aussichtsplattform zu ergattern, und lässt uns wissen, dass er dank seiner Verbindungen an kostenlose Tickets herankommt und sich nicht in der Schlange anstellen muss – diese Vergünstigung teilt er bereitwillig mit seinen Kollegen bei Reinlich & Co. Was auch immer sein Status in der gesellschaftlichen Hierarchie insgesamt ist, dank seines exklusiven Zugangs zu diesem Winkel der Oberwelt kann er für sich in Anspruch nehmen, etwas Besonderes zu sein.[16]

»Nichts Besonderes«: Die Oberwelt wird entzaubert

Die Gebäudereinigerinnen sind von der Oberwelt fasziniert, aber sie haben auch Vergnügen daran, dieser Welt ihren Zauber zu nehmen. Der Zugang zu diesem verborgenen Universum erlaubt es ihnen, seinen Glanz zu trüben, doch gleichzeitig konfrontiert er sie mit unangenehmen Wahrheiten über ihren eigenen Status und über ihren Selbstwert. Die Wohnung eines berühmten Fußballtrainers ist »gar nicht so was Besonderes«, berichtet Susanna. »Sie ist so klein.« Sie möchte ohnehin nicht am Potsdamer Platz leben: Er sei »ganz schön mal anzuschauen«, am Ende fände sie ihn aber »zu voll«.

Als die Reinigungskräfte ein renoviertes Fünfsternehotel vor seiner Wiedereröffnung auf Vordermann bringen, bemerken sie, dass der extra aus Italien importierte und von Spezialisten angebrachte Gipsverputz nicht gut verarbeitet wurde. »Ist das hier wieder Kunst?«, fragt eine. Eine Kollegin antwortet trocken: »Das ist doch fünf Sterne plus hier.« In den Räumen, die entsprechend den altchinesischen Prinzipien des Feng Shui gestaltet sind, ruft jedes Mal, wenn jemand einen Papierkorb verrückt, einer der Kollegen: »Oh, jetzt haben wir hier keinen guten Energiefluss mehr!« Der Inhalt eines Kochtopfs in einer Restaurantküche wirkt wie ein Geflügeleintopf und wird mit der Bemerkung quittiert: »Ja, hier sind ja auch viel weniger Tauben als vorher.« Der Spott hat seinen Ursprung teilweise in einem Zusammenstoß von Geschmäckern und Lebensstilen.[17] Aber er hilft den Reinigungskräften auch, sich von der Oberwelt zu distanzieren und etwas Grundlegenderes in Zweifel zu ziehen: das Wertesystem dieser Welt.

Die Entzauberung der Oberwelt ist ein Verteidigungsmechanismus gegen das Minderwertigkeitsgefühl, das aus der Konfrontation mit einem exklusiven Status resultieren kann.[18] Egal, welchen besonderen Zugang sie haben mögen, wird keine der Reinigungskräfte einen Tisch im Hotelrestaurant reservieren. Sie können sich umsehen und Dinge berühren, aber sie werden nicht bleiben und nichts behalten. (Die Lokale, die sich die Reinigungskräfte leisten können – Imbissbuden, Kinos – werden nicht entzaubert.) Die Entmystifizierung dient dazu, die Hierarchie auf den Kopf zu stellen, Privilegien zu entwerten und den schönen Schein zu durchschauen, von dem sich Touristen, Konsumentinnen und ahnungslose Reiche täuschen lassen. Reinigungsleute mögen einen geringen Status haben, aber zumindest lassen sie sich keine gekochten Tauben vorsetzen.

Ressentiments gegen die »Schickimickis«

Als ich in Frau Kaisers Kühlschrank eine Schimmelschicht entdecke, lassen Susanna und Michaela sofort ihre Arbeit ruhen, um die Sache zu inspizieren. »Champagner und Nagellack im Kühlschrank, und zwar von Chanel. Und dann aber hier so«, sagt Susanna in geringschätzigem Ton. Bei der Arbeit entdecken die Reinigungskräfte den »wahren« Charakter der Oberwelt, den Schmutz hinter der schönen Fassade. In ihrer Studie über Hausangestellte erklärt Judith Rollins, dass »*Ressentiment* mehr als bloße Feindseligkeit ist. Es ist ein anhaltendes, schwelendes, tief verwurzeltes negatives Gefühl denen gegenüber, die in unseren Augen unverdiente Macht oder einen Vorteil im Leben genießen.«[19]

Am Potsdamer Platz äußert sich das Ressentiment in Urteilen über die moralischen und sozialen Mängel der Bewohner der Oberwelt.[20] Die Reinigungskräfte haben eine eigene geringschätzige Taxonomie für die Leute entwickelt, hinter denen sie her putzen: Es sind »Anzug- und Schlipsträger«, »Schnösel«, »Schickimickis«. Diese Leute sind »etepetete« und hochnäsig. Man wirft ihnen vor, schlecht erzogen, schamlos, unselbstständig und – was am schlimmsten ist – *schmutzig* zu sein. So kehren die Reinigungskräfte die üblichen Assoziationen um, in denen die Arbeiterklasse mit Unsauberkeit und moralischer Schwäche und das Bürgertum mit Reinlichkeit und Tugendhaftigkeit verbunden werden.[21] Tatsächlich wurden Tugenden wie Sauberkeit in Deutschland ab dem 19. Jahrhundert zu einem festen Bestandteil der bürgerlich geprägten nationalen Identität.[22] Die Reinigungskräfte erklären hingegen: Je reicher und arroganter jemand ist, desto schmutziger ist er.[23] Benjamin und Matthias wandeln den Marketing-Slogan ab und erklären, der Potsdamer Platz sei nicht »der Platz to be«, sondern »das Allerletzte«. Andere Reinigungskräfte behaupten, die »Schickimicki-Frauen« mit manikürten Händen benähmen sich »wie Schweine«. Die »Scheißmillionäre« mit ihren schmutzigen Kühlschränken sind »richtig eklig«. »Man denkt, hier so ganz reiche Leute«, sagt Matthias, »aber dann siehst du mal, wie's hier aussieht, und es stinkt hier mal wieder.« Auch Alex erwähnt Schmutz und Unrat oft im selben Atemzug mit wohlhabenden Menschen: »Die Leute laufen hier alle so schick rum, so etepetete, aber beim Scheißen auf der Toilette kommt das wahre Ich raus.«

In *Eine gelehrte Geschichte der Scheiße* erklärt der Psychoanalytiker Dominique Laporte, indem man das Verhältnis eines »Subjektes zu seinen Ausscheidungen« thematisiere, modifiziere man nicht nur das Verhältnis dieses Subjektes zu seinem Körper, sondern auch zur Welt insgesamt sowie seine Vorstellungen von seiner Situation in dieser Welt.[24] Die Reinigungskräfte versuchen, die »Repräsentation« von Luxus, Glamour und damit Überlegenheit zu untergraben, indem sie sich die Oberweltler bei der Darmentleerung vorstellen. Die Verknüpfung von Wohlstand und Geld mit Fäkalien ist eine verbreitete Trope: Hier haben wir die schmutzige Bereicherung. Freud sah einen Zusammenhang zwischen dem Interesse an Geld und dem ersten Besitz des Kleinkinds: seinen Exkrementen.[25]

In den Augen des Reinigungspersonals fördert die Verknüpfung von Reichtum und Kot die moralische Verworfenheit der Oberwelt zutage. Laporte spricht vom »Diskurs des Armen, der im Luxus immer Verderbnis wittert und den Reichen an seinem Geruch erkennt«.[26] Hans sagt: »Kunden, die so besonders etepetete sind, sind dann auch immer die, wo die Toiletten am schmutzigsten sind. Die Leute haben wirklich keinen Anstand.« Die Nutznießer der Dienstleistungen werden als schwach und machtlos betrachtet. Sie sind auf die Reinigungskräfte angewiesen, ohne die sie, davon ist Susanna überzeugt, »in ihrem eigenen Dreck untergehen« würden. Indem man feststellt, dass die Oberweltler nicht nur defäkieren, sondern es obendrein auf unhygienische Art tun, wird die soziale Hierarchie auf den Kopf gestellt: »Das sind auch nur Menschen und die scheißen auch«, sagt Hans. »Und ich hab' die schon gesehen, die sind richtig eklig. Schön mit Durchfall und nicht spülen. Ich glaube, die sind schmutziger als wir. Und ohne uns wären die nichts. Die brauchen Leute, die den Dreck wegmachen.«

Um ihr Selbstwertgefühl zu schützen, suchen die Reinigungskräfte nach Gründen, um »die Verurteiler verurteilen« zu können.[27] Sie schreiben einer Klasse, die ihrer Meinung nach auf sie herabschaut, nicht einfach Schmutzigkeit, sondern eine schlimmere Schmutzigkeit zu.

Persönliche Begegnungen mit der Oberwelt

Reinigungskräfte haben einen schweren Stand in Begegnungen mit Oberweltlern. Sie berichten darüber, ignoriert, herablassend oder als Störung behandelt zu werden. Oberweltlerinnen freuen sich nur selten über ihre Gegenwart, und wenn sie die Arbeit der Reinigungskräfte überhaupt bemerken, zeigen sie kaum einmal Wertschätzung dafür.

»Wir sind die Unsichtbaren«: Reinigungskräfte als Unpersonen

Um den Raum einer anderen Person reinigen zu können, muss man sich zeitweilig darin aufhalten und die Kontrolle darüber übernehmen. Im Gegensatz zu Dienstleistungen, die an einem Ort erbracht werden, der dem Anbieter gehört,[28] ist der zu reinigende Raum Eigentum des Leistungsempfängers. Das kann es für die Reinigungskräfte schwierig machen, ihre Arbeit zu erledigen. Am frühen Morgen ist die Beleuchtung im Einkaufszentrum oft noch ausgeschaltet. »Morgens ist alles noch dunkel. Und wenn die Kontrolle kommt, kommt sie im Licht, und wir putzen hier im Dunkeln«, beklagt sich eine Reinigungskraft. Wenn Kunden anwesend sind, werden Reinigungskräfte möglicherweise nicht nur an der Arbeit gehindert, sondern auch grob behandelt. Am Potsdamer Platz ignorieren Passanten die Reinigungsbarrieren, steigen über Wischmopps und gehen über feuchte Böden, wodurch sie diese erneut verschmutzen.

Anekdoten über Begegnungen mit Büroangestellten zählen ebenfalls zum Beschwerderepertoire des Reinigungspersonals: Der Mann, der auf der frisch geputzten Treppe Kaffee verschüttet und so tut, als wäre nichts geschehen. Oder Personen, die die Reinigungskräfte erst nicht sauber machen lassen und sich anschließend beklagen, dass sie ihre Arbeit nicht erledigt haben. »Das Problem ist, wenn du tagsüber im Büro sauber machst und die Leute tippen am Computer«, erklärt Tanja. »Du fragst sie, darf ich bitte kurz dahin? Störe ich? Und die beachten dich gar nicht wirklich und sagen, jetzt nicht. Dann fragst du drei Tage, und sie wollen nicht. Am vierten Tag sehen sie Staub und rufen gleich an: *Wieso wurde bei mir nicht sauber gemacht?!* Dann hast du ein Problem.« In Gegenwart eines Kunden zu arbeiten, bedeutet, dass es die Reinigungskräfte nicht richtig machen können: Ihre Anwesenheit ist nicht willkommen, für ihre Abwesenheit werden sie gerügt.

Die Oberweltler sind bisweilen nicht bereit, auch nur das geringste Zugeständnis zu machen, damit die Reinigungskräfte ihre Aufgaben erfüllen können. »Es ärgert mich wirklich, wenn die Leute immer in die Toilette reingehen, die ich gerade sauber mache, obwohl es da vier andere Toiletten gibt«, sagt eine Beschäftigte. Dabei müssten sie »einfach nur ein bisschen weitergehen, fünfundzwanzig Meter weiter«. Marcel berichtet, dass er einmal Müll zusammengefegt hatte, als zwei Frauen hereinkamen und sich genau auf den Haufen stellten. Er wollte den Schmutz entfernen, rückte »immer näher an sie ran« und stellte Augenkontakt her, aber die Frauen rührten sich nicht von der Stelle. Diese Erfahrung mache auch ich. Im Einkaufszentrum soll ich die Bänke abwischen und den umliegenden Bereich reinigen. Als ich gerade anfange, lässt sich eine Frau auf der Bank nieder. Sie ist lediglich bereit, die Beine ein wenig zu heben, damit ich den Boden unter ihren Füßen wischen kann.

Daher kann es nicht überraschen, dass die Reinigungskräfte das Gefühl haben, behandelt zu werden, als existierten sie nicht, als wären sie gar nicht wahrnehmbar – Goffman spricht von der Rolle der »Unperson«.[29] Als solche ist eine Reinigungskraft »während der Interaktion anwesend, übernimmt aber in gewissem Sinne weder die Rolle des Darstellers noch diejenige des Zuschauers«.[30] Ihr grundlegendes Menschsein – ihr Dasein – wird geleugnet, und eine solche Behandlung kann noch demütigender sein als eine offene Stigmatisierung. Rollins drückt es in Anlehnung an Frantz Fanon so aus: »Ein Gefühl der Minderwertigkeit? Nein, ein Gefühl der Nichtexistenz.«[31]

Manche Oberweltler ignorieren die Reinigungskräfte mehr oder weniger habituell, sie haben keine Absicht, diese Personen zu kränken. Die Nichtbeachtung ist Ausdruck der Fähigkeit, »die Menschlichkeit und manchmal sogar die Existenz« der Dienstleistungsarbeiter zu negieren.[32] An einem Morgen füllt sich das Einkaufszentrum mit Leuten auf dem Weg zur Arbeit, und eine Frau stößt mit Luisa zusammen, deren Reinigungswagen wegrollt. In solchen Situationen wird vielleicht eine Entschuldigung gemurmelt, wahrscheinlicher ist jedoch, dass sie ausbleibt.

Fahrten im Aufzug liefern gute Anschauungsbeispiele dafür, wie Oberweltler Reinigungskräfte als Unpersonen behandeln.[33] An einem Morgen steigen Christian und ich in den Lift zu einem Angestellten, dessen Büro und Schreibtisch wir täglich reinigen. Er schaut weg. »So was hass' ich ja, nicht hallo sagen«, meint Christian nachher. »Er hat da irgendwie mit seinem Popel rumgespielt.« Der Mann kann uns aus den unterschiedlichsten Gründen nicht begrüßt haben. Vielleicht ist ihm die Begegnung unangenehm oder er fühlt sich schuldig, weil er privilegiert ist; vielleicht vermutet er, dass wir Reinigungskräfte ihn wegen seines Status verabscheuen und nichts mit ihm zu tun haben wollen; vielleicht grüßt er auch nie im Aufzug, unabhängig vom Status der anderen Person, so wie die Reinigungskräfte einander oft nicht wahrnehmen. Was auch immer der tatsächliche Grund sein mag, die Reinigungskräfte nehmen diese Nichtbeachtung persönlich; sie *hassen das.* Als Unperson behandelt zu werden ist ein Angriff auf die Würde einer Person.

Dass Bedienstete wie Unpersonen behandelt werden ist so alt wie der Dienst und die Dienstbarkeit. In seiner *Theorie der feinen Leute* erklärt der Ökonom und Soziologe Thorstein Veblen, die Gegenwart von Bediensteten werde von ihren Arbeitgebern widerwillig geduldet: »Der persönliche Kontakt mit den Angestellten, die für die tägliche Pflichterfüllung notwendig sind, wird von den Hausbewohnern zwar meist als unangenehm empfunden; doch wird gerne gelitten und obendrein dafür bezahlt«, schreibt Veblen. »So bedeutet die Gegenwart von Hauspersonal und besonders von Leibdienern einen beachtlichen Verzicht auf physische Bequemlichkeit zugunsten der moralischen Verpflichtungen, die der Wohlstand auferlegt.«[34]

Dass die heutigen Dienstleistungsbeschäftigten immer noch als »in sozialer Hinsicht tote« Menschen betrachtet werden, hat möglicherweise mit ihrer Nähe zu tun, mit ihrem Zugang zu den intimen Räumen der Kundinnen. Wenn man sie wie Unpersonen behandelt, hat ihr Wissen »keinen Nutzen im sozialen Leben«.[35] Tatsächlich haben manche Reinigungskräfte den Verdacht, dass die Oberweltler sie eben deshalb ignorieren, weil sie in die schmutzigen Geheimnisse ihrer Kundinnen eingeweiht sind. Dass sie einen Blick hinter die schicken Kulissen werfen können, versetzt sie in die Lage, diese Welt zu demaskieren und ihre Exklusivität zu verletzen – und das verleiht ihnen »eine Art von magischer Macht«.[36] Indem man Reinigungskräfte als Unpersonen behandelt, neutralisiert man diese Macht. »Es ist, als wären wir nicht da«, sagt eine Kundenbetreuerin in einem Workshop. »Wir sehen nichts, wir hören nichts. Wir sind die Unsichtbaren.«

Gegen diese Behandlung können sich Reinigungskräfte zur Wehr setzen, indem sie die Oberweltlerinnen direkt ansprechen. Als Hans und ich in einer Lobby den Boden wischen, geht eine Frau direkt an uns vorbei, ohne unsere Gegenwart zu registrieren. »Guten Morgen!«, ruft Hans ihr nach. Die Frau dreht sich um und erwidert den Gruß mit einem freundlichen Lächeln. Gleichgültig ob sie uns aus Geringschätzung oder Gewohnheit ignoriert hat, Hans versteht es als Herabsetzung, die er nicht hinnehmen will.

Reinigungskräfte sehen sich regelmäßig einer rüden und herablassenden Behandlung ausgesetzt. An einem Morgen putze ich draußen bei einem Springbrunnen, als mich eine Frau im Businesskostüm herbeiruft. Als ich mich nähere, wirft sie wortlos eine leere Verpackung in meine Schaufel. Keine zwei Meter entfernt befindet sich ein Abfallbehälter. Bei einer anderen Gelegenheit tritt Herr Schmidt, ein hochrangiger Manager in einem Unternehmen, für das wir arbeiten, an Ali heran, der gerade die Schicht gewechselt hat. »Ah, Sie gehen schon?«, fragt Herr Schmidt. »Ja«, antwortet Ali. »Ich bin ja schon seit halb sechs hier.« Herr Schmidt gibt sich nicht mit der Erklärung zufrieden. »Das werde ich prüfen«, sagt er.

Ali bewahrt die Beherrschung, aber die Begegnung verletzt seinen Stolz als Beschäftigter, der sein »eigener Chef ist«. Es ist eine demütigende Erfahrung. Zur Demütigung kommt es »nur *in Beziehung zu*. Es ist ein transitiver, interpersonaler Prozess«, erläutert der US-Autor Wayne Koestenbaum. »Man wird nur in den Augen anderer Menschen gedemütigt, entsprechend ihrem Verständnis.«[37] Die Frage des Kunden signalisiert nicht nur Misstrauen, sondern zeigt auch, dass selbst Ali mit seiner langen Dienstzeit und seinen persönlichen Beziehungen zu Geschäftsleitung und Auftraggebern auf unsicherem Boden steht.

Die Reinigungskräfte werden oft geduzt. Goffman bezeichnet Begrüßungen als »zeremonielle Aktivitäten«, die zu den »Statusritualen« zählen.[38] Der Zusammenhang zwischen Gespräch, ehrerbietigem Verhalten und Status kommt in der unausgesprochenen Erwartung zum Ausdruck, dass es nicht die Reinigungskräfte sind, die über Beginn und Dauer einer verbalen Interaktion entscheiden.[39] Am Ende einer

Schicht tritt Christian an eine Büroangestellte heran und fragt: »War denn alles okay letzten Freitag?« Sie antwortet kurz angebunden und offenkundig gereizt: »Ja.« Beim Aufbruch fragt er: »Tür auflassen, zumachen? Licht aus oder an?« »Nö, so lassen!«, ruft sie. Er hat ihre Geduld überstrapaziert.

Bisweilen überschreitet man die Grenze zu mangelnder Ehrerbietung bereits dadurch, dass man überhaupt ein Gespräch beginnt. Als Henning dem Vorarbeiter Michael berichtet, dass er mit einem Kunden geredet hat, reagiert Michael gereizt. Henning hat sich nicht an die von Goffman beschriebenen »Vermeidungsrituale« gehalten. Dabei handelt es sich um »jene Formen der Ehrerbietung, die den Akteur dazu bewegen, Distanz zum Empfänger zu wahren«, was Ausdruck der »soziologischen Distanz« zwischen ihnen ist.[40] Während von Untergebenen erwartet wird, dass sie im Umgang mit Vorgesetzten die Vermeidungsrituale befolgen, können Vorgesetzte gegenüber Untergebenen ein vertraulicheres Verhalten zeigen, beispielsweise indem sie diese Personen duzen.

Am Potsdamer Platz ist der Aufzug ein Brennpunkt für Vermeidungsrituale. Ali gibt Oberweltlern den Vortritt und verzichtet darauf, mit seinem Wagen und seiner Ausrüstung einzusteigen, wenn das Gedränge in der Kabine zu groß zu werden droht. Obendrein kann der Reinigungswagen die Fahrt verzögern, wenn er bei jedem Halt hinausgeschoben werden muss, um Platz für aus- und einsteigende Passagiere zu machen. Um Höflichkeit und Aufmerksamkeit zu zeigen, ruft Ali den Aufzug, sobald er in der Eingangshalle einen Kunden sieht. Bei diesem Akt der Ehrerbietung streckt er den Arm aus, um zu verhindern, dass sich die Tür schließt, wenn der Kunde in den Aufzug steigt.

Eine solch ostentative Ehrerbietung bedeutet nicht zwangsläufig, dass die Reinigungskräfte ihre unterlegene Position akzeptieren. Möglicherweise stellen sie Unterwürfigkeit zur Schau, ohne jeglichen Respekt zu empfinden, und bewahren sich so »eine Art von innerer Autonomie, in der sie die zeremonielle Ordnung eben dadurch abwehren, dass sie sie hochhalten«.[41] Ali wird einen Aufzug rufen, aber er kann Ressentiment gegenüber denselben Personen hegen, die er mit so ergebener Höflichkeit behandelt. In diesem Drama der Würde wird ein Stück vor Publikum gespielt, doch hinter der Bühne bringt der Schauspieler seine Klagen vor und verteidigt sein Selbstwertgefühl.

Manchmal deuten Reinigungskräfte »auf unterschiedlichste Weise Missachtung an«, indem sie sich scheinbar ehrerbietig verhalten, in ihren Äußerungen jedoch »Tonfall, Aussprache und Tempo abwandeln«.[42] Wenn Benjamin und Matthias im Aufzug einer Oberweltlerin begegnen, begrüßen sie die Frau übertrieben zuvorkommend, ein Verhalten, das in dem Augenblick, da der Fahrgast aussteigt, in anstößige Bosheit umschlägt – die beiden bezeichnen die Frau nur als »die Alte«. Andere Reinigungskräfte verzichten vollkommen auf ehrerbietiges Verhalten. Als Hans und ich zum Reinigen in Alis Gebäude geschickt werden, erwähne ich Alis Praxis beim Aufzugfahren. Hans hält nicht viel davon. »Nee«, sagt er, »so kommen wir nie zum Schluss.« Da wir Alis Beispiel nicht folgen, landen wir mehrfach mit sichtlich verärgerten Geschäftsleuten in überfüllten Kabinen.

Indem sie sich weigern, die mit ehrerbietigem Verhalten einhergehende Unterlegenheit zu akzeptieren, schützen Reinigungskräfte ihre Würde. Hans lässt es sich nicht nehmen, unter den Augen eines Kunden eine Zigarettenpause einzulegen. Er stolziert durch die Lobby, die wir reinigen sollen, grüßt im Vorbeigehen lächelnd den Kunden und raucht vor der Tür. »Das lass ich mir nicht nehmen«, sagt er. »Ich weiß, dass es mein Recht ist, und so 'ne Pause, das muss schon sein.« In Wahrheit besteht kein gesetzlicher Anspruch auf Zigarettenpausen während der Arbeitszeit.[43] Aber Hans lächelt den Leuten selbstbewusst zu und schlendert hoch erhobenen Hauptes über den Potsdamer Platz.

Direkte Konfrontationen

Die Reinigungskräfte sind sehr stolz auf jedes Lob. Eine anerkennende Notiz oder ein freundlicher Kommentar bedeutet ihnen viel. Umgekehrt können Beschwerden niederschmetternd wirken. Ungeachtet des Wahrheitsgehaltes neigen die Reinigungskräfte dazu, jede Kritik als unfair zurückzuweisen: Entweder sie haben das Objekt vorschriftsmäßig gereinigt oder sie hatten keine ausreichenden Ressourcen, um die Arbeit richtig zu machen.[44]

»DRINGLICH!!!« steht doppelt unterstrichen auf einer Mitteilung, in der sich ein Kunde über Christian beschwert. In dem Konferenzraum seien die Tische nicht richtig abgewischt worden, und auf den Kaffeetassen sehe man noch Fingerabdrücke. Christian ist wütend. Reinigungskräfte fühlen sich angesichts von Beschwerden oft vollkommen wehrlos. Egal, wie gut sie ihre Arbeit gemacht haben, erkennt ein Kunde in einem Papierschnipsel oder einem Tropfen Wasser möglicherweise einen Grund zur Kritik. »Die können immer was finden«, klagen die Reinigungskräfte.

Als Henning gerade den langen roten Läufer in der Lobby des renovierten Hotels gesaugt hat, marschiert eine Gruppe von Bauarbeitern durch die Halle und hinterlässt schlammige Fußspuren. Der Hotelmanager fordert Henning auf, alles noch einmal zu reinigen, und sein Ton deutet darauf hin, dass er meint, Henning habe die Arbeit beim ersten Mal nicht gut gemacht. »Du kniest dir einen ab, und in fünf Minuten ist alles wieder dreckig«, seufzt er und fügt hinzu: »So ein Arschloch.«

Die Reinigungskräfte haben das Gefühl, dass ihre Arbeit nicht anerkannt wird, und jede Beschwerde eines Kunden kann wie ein Angriff wirken, wie eine Bestätigung der Annahme, Reinigungskräfte seien faul und wenig engagiert. »Die denken, wir sind das Letzte«, sagt Lars. »Sie sagen, das sind so Hartz-IVler, die haben nichts gelernt, und denen kann man darum so richtig eins reindrücken.« Manche Kundinnen scheinen zu denken, dass sie mehr von der Arbeit der Reinigungskräfte verstehen als diese: »Wenn die Leute zu Hause sauber machen, denken die, sie wissen auch, wie man hier sauber macht«, sagt Michaela. »Aber es ist natürlich nicht das Gleiche.« In der Frühstückspause hat Michaela ihren Kolleginnen vom neuen Manager des Ladens berichtet, den sie jetzt reinigt. Er habe ihr gesagt, sie solle zuerst durchsaugen und erst danach die Regale wischen, damit sie nicht den ganzen Staub aufwirbele. Sie habe ihm aber erklärt, dass das verkehrt sei.

Obwohl sich Reinlich & Co. bemüht, seine Reinigungskräfte als Fachpersonal darzustellen, betrachten die Kunden sie selten so. Einmal betritt Herr Gregor, der Manager des Apartmentkomplexes, die Lobby, in der Christian und ich gerade arbeiten. Beim Anblick des Empfangstisches schreit er plötzlich: »Ist ja schon wieder verrückt!« Die Glasplatte des Tischs ruht auf kleinen Gummimagneten – der Kunde nennt sie zum Vergnügen der Reinigungskräfte »Puppsis« –, die sich im Lauf der Zeit verschieben. Der Kunde weist

Christian zurecht: »Verrücken Sie die immer, wenn Sie hier sauber machen? Das sieht einfach nicht gut aus, das sind diese Kleinigkeiten!« – »Ne, wir machen nur die Oberfläche von oben sauber«, antwortet Christian ruhig und geht zum Tisch hinüber, um dem Manager zu helfen, die Glasplatte anzuheben. »Fassen Sie das immer so mit den Händen an?«, fragt Herr Gregor in harschem Ton. Herr Gregor hinterlässt Fingerabdrücke auf der Unterseite der Glasplatte. Ich versuche, sie abzuwischen, bevor die beiden die Platte wieder absetzen, als sich mein Reinigungstuch an einem der Magnete verfängt und diesen erneut leicht verrückt. »Sie verrücken den ja!«, schreit Herr Gregor. Ich bitte um Entschuldigung. Herr Gregor ist wütend. Beim Absetzen der Platte quetscht er fast unsere Finger ein. »Finger weg!«

Nach diesem Erlebnis brauchen wir alle eine Pause. Christian lehnt in einem Innenhof an der Wand und saugt wütend an einer Zigarette. »Ey, das geht ja gar nicht, wie der geredet hat.« Er ahmt den Manager nach: »Ja, es kommt auf diese Kleinigkeiten an, auf diese Details.« Er nimmt einen Zug an der Zigarette und schimpft weiter. »Solche Leute, damit kann ich gar nicht umgehen, so ein Arsch, dem kann ich nicht in den Arsch kriechen. Das kann ich nicht! Ich zittere jetzt noch.«

Derartige Konfrontationen bringen zum Vorschein, wie schwierig es für die Reinigungskräfte ist, in der Interaktion mit Kunden ihre Würde zu bewahren. Sie haben das Gefühl, zu Unrecht angegriffen zu werden und die Schuldigen zu sein, egal was sie tun oder sagen. Wenn sie sich zur Wehr setzen, riskieren sie ihren Job. »Hätten sie mich entlassen, wäre mir auch alles egal gewesen«, sagt Christian. »Aber ich will nicht, dass die Leute so mit mir sprechen.« Christian hat jedoch kein Widerwort gegeben, weil er befürchtet, seine Wut könne außer Kontrolle geraten. Stattdessen schwelgt er in Rachefantasien: »Am liebsten würde ich den mal in den Fanblock von Union reintun, und dann soll er sagen ›Ich hasse Union‹. Da kommt der nicht mehr raus.«

Abseits des Arbeitsplatzes haben Reinigungskräfte wie Christian kaum Kontakt zu Menschen außerhalb ihrer sozioökonomischen Gruppe (siehe Kapitel 2). Sie gehen oft unvorbereitet in solche Begegnungen. Sie sind nicht in der Position, »verbale Forderungen« zu erheben.[45] Ihnen fehlt in der Oberwelt das, was der Philosoph Jacques Rancière als »Rede« bezeichnet; stattdessen bleiben ihre Äußerungen für die Menschen, denen sie in dieser Welt begegnen, im Wesentlichen »Lärm«.[46]

Erschwerend hinzu kommt, dass die Reinigungskräfte das Gefühl haben, vom Management nicht genug Unterstützung zu erhalten. Sie glauben, dass man sie »systematisch sich selbst überlässt, isoliert durch beleidigende Kunden und das Management, das sie in eine Position bringt, in der sie den Missbrauch erdulden müssen«.[47] In dieser Lage befinden sich Benjamin und Matthias, die sich über Tom beklagen, der ihrer Meinung nach zu unterwürfig gegenüber unzufriedenen Kunden ist. Benjamin wirft Tom vor, angesichts von Beschwerden in Panik zu geraten. »Das kotzt mich jetzt hier schon mal wieder an.« Doch zu ihrer Überraschung werden Benjamin und Matthias Zeugen, wie Tom einem Kunden widerspricht. Tom lässt sie unter den Augen des Kunden den Boden aufwischen, um zu beweisen, dass die beanstandeten Flecken nur mit einer teureren Behandlung beseitigt werden können. Matthias und Benjamin erinnern sich lachend an den verblüfften Nörgler: Endlich wurde einmal ein Kunde in die Schranken gewiesen.

Tom stärkt auch Marcel den Rücken. Nachdem sich ein

Kunde mehrfach über den Zustand der von Marcel gereinigten Außenanlagen beschwert hat, schlägt Tom vor, Marcel solle vor und nach der Arbeit Fotos machen. Die Idee gefällt Marcel; er freut sich darauf, dem Kunden ein schönes Foto von einem Haufen Exkremente zu zeigen, in dem man unverdaute Maiskörner sehen kann. Marcel nimmt die Dinge auch selbst in die Hand und schnauzt wiederholt Personen an, die achtlos Abfall auf die Straße werfen. »Hey, das ist euer Kram«, sagt er zu einer Gruppe von Jugendlichen, die die Überreste ihrer Fast-Food-Mahlzeit auf dem Platz zurückgelassen haben. »Macht den weg.« Sie gehorchen. Wie Ali später erklärt: »Die Leute haben Angst vor Marcel. Da trauen die sich auch nichts.«

So wie Hans, der während der Arbeitszeit raucht, genießt Marcel Privilegien, die anderen Reinigungskräften vorenthalten bleiben. Selbst wenn sie nicht durch ihre mangelnden Sprachkenntnisse eingeschränkt wäre und wenn sie Marcels einschüchternde körperliche Präsenz hätte, könnte es sich Luisa mit ihrem befristeten Vertrag nicht leisten, eine Gruppe von Jugendlichen zu verärgern. Konfrontationen sind die Ausnahme; die Reinigungskräfte wollen zumeist nicht anecken. Doch auch Marcels Privilegien sind beschränkt. Als er einen Mann zurechtweist, der auf das Pflaster gespuckt und seine Zigarettenkippe auf den Boden geworfen hat, sieht sich Marcel plötzlich drei weiteren Männern gegenüber, die vor ihm ausspucken, um ihm zu zeigen, wie limitiert seine Autorität ist. Er tritt rasch den Rückzug an.

Die Reinigungskräfte wenden sich auch an die Kolleginnen, wenn sie Rückhalt brauchen. Nach dem Zwischenfall mit Herrn Gregor erzählt Christian die Geschichte jedem, der bereit ist, sie sich anzuhören. Am Abend ruft er Marcel an, der versucht, ihn zu beschwichtigen. Der Zwischenfall hat Christians ohnehin fragiles Selbstwertgefühl zusätzlich erschüttert, und Marcel fürchtet, dass er wieder zur Flasche greifen wird.

»Schön, dass du da bist«: Die Erfahrung der Wertschätzung

Die Reinigungskräfte freuen sich über jedes Zeichen von Anerkennung oder Wertschätzung. Es bedeutet ihnen viel, wenn Oberweltler grüßen, ihnen für ihre Arbeit danken oder im Vorübergehen ein paar Worte mit ihnen wechseln. Damit können sie angeben. Ein Kunde lobt Marcel für seinen Einsatz: »Schön, dass du da bist, das sieht man.« Voller Stolz berichtet Marcel seinen Kolleginnen von dem Kompliment. Möglicherweise ist ihm durchaus bewusst, dass sie bei diesem unausgesprochenen Vergleich schlecht abschneiden. Als mehrere junge Leute sehen, dass ich Zigarettenkippen einsammle, fragen sie höflich, wo sie ihre entsorgen können, damit ich nicht hinter ihnen aufräumen muss. Bei einer anderen Gelegenheit reinige ich Flächen im Einkaufszentrum wenige Schritte von einem Mann entfernt, der mit dem Handy telefoniert. Er unterbricht das Gespräch, um meine Aufmerksamkeit zu wecken, und dankt mir. Eine Frau, die in einem der Läden arbeitet, grüßt Bertha jeden Morgen. Wenige Tage nachdem Bertha aus dem Sommerurlaub zurückgekehrt ist, drückt ihr die Frau Anerkennung für ihre Arbeit aus: »Ja, man sieht, dass du wieder da bist.« Ein Punkt für Bertha in ihrem Wettbewerb mit Luisa. Diese erzählt ihrerseits stolz von einem Kunden, der mehrfach im Einkaufszentrum an sie herangetreten ist, um ihr mit den Worten »Ich mag afrikanische Leute« einen Geldschein in die Hand zu drücken. Für Luisa sind solche Begegnungen besonders ermutigend, weil sie sich von ihren Kollegen ausgegrenzt fühlt.

Die Reinigungskräfte betrachten ein Geschenk nicht unbedingt als herablassende Geste,[48] obwohl es möglicherweise ihren Status als Diener und in Luisas Fall als Außenseiterin bestätigt. Vielleicht sehen sie eher eine Art Trinkgeld darin, etwas, das Servicekräfte üblicherweise nur von Hotelgästen erhalten. In seiner berühmten Studie über die symbolische Bedeutung von Geschenken erklärt der Anthropologe und Soziologe Marcel Mauss, »Geben heißt Überlegenheit beweisen, zeigen, daß man mehr ist und höher steht, *magister* ist; annehmen, ohne zu erwidern oder mehr zurückzugeben, heißt sich unterordnen, Gefolge und Knecht werden, tiefer sinken, *minister* werden«.[49]

Die Art von Ungleichheit, die Mauss mit dem einseitigen Schenken verbindet, scheint die Reinigungskräfte nicht zu stören.[50] Im Gegenteil: Sie lehnen Geschenke ab, die mit der Erwartung einer Gegenleistung in Form zusätzlicher Arbeit einhergehen. Einmal bittet mich ein junger Mann, der anscheinend ein Café leitet, Zigarettenkippen vor seinem Lokal einzusammeln. »Ich bin mir nicht sicher, ob das unser Bereich ist«, sage ich. Er beharrt darauf, dass sein Lokal zu meinem Aufgabenbereich zählt. Als ich die Zigarettenstummel einsammle, lädt er mich auf einen Kaffee ein. Als ich Marcel später davon erzähle, warnt er mich davor, Geschenke anzunehmen. »Lass dich hier nicht anquatschen«, sagt er. »Am Anfang habe ich auch immer alles für alle möglichen Leute gemacht, und dann Kaffee hier, Kaffee da. Am Ende bist du …« Marcel simuliert das Zittern infolge einer Überdosis Koffein. »Meinen Kaffee kann ich selbst kaufen.« Aber als die hübsche blonde Barista aus der Starbucks-Filiale Marcel einen Kaffee anbietet, nachdem er den Bürgersteig vor dem

Lokal mit dem Kärcher gereinigt hat, ist er bereit, eine Ausnahme zu machen.

Manche Kunden behandeln die Reinigungskräfte, als wären diese unsichtbar – und manchmal wünschen sich die Reinigungskräfte, die Kunden würden sich so verhalten. Manche Oberweltler hören nicht mehr auf zu reden, wenn sie einmal ein Gespräch mit Dienstleistungspersonal begonnen haben. Jedes Mal, wenn Matthias und Benjamin Frau Dietrich begegnen, einer älteren Frau, die in einem der Apartmentkomplexe wohnt, beginnt diese mit ihnen zu plaudern. Die beiden kennen Frau Dietrichs Lebensgeschichte mittlerweile, sie wissen von ihrem steinreichen Ehemann, von ihrem unerfüllten Kinderwunsch, von ihrem Kampf gegen den Krebs. Sie kennen Frau Dietrichs Meinung zum Zustand der Welt. »Heutzutage sprechen die Leute gar nicht mehr richtig«, beklagt sich die Frau. »Immer alles nur Handy, Handy und E-Mail.« Matthias und Benjamin mögen Frau Dietrich, obwohl sie sich über ihre unbeholfenen Versuche lustig machen, die Statuskluft zu überbrücken. Matthias imitiert die Frau: »Mein Mann wollte mir einen Porsche kaufen, aber ich wollte lieber mit der S-Bahn fahren.« – »Das ist so eine, wo man auch mal zu Kaffee und Kuchen hingehen kann«, sagt Benjamin, um mit beißendem Humor hinzuzufügen: »Aber ohne Nachspiel.«

Auch wenn Oberweltler wie Frau Dietrich versuchen, eine vertraulichere Beziehung zu den Dienstleistungsarbeiterinnen herzustellen, bleibt die Kluft bestehen, und möglicherweise wird sie durch die Begegnungen sogar vergrößert. Bei einer Fahrt im Aufzug erleben Hans und ich, dass sogar ein freundliches Gespräch Statusunterschiede zum Vorschein bringen kann. Ich stehe mit einer gut gekleideten Angestellten im mit Marmor getäfelten Aufzug im Kollhoff-Tower und wundere mich darüber, dass er aufwärts fährt, obwohl ich den Knopf für das Erdgeschoss gedrückt habe. »Ne, es geht nach oben«, sagt die Frau lächelnd. »Ach, ist egal«, antworte ich. »Dann sind wir länger in dem schönen Fahrstuhl.« Die Frau sieht mich erstaunt an. »Schöner Fahrstuhl?!«, ruft sie aus. »Von wegen. Er ist heruntergekommen, und das wird auch nicht mehr besser. Er wird nicht mehr erneuert.« Hans und ich wechseln Blicke. Als die Angestellte in ihrem Stockwerk ausgestiegen ist, sagt er: »Keine Ahnung, woran die gewöhnt ist.«

All das zeigt, dass selbst scheinbar freundliche Begegnungen, in denen Reinigungskräften Wertschätzung entgegengebracht wird, die Statusunterschiede hervorheben können. Anstatt das Selbstwertgefühl der Beschäftigten zu stärken, wecken sie ein Gefühl der Entfremdung oder sogar Erniedrigung.

Von den Reinigungskräften, mit denen ich regelmäßig zu tun habe, ist es nur Ali gelungen, sich eine besondere Stellung zu erkämpfen. Indem er seinen Auftraggebern jahrelang gewissenhaft und ehrerbietig gedient hat, hat er sich eine gewisse Unabhängigkeit von Reinlich & Co. gesichert. Obendrein hat der Kunde Ali ein »Büro« überlassen: ein kleines, fensterloses Kabuff im zweiten Untergeschoss, das hinter einem Maschinenraum liegt. Abgesehen von dem Reinigungsmaterial, das er dort aufbewahrt (für »sein« Gebäude sind nur die saubersten Wischmopps und Besen gut genug), stehen dort ein kleiner Tisch und ein paar in den Büros ausgemusterte Stühle. An seinem Schreibtisch erledigt Ali Papierkram und vervollständigt seine Karte der weitläufigen Treppenhäuser des Gebäudes. Darauf kann er markieren, wo eine Stufe oder ein Geländer repariert werden muss, und der Kunde freut sich, dass er die Entwicklung der Karte mitverfolgen kann. »Ja, ich bin Architekt«, sagt Ali. »Das hier hat nichts mit Reinigung zu tun. Die arbeiten nach dem, was ich schreibe.«

Doch selbst Ali gelingt es nicht, sich »als mächtig [und] auf Augenhöhe mit den Kunden« darzustellen, indem der »auf der Grundlage von Standards des reziproken Verhaltens bedeutungsvolle Beziehungen zu ihnen knüpft«.[51] Seine Interaktionen mit den Kunden verstärken wie sein unterirdisches Büro die Statusunterschiede, die sie eigentlich verdecken sollen. Trotzdem genießt er einen höheren Status als die anderen.

Weckt dieser Status den Neid der Kolleginnen? Nicht unbedingt. Viele von ihnen sind nicht bereit, dieselbe Ehrerbietung und dasselbe Engagement an den Tag zu legen wie er. Alex kann nicht verstehen, warum Ali so hart arbeitet und sogar zusätzliche Tätigkeiten übernimmt, um sich das Wohlwollen der Höhergestellten zu sichern. In den Augen von Alex und anderen sind engere Beziehungen zu den Auftraggebern ein zweischneidiges Schwert. Einerseits sind Kundinnen, zu denen man eine persönliche Beziehung pflegt, möglicherweise nachsichtiger, wenn man einen Fehler macht. Andererseits nutzen sie die persönliche Beziehung unter Umständen, um zusätzliche Leistungen einzufordern. Für die meisten Reinigungskräfte ist der Weg des geringsten Widerstands jener des geringsten Kontakts.

»Die wollen wir nicht sehen!«: Die unsichtbare Reinigungskraft

Für Goffman ist die »Aufrechterhaltung des Images« – des positiven Bilds, das eine Person einer anderen gegenüber vermittelt – »eine Bedingung für Interaktion, nicht ihr Ziel«.[52] Das erklärt möglicherweise, warum manche Reinigungskräfte versuchen, jeglichen Kontakt zu den Oberweltlern zu vermeiden. Sie sehen darin eine zu große Bedrohung für ihr Selbstwertgefühl. Der Potsdamer Platz, die Verträge der Reinigungskräfte und ihre Arbeitszeiten sind so gestaltet, dass solche Begegnungen auf ein Mindestmaß beschränkt werden. Reinigungskräfte und anderes Dienstleistungspersonal sollen dort möglichst unsichtbar sein, und viele von ihnen wünschen sich genau das: »Da bin ich doch lieber bei der Bahnhofsreinigung«, sagt Christian nach dem Zwischenfall mit Herrn Gregor. »Keiner redet mit einem, man wird da einfach nur in Ruhe gelassen.«

Goffman erklärt, man sollte meinen, »die Rolle der Unperson [sei] im allgemeinen mit einem gewissen Maß an Subordination und Respektmangel verbunden, aber wir dürfen nicht vergessen, in welchem Maße eine Person, der eine solche Rolle übertragen wird oder die sie übernimmt, diese Rolle als Schutz verwenden kann«.[53] Die Reinigungskräfte sind erleichtert, wenn sie bei der Arbeit keinen Kunden begegnen – unter anderem, weil sie sich dann weniger überwacht fühlen (siehe auch Kapitel 6). »Das kann ich gar nicht haben, wenn einer einem noch auf die Finger schaut«, sagt Michaela. Die Reinigungskräfte bemühen sich aktiv darum, unsichtbar zu sein. Sobald ein Kunde in einem Raum auftaucht, beginnen sie, schneller zu arbeiten, um die Wahrscheinlichkeit von Begegnungen zu verringern. Am Potsdamer Platz bemühen sich beide Seiten, die jeweils andere zu ignorieren. Hier handelt es sich nicht um eine Geste im Sinne von Goffmans »höflicher Gleichgültigkeit«,[54] sondern um einen Verteidigungsmechanismus gegen Statuskonfrontationen. »Nein, die wollen wir auch gar nicht sehen«, sagt Anton, »beziehungsweise die wollen uns nicht sehen.«

Ihre Unsichtbarkeit versetzt die Reinigungskräfte aber auch in die Lage, mehr über die Ungleichheit zu lernen und diese eventuell infrage zu stellen. Sie können Informationen über die reichen Leute, denen sie dienen, über den Arbeitgeber, den Kunden, den Vertrag und sogar über den Gewinn von Reinlich & Co. sammeln. Christian sieht bei einem Kunden einen Ordner mit dem Servicevertrag auf dem Schreibtisch liegen und kann der Versuchung nicht widerstehen, ihn aufzuschlagen. Er sieht den Betrag, den die Firma dem Kunden in Rechnung stellt, und berechnet den Stundensatz und den Gewinn des Unternehmens. »Na ja, da muss ja auch noch Material und so dazu, aber mit den Stunden, da kommen die schon auf ihr Geld«, meint Christian. Seiner Meinung nach hängt der Gewinn nicht zuletzt davon ab, dass die Reinigungskräfte in weniger Zeit größere Flächen reinigen oder dass billigere Arbeitskräfte eingestellt werden. »Die sparen ja sowieso schon einen ein, weil sie ja Hermann mitschicken.« Als Auszubildender bezieht Hermann ein geringeres Gehalt. Was die Kunden bezahlen und wie viel Reinlich & Co. verdient, ist unter den Reinigungskräften ein häufiges Gesprächsthema, das Unmut weckt. »Reinlich & Co. verdient hier voll viel Geld«, sagt Alex in Alis Gebäude. »Die kriegen bestimmt 8000 Euro im Monat oder so, und wir machen das hier umsonst.«

Neben der Diskrepanz zwischen Löhnen und Preisen sorgt auch die Einkommensungleichheit für Ärger. Nachdem Alex auf dem Schreibtisch eines Kunden eine Gehaltsabrechnung gesehen hat, stellt er einen Kosten-Nutzen-Vergleich zwischen Büroarbeit und körperlicher Arbeit her. »Wir machen uns körperlich kaputt, die machen sich seelisch kaputt«, erklärt er. »Aber bei denen ist alles wieder gut, wenn sie dann am Ende des Monats auf's Bankkonto schauen.« Alex erklärt, dass er die Angestellten in der Oberwelt nicht beneidet – er möchte sein Leben nicht an einem Schreibtisch verbringen und Akten wälzen (vgl. Kapitel 2). Aber er empfindet es als ungerecht, dass er so wenig für eine Arbeit bekommt, die seinen Körper »zerstört«. Bisher haben weder die Kenntnis des mit ihrer Arbeit generierten Unternehmensgewinns noch die täglichen Erinnerungen an die Einkommensungleichheit die Reinigungskräfte dazu bewegt, sich zu organisieren und gemeinsam bessere Arbeitsbedingungen und höhere Löhne zu fordern. Angesichts der von diesen Unterschieden in puncto Wohlstand und Privilegien geweckten Zweifel an ihrem Selbstwert neigen sie eher dazu, ihren Unmut gegen die Kollegen zu richten, wie die in Kapitel 4 beschriebenen zwischenmenschlichen Dramen veranschaulichen.

Auseinanderdriften: Begegnungen zwischen den Welten

Benjamin und Matthias wollen mir unbedingt einen geheimen Treff zeigen, das Dach eines Apartmentkomplexes mit einem schönen Ausblick. Nachdem wir den Reinigungswagen an einem unauffälligen Ort abgestellt haben, gehen wir Treppen bis kurz unter das Dach hoch, wo wir uns im Treppenhaus niederlassen und das Panorama genießen: Im Vordergrund das gläserne Spektakel des Potsdamer Platzes, im Hintergrund die Skyline von Berlin. »Guck mal hier, geile Terrasse«, sagt Matthias. Seiner Meinung nach wäre dies der ideale Ort für ein Barbecue. »Guck mal, hier ist 'ne Wohnung frei. Benjamin, willst du 'ne WG machen?« Unterdessen habe ich festgestellt, dass mich nur ein niedriges Geländer von einem acht Stockwerke tiefen Abgrund trennt. Ich werde von Höhenangst befallen und bitte Benjamin, mehr Platz zu machen. »Äh, wir sind hier jeden Tag am Abgrund«, sagt er. Die Arbeitsrealität holt sie ein, und die Stimmung kippt. »Guck dir doch an, was wir hier für eine Scheißarbeit machen müssen«, sagt Benjamin. Der Potsdamer Platz mag ein »Prestigeobjekt« für Reinlich & Co. sein, aber im Kontrast zu diesem vermeintlichen Glanz wird noch deutlicher sichtbar, dass den Reinigungskräften jegliches Prestige fehlt. Sosehr sie den Zugang zu dieser Welt genießen, führt er ihnen doch auch sehr deutlich die sozioökonomische Ungleichheit vor Augen, die ihnen ihre Rolle aufzwingt.

Ihre Exkursionen in die Oberwelt sind daher Fluch und Segen zugleich. Die Reinigungskräfte gewinnen hier Erkenntnisse, sammeln Erfahrungen und haben sogar Gelegenheit zu angenehmen sozialen Interaktionen. Aber sie müssen für Menschen arbeiten, die in ihren Augen mehrheitlich arrogant und anspruchsvoll sind. Die Exklusivität und das gesellschaftliche Leben der Oberwelt färben gelegentlich ein wenig ab und verleihen jemandem wie Ali einen Sonderstatus unter seinesgleichen. Doch zumeist trifft das Gegenteil zu.[55] Je häufiger die Reinigungskräfte der Oberwelt ausgesetzt sind, desto mehr werden sie mit einer unflexiblen Statushierarchie konfrontiert, die eine ernste Bedrohung für ihre Würde darstellt. Welches auch immer die Absichten der Oberweltler sind, ihre Interaktionen mit den Beschäftigten geben diesen allzu oft das Gefühl, Unpersonen zu sein, als inkompetent, faul oder als störende Elemente zu gelten. Das Problem ist nicht nur die Stigmatisierung und die Missachtung durch die Kunden,[56] sondern die Nichtanerkennung der Reinigungsleute als Personen. Das bedeutet nicht, dass die Beschäftigten passive Opfer wären.[57] Im Gegenteil: Indem sie ihre Situation auf eine bestimmte Art konstruieren und ihre Umgebung entzaubern, erlangen sie eine defensive Überlegenheit. Sie bieten den Oberweltlerinnen in unterschiedlichem Maß die Stirn, manchmal, indem sie einfach dafür sorgen, dass man sie sieht und hört.[58] Reinigungskräfte wie Marcel versuchen sogar, »das Verhalten« derer, denen sie dienen, »zu ändern«,[59] wenn sie es inakzeptabel finden. Aber eine Reinigungskraft, welche die Konfrontation sucht, kann sich nicht auf die Rückendeckung des Managements verlassen, und für Beschäftigte mit befristeten Arbeitsverträgen wäre es viel zu riskant, die Kunden oder ihren Arbeitgeber zu verärgern.

Man könnte es vielleicht als das »Paradox des Potsdamer Platzes« bezeichnen: Begegnungen zwischen denen, die in dem Komplex leben oder dort gut bezahlten Jobs nachgehen, und denen, die diesen Menschen außerhalb ihres Sichtfeldes dienen, sorgen lediglich dafür, dass die beiden Welten weiter auseinanderdriften. Die Oberwelt, in der diese Arbeitskräfte und ihre Leistungen keine Anerkennung finden, erweist sich als Bühne für Dramen der Würde.[60] Und die Kluft zwischen den beiden Welten ist zugleich der Ursprung dieser Dramen als auch das Mittel, um ihnen zu entkommen. So wird die unsichtbare Unterwelt für die Beschäftigten zu einem Zufluchtsort, an dem sie Schutz vor der Entwürdigung in jener anderen Welt suchen.

6. Die Schattenseite des Lebens: Taktiken gegen Überwachung

Sich ein Softeis zu genehmigen ist nach einem Tag sonnenlose Flure Wischen eine heiß ersehnte Belohnung, und manchmal kann diese nicht bis zum Feierabend warten. Und so schlägt heute Benjamin während der Schicht mit Matthias vor, zum Fast-Food-Lokal zu gehen und ein Eis zu kaufen. »Matthias braucht das an so 'nem Tag, der ist sonst richtig am Abkotzen«, erklärt Benjamin. »Jetzt kann er wieder richtig aufdrehen, der braucht Zucker.« Benjamin, Matthias und ich sitzen im Eingangsbereich eines der vielen Apartmenthäuser im Dunklen. Sie sehen alle gleich aus: ein Rothko-Druck an der Wand, eine vertrocknete Pflanze, ein paar Korbstühle, oft ohne Kissen, ein kleiner Beistelltisch. Wir vermeiden jede unnötige Bewegung, damit uns der Sensor nicht erfasst. Unsere Augen und Ohren bleiben wachsam. Benjamin und Matthias blicken immer wieder von ihren Telefonen auf, falls Tom, ein Vorarbeiter, Kunde oder Wachmann vorbeikommt. Mehrmals werden unsere Reflexe von Geräuschen auf die Probe gestellt. »Psst, still – schnell!«, ruft Benjamin. Wir springen auf, schnappen uns Tücher und verstecken das Eis zwischen den Reinigungsmitteln auf dem Wagen. Während wir energisch die nächstbeste Oberfläche säubern, merken wir, dass es blinder Alarm war, und wenden uns wieder unseren schmelzenden Pausensnacks zu.

Ein anderes Mal haben wir weniger Glück. »Wir warten auf den Chef«, sagt Benjamin zu dem Wachmann, der uns beim Rumsitzen ertappt hat. »Hier, schon wieder?«, fragt er. Wir ziehen mit eingezogenen Köpfen ab. Matthias kocht, dass der Wachmann uns erwischt hat. »Dieser Security-Typ – als ob er der totale Checker wäre.«

Während der Schicht eine Pause einzulegen bringt den Nervenkitzel des Versteckspielens mit sich, was den Arbeitstag nicht nur ein klein wenig aufregender macht, sondern auch ein Gefühl von Autonomie und Überlegenheit vermittelt. Der Autoritätsspieß wird dabei umgedreht. In der Regel schaffen es die Reinigungskräfte, Kunden, Security-Leute und Management von Reinlich & Co. zu überlisten. Durch ihr Wissen um die räumlichen und zeitlichen Gesetzmäßigkeiten des Potsdamer Platzes sind sie einen Schritt voraus und sie nutzen dieses Wissen, um einzuschätzen, welche Wege, Terrassen oder Eingangsbereiche zu welchen Zeiten gute Rückzugsorte darstellen. Doch angesichts der dichten Bebauung des Areals, des übermäßigen Einsatzes von Glas und der Flut an Überwachungskameras ist es ein mühseliger Kampf, sich dem wachsamen Auge der Vorgesetzten zu entziehen. »Auf dem Potsdamer Platz«, sagt Lucas, der nur vorübergehend hier eingesetzt wird, »kann man halt überall kontrolliert werden, und das ist richtig scheiße.«

In Ermangelung einer gründlichen Vertrautheit mit den Gebäuden, einschließlich eines geschärften Sinnes für die Anwesenheit von Vorgesetzten, Kunden, Security-Kräften und Kameras, kann es zu dem nachhaltigen Gefühl kommen, beobachtet und damit überwacht zu werden. Mehrere Male, als ich einen ruhigen und sicheren Ort gefunden zu haben glaube, um Feldnotizen in mein Telefon zu tippen, biegt plötzlich eine Reinigungskraft um die Ecke, winkt mir jemand vom Balkon des Nachbargebäudes zu, oder es taucht unvermittelt ein Vorarbeiter auf.

»Man muss hier echt aufpassen«, sagt Matthias. »Jeder sieht dich. Ja, du weißt gar nicht immer, wer die Leute sind, die an dir vorbeilaufen.« Deshalb werden Reinigungskräfte vom Minus-Bereich angezogen, den dunklen, unbekannten Räumen, die unter der Oberwelt verborgen liegen. »Liebe Freunde der Sonne«, schwärmt Matthias schelmisch, nachdem wir uns während der Schicht mit Benjamin davongeschlichen und uns einen Kaffee genehmigt haben, »jetzt wieder auf die Schattenseite des Lebens.« Dieses Mal beschließen wir, uns in einem Untergeschoss auf eine Treppe zu setzen. Wir sitzen im Dunklen, aber zumindest müssen wir uns nicht ständig Sorgen machen, beobachtet zu werden. Benjamin und Matthias necken mich mit einem Fußball-Song, den sie in ein Lied über Reinlich & Co. und mich umgedichtet haben, und singen zu einer eingängigen Melodie: »FC Reinlich & Co.! Unsere Liebe! Unser Verein! FC Jaa-na!« Mit ein wenig Kaffee, Zucker, Zigaretten oder einer Kombination davon findet die Kreativität der Reinigungskräfte Ausdruck, selbst unter Tage.

»Die gucken einen genau an«: Überwachung am Potsdamer Platz

Unter Überwachung versteht man »die systematische Beobachtung von Menschen oder Gruppen mit dem Ziel, ihr Verhalten zu beeinflussen oder zu steuern«.[1] An heutigen Arbeitsplätzen nimmt die Überwachung verschiedene Formen und Gestalten an: direkte Beaufsichtigung durch Vorgesetzte, Überwachungskameras, Offline- oder Online-Kontrollen sowie ausgeklügelte Systeme zur Nachverfolgung digitaler Aktivitäten.[2] Sie alle sind darauf ausgerichtet, Angestellte, ob mobil oder an einem bestimmten Arbeitsort tätig, ständig und überall zu überwachen, so dass sich *panoptische*, wenn nicht *postpanoptische* Arbeitsbedingungen ergeben.[3]

Am Potsdamer Platz können Kunden und Oberweltler, Security-Kräfte und Überwachungskameras, Reinlich & Co.-Vorgesetzte und bisweilen sogar Kolleginnen Reinigungskräften das Gefühl des Überwachtwerdens vermitteln. Wie wir im letzten Kapitel gesehen haben, besteht bei Kunden (und Oberweltlerinnen allgemein) die Tendenz, Reinigungskräfte zu ignorieren und als Unpersonen zu behandeln; trotzdem hält sich bei den Beschäftigten hartnäckig das Gefühl, überwacht zu werden.

Während ich mit Ali und Alex einen Eingangsbereich putze, fällt mir auf, wie die Büroangestellten mich beobachten, manchmal fast anstarren. Auf meine Frage, wie er das sieht, sagt Alex: »Die gucken einen genau an, ey die Wichser. Die wollen sehen, wie du das mit dem Besen wegmachst, ob du das richtig machst. Die denken, die sind was Besseres.« Können Oberweltler im Vorbeigehen beurteilen, ob ich meinen Job gut mache? Juckt sie das überhaupt? Was ihre Motivation auch sein mag: Die Blicke der Oberweltlerinnen wirken feindselig und geben mir nicht nur das Gefühl von Überwachung, sondern von Demütigung. Alex' Reaktion zeigt, wie Reinigungskräfte Überwachung als Zweifel an ihrer Motiviertheit und ihren beruflichen Fähigkeiten interpretieren, und das nagt an ihrem Selbstwert. Alex verweist außerdem darauf, dass sich in der Überwachung eine Hierarchie manifestiert. Das kommt auch in der Etymologie des englischen und französischen Wortes *surveillance* zum Ausdruck: Wachsamkeit – *veillance* – von oben – *sur*. Beobachtende befinden sich demnach in einer erhöhten Position.

Die Reinigungskräfte betrachten auch die Security-Leute

sowie die Überwachungskameras in den Aufzügen, Eingangsbereichen und anderswo am Potsdamer Platz mit Argwohn. Tatsächlich hat die Security Zugriff auf alle möglichen Informationen über das Personal. Die Security-Leute bedienen nicht nur die Kameras[4] und machen im ganzen Komplex ihre Runden, die Reinigungskräfte müssen sie auch anrufen, damit sie ihnen bestimmte Türen und Tore aufschließen, zu denen sie keine Schlüssel haben.[5] Die Reinigungskräfte trauen ihnen nicht über den Weg, denn sie arbeiten für den wichtigsten Konkurrenten. »Bei denen muss man aufpassen«, sagt Michaela, »die sind nicht von Reinlich & Co., sondern von Shining, und die kontrollieren uns.« Die Reinigungskräfte argwöhnen, dass das Security-Personal Informationen an den Kunden weitergibt. Und tatsächlich beobachten Security-Leute die Reinigungskräfte und sprechen von oben herab mit ihnen: »Ich war mal beim Container und musste da stehen. Ihr wart am meisten da«, bemerkt ein Wachmann verächtlich gegenüber einer Gruppe von Reinigungskräften. »Und nicht nur einer, gleich alle!«

Schon potenzielle Überwachung bleibt nicht ohne Wirkung. Wenn die Beschäftigten einen Raum betreten, halten sie Ausschau nach Kameras. Als Hermann auf einem Stuhl in einem Eingangsbereich die Füße hochlegt, schimpft Christian ihn aus: »Ey, was sitzt du denn so? Hier ist doch 'ne Kamera«, Christian deutet auf eine Kamera. »So kannste doch nicht sitzen!«

Neben den Überwachungskameras ist das Reinigungspersonal auch gegenüber von der Firma bereitgestellten technischen Geräten misstrauisch. Die »Tagesdamen« erhalten von Reinlich & Co. Mobiltelefone, damit sie jederzeit erreichbar sind. Einmal verteilt Tom Walkie-Talkies an die Vorarbeiter, Marcel und einige Glasreiniger. »Was soll das, diese Walkie-

Talkies?«, frage ich. »Ach, das ist doch alles nur Kontrolle, ist doch klar«, antwortet Paul. »Aber eigentlich ist das doch genauso wie ein Handy, ist doch Quatsch. Die können uns doch auch anrufen.« In der Tat findet ein großer Teil der Kommunikation zwischen den Reinigungskräften, den Vorarbeitern und Tom über private Handys statt. Der Potsdamer Platz ist einfach zu weitläufig, als dass die Reinlich & Co.-Vorgesetzten jede und jeden permanent im Blick haben könnten. Daher kommt Technik zum Einsatz.[6]

Bei Begehungen finden auch direktere Formen der Überwachung statt. Am Potsdamer Platz gibt es regelmäßige Kontrollgänge, bei denen der Kunde, Tom und die Vorarbeiter von Objekt zu Objekt gehen, die Sauberkeit überprüfen und schauen, ob die im Vertrag aufgelisteten Aufgaben zur Zufriedenheit des Kunden ausgeführt wurden. Häufig erfahren die Reinigungskräfte am jeweiligen Tag von einer anstehenden Begehung, eine Nachricht, die unter ihnen Unruhe auslöst. Sie machen nicht nur sorgfältiger sauber, sie achten auch stärker darauf, nicht bei unerlaubten Pausen ertappt zu werden. Niemand will der Grund für eine Kundenbeschwerde sein oder zur Zielscheibe für den Zorn des Managements werden.

Kontrollgänge sind keine isolierten Ereignisse, sondern ein Phänomen, das stets präsent ist. Oder wie Anton es ausdrückt: »Ist doch immer Begehung.« Tag für Tag drehen die Reinlich & Co.-Vorarbeiter auf der Suche nach Unzulänglichkeiten in den verschiedenen Objekten, Korridoren und Fluren am Potsdamer Platz ihre Runden. Indem sie mit dem Finger auf der Unterseite eines Geländers entlangfahren, Abfalleimer kontrollieren und Türen zu Fluren aufmachen, suchen sie nach Schmutz, den die Reinigungskräfte übersehen haben: nicht gewischten Staub, nicht entsorgten Müll, nicht gereinigte Böden. Die Vorarbeiter betrachten es als Teil ihrer Aufgaben, Reinigungskräfte zu ertappen, die eine Pause einlegen. »Was macht ihr da?«, ruft Anton Reinigungskräften zu, die rauchend auf einem Balkon stehen, auf dem sie sich unbeobachtet wähnten.

Aus der Perspektive der Reinigungskräfte pendelt die Überwachung durch die Vorarbeiter zwischen Fürsorge und Zwang. Wie der Soziologe David Lyon in seinem Buch *Surveillance Society* darlegt, kann Überwachung sowohl dazu dienen, andere zu schützen, wie auch sie zu kontrollieren und zu disziplinieren.[7] Wenn die Vorarbeiter die Reinigungskräfte auf Kameras oder anwesende Kunden hinweisen und ihnen einschärfen, sich nicht beim Herumsitzen erwischen zu lassen, scheinen sie tatsächlich die Interessen des Reinigungspersonals im Sinn zu haben, zumindest teilweise: derartige Fürsorge zielt darauf ab, den Reinigungskräften, und damit letztlich auch Reinlich & Co., Unannehmlichkeiten zu ersparen.

Die Vorarbeiter sind dafür verantwortlich, dass alles seine Ordnung hat, und das erklärt teilweise, warum die Überwachung durch sie schnell von Fürsorge in Kontrolle umschlagen kann. Die Reinigungskräfte stellen fest, dass Anton sich ihnen gegenüber anders verhält, seitdem Tom aus dem Urlaub zurück ist, währenddessen Anton seine Aufgaben übernommen hatte. Sobald Tom wieder da ist, klagen sie darüber, Anton sei jetzt strenger, als wollte er Tom beweisen, dass er alles unter Kontrolle hat. »Ja, es gab richtig Anschiss hier«, sagt Lena, »jetzt, wo Tom zurück ist, da checkt Anton alles.«

Überwachung beeinflusst auch den Umgang der Reinigungskräfte untereinander.[8] Ali geht so weit, dass er die Aufzeichnungen der in seinem Gebäude installierten Überwachungskameras durchforstet. Wenn er sieht, dass bestimmte

Reinigungskräfte in seiner Abwesenheit seine Anweisungen nicht befolgen und das Café am Morgen nicht ordentlich sauber machen, sagt er Anton, er solle diese in seinem Gebäude nicht mehr einteilen. Reinigungskräfte überwachen sich sogar dann gegenseitig, wenn es nicht um »ihr eigenes« Objekt geht. Fehler und Verstöße der Kolleginnen aufzudecken facht Konflikte an und kann demjenigen, der den anderen beobachtet, ein Gefühl der Überlegenheit vermitteln. Hier spielt auch Rivalität eine Rolle, ebenso wie mangelndes Vertrauen oder gar offene Animositäten (vgl. Kapitel 4).

Als Benjamin, Matthias und ich auf dem Weg zu unserer nächsten Aufgabe am Fast-Food-Restaurant vorbeilaufen und dort Marcel mit einer jungen Frau sitzen sehen, reibt Benjamin sich die Hände. »Ach ne!«, ruft er. »Wer sitzt denn da? Mit 'ner Ollen und labert die zu. Und uns sagt der, dass er nur so einmal am Tag in den Laden geht und dass wir das nicht dürfen.« Benjamin schlägt vor, Marcel im Vorbeigehen zu ärgern. »So, wir sagen jetzt nix, wir gehen einfach nur vorbei und gucken.« Als wir an ihm vorbeikommen, ruft Marcel Benjamin hinterher und benutzt dabei seinen Nachnamen: »Hey, Friedrichs! Hast ein Problem oder was?« Benjamin lacht nur, vergnügt darüber, etwas gegen Marcel in der Hand zu haben.

Manchmal beobachten sich Reinigungskräfte gegenseitig aufmerksam zu ihrem eigenen Schutz, denn Beschwerden des Kunden oder des Managements können negative Folgen für alle haben.[9] Einmal gibt mir Dmitrij den Rat, mehr auf meine Haltung zu achten. »Man muss halt aufpassen, wie man dasteht, nicht einfach nur so«, sagt er, steckt die Hände in die Hosentaschen und schaut ausdruckslos ins Leere. Das gilt vor allem, erklärt er, weil wir nicht immer wissen, wer der Kunde ist: »So sauber machen – das sieht nicht gut aus. Es gibt Leute hier, die wissen, vom Kunden, der Chef, der kommt vorbei, wir wissen nicht, wie der aussieht, aber dann müssen wir so aussehen, als ob wir Spaß haben und schnell vorankommen.« Zwar können solche Interventionen von Kollegen einen disziplinierenden Effekt haben – nach Dmitrijs Ermahnung bemühe ich mich tatsächlich, aufrecht dazustehen –, doch verbirgt sich darin zugleich ein gewisses Maß an Fürsorge und Solidarität.

Bisweilen wirken die gegenseitigen Ermahnungen der Reinigungskräfte wie ein Spiel. Sie jagen sich einen Schreck ein, vielleicht um ihre Schlauheit zu demonstrieren und zu zeigen, dass sie einen Schritt voraus sind, wenn es darum geht, die Überwachung zu erkennen. Tatsächlich manifestiert sich in der Überwachung eine Hierarchie, an deren Spitze nicht die Überwachenden stehen, sondern – oder stattdessen – diejenigen, die über die Überwachung Bescheid wissen. Einmal habe ich im Einkaufszentrum das Handy in der Hand, als Marcel mich mit einem »Erwischt!« erschreckt. Der Zuruf ist halb spielerisch, halb ernst gemeint: Er freut sich über den geglückten Streich, aber es ist auch eine Mahnung: »Ja, aber wenn der Kunde das sieht, das ist dann nicht gut«, sagt er. »Der weiß ja nicht, dass du dann Pause machst.«

Im Spiel mit der Angst vor Überwachung entwickeln die Teilnehmer sowohl offensive wie auch defensive Fähigkeiten. »Hast du heute schon Herrn Schmidt gesehen?«, fragt Marcel Paul. (Herr Schmidt ist der Chef beim Kunden.) Paul: »Nee.« Marcel: »Aber er dich.« Darauf scherzt Paul: »Ja, der verfolgt mich immer. Immer mich, auch wenn ich zu Hause bin. Wenn ich die Tür aufschließe, da ist er und huscht dann so schnell weg.« Paul, der Marcel und seine Späße nur zu gut kennt, tappt nicht in die Falle: Würde er sich Sorgen machen, dass Herr Schmidt ihn am betreffenden Tag tatsächlich gesehen hat, würde er nicht nur Marcel auf den Leim gehen, sondern auch zum Opfer des Panoptikums, womit er in doppelter Hinsicht am unteren Ende der Überwachungshierarchie stünde. Stattdessen spielt er mit und legt sogar noch einen drauf. Dadurch erweist er sich als furchtlos und wahrt seine Würde. Und doch verbirgt sich in all dem Scherzen und Necken und gespielten Drüberstehen ein Körnchen Wahrheit.

Zusammengefasst prägt das Gefühl des Überwachtwerdens, wie Reinigungskräfte ihren Arbeitsalltag erleben. Zwar gibt es Momente, in denen Überwachung etwas Fürsorgliches haben kann, im Großen und Ganzen ist das Überwachtwerden, vor allem durch Kunden, Security-Leute und Vorgesetzte, ein Angriff auf ihren Selbstwert. Es symbolisiert Misstrauen in ihre Fähigkeiten und ihren Einsatz sowie die daraus resultierende Notwendigkeit, sie zu kontrollieren. Durch Überwachung, so das Gefühl bei den Reinigungskräften, versuchen andere, ihre Autorität geltend zu machen, indem sie sich über sie stellen – ein Vorgang, der auch innerhalb der Gruppe zu beobachten ist. Doch so ernst die Beschäftigten die Überwachung auch nehmen und selbst wenn sie sie als Bedrohung, ja als Angriff auf ihre Würde empfinden: Gleichzeitig ziehen sie sich spielerisch damit auf und stellen sich gegenseitig auf die Probe. Überwachtwerden ist das eine – das andere ist, wie man mit der Überwachung umgeht.

Dagegenhalten, Abschalten und Ausweichen: Drei Wege, sich gegen Überwachung zur Wehr zu setzen

Überwachung stellt einen interaktiven Prozess dar, bei dem man die »strategischen Handlungen von Beobachtenden wie Beobachteten als Züge in einem Spiel beschreiben kann, auch wenn anders als bei traditionellen Spielen die Regeln nicht für alle gleich bindend sein mögen«.[10] Am Potsdamer Platz nehme ich eine Art Spiel zwischen den Reinigungskräften und jenen wahr, die sie überwachen. In seinem Buch *Kunst des Handelns* schreibt der Philosoph Michel de Certeau, es gelte, »wachsam die Lücken nutzen, die sich in besonderen Situationen der Überwachung durch die Macht der Eigentümer auftun«.[11] Reinigungskräfte bedienen sich unterschiedlicher Taktiken, die ich als »Dagegenhalten«, »Abschalten« und »Ausweichen« bezeichne. Das Bedürfnis, sich gegen die Überwachung zu wehren und so ein Gefühl von Würde zu bewahren – wie fragil und kurzlebig dieses auch sein mag –, ist bei Reinigungskräften mitunter stärker als die Angst, sich Schwierigkeiten einzuhandeln.

»Mir egal!«: Dagegenhalten

Damit Überwachung funktioniert, muss es den Betroffenen etwas ausmachen, dass sie überwacht werden.[12] Gründe können unter anderem sein, dass sie bei denen, die sie beobachten, Anerkennung suchen,[13] oder dass sie im Fall der Zuwiderhandlung Sanktionen fürchten. Eine Möglichkeit, Überwachung abzublocken, besteht daher in der Weigerung, sich von ihr beeinflussen zu lassen, also die der Überwachung inhärente implizite Hierarchie zwischen Beobachtenden und Beobachteten nicht zu akzeptieren und das eigene Handeln nicht daran auszurichten. Dies kann dadurch geschehen, dass man das Überwachtwerden ignoriert,[14] oder indem man die Überwachenden direkt konfrontiert.

In mehreren Situationen habe ich beobachtet, wie Reinigungskräfte dagegengehalten und sich dem Blick, oder genauer: seiner disziplinierenden Wirkung, widersetzt haben. Als Matthias sich in einem Eingangsbereich wieder einmal einer Überwachungskamera gegenübersieht, fasst er sich in den Schritt und macht in ihre Richtung einen Beckenstoß. »Ja, hier, immer schön Security«, ruft er, »da will man doch ma' hallo sagen.« Diese Weigerung, sich vom Blick der Security-Leute und Überwachungskameras ins Bockshorn jagen zu lassen, ist zugleich eine Weigerung, sich deren Autorität zu beugen. Stattdessen kehrt Matthias den Spieß um und starrt zurück. Seine sexualisierte Geste stellt das Bild des selbstdisziplinierten, durch die Überwachung beschämten und eingeschüchterten Beschäftigten auf den Kopf.

Lucas, der Mitarbeiter, der nur temporär für den Potsdamer Platz abgestellt ist, erzählt von einer ähnlichen Situation. Als er für eine kurze Pause den Minus-Bereich verlässt, um frische Luft zu schnappen, spricht ihn jemand an. »Und da ist so 'n Typ in 'nem Anzug zu mir gekommen und meinte: Ja, ich hab hier was zu sagen, was stehst du'n hier so? Da hab ich ihm geantwortet: Ja, is' mir egal, aber ich muss jetzt mal hier Luft kriegen.« Eine solche Weigerung bedeutet eine direkte und offene Konfrontation mit den Überwachenden.[15] Anstatt sich als respektvolle oder ehrerbietende Untergebene zu positionieren, die die Autorität der sie Überwachenden anerkennen, bieten Reinigungskräfte ein durchsetzungsfähigeres, würdevolleres Selbst auf. Im Kampf gegen die Überwachung mobilisieren sie ihre Männlichkeit, oder sogar ihre Sexualität, und stehen für ihre körperlichen Bedürfnisse ein. Derartige Aufsässigkeit ist nicht ohne Risiko; die Auseinandersetzung könnte Folgen haben. Vulgäre Gesten vor einer Überwachungskamera oder Kaffeepausen bei Tageslicht einlegen – dazu sind die Reinigungskräfte in der Regel bereit. Die Autorität seines unmittelbaren Vorgesetzten infrage zu stellen ist allerdings noch einmal deutlich riskanter.

Funklöcher und abgestürzte Handys: Überwachung abschalten

Damit Überwachung funktioniert, muss es den Betroffenen nicht nur etwas ausmachen, beobachtet zu werden, sie müssen für die Beobachtenden auch sichtbar sein. Was wiederum bedeutet, dass man die Überwachung umgehen, wenn nicht nachgerade aushebeln kann, indem man sich unsichtbar macht. Eine solche Unsichtbarkeitstaktik besteht darin, sein Handy oder andere Geräte abzuschalten, um für Vorgesetzte und Kunden mit ihren drängenden Forderungen nicht erreichbar zu sein. »Man muss lernen, nicht jedes Mal ranzugehen, wenn die Vorarbeiter anrufen«, sagt Henning. »Mein Handy stürzt halt immer ab«, sagt Lucas mit ironischem Unterton. »Oder hat einfach keinen Empfang.«

Henning erinnert sich lächelnd, wie Michael, ein Vorarbeiter, ihn einmal am Ende seiner Schicht anrief, um ihn zu fragen, ob er etwas länger arbeiten könne. »Genau in dem Moment war mein Akku leer.« Am nächsten Tag kam Michael zu Henning und fragte, warum er nicht abgenommen habe. Als er Hennings Ausrede hörte, schaute Michael ihn ungläubig an. Die Reinigungskräfte bringen ihre Ausreden nicht selten auf eine Art und Weise vor, aus der die Vorarbeiter entnehmen können, dass sie lügen. Einmal habe ein Vorgesetzter Lucas angefaucht: »Komisch, dein Handy stürzt irgendwie immer am Freitag ab«, erinnert er sich.

Neben nicht richtig funktionierenden Handys lassen sich Reinigungskräfte auch noch andere Ausreden einfallen. »Um neun mache ich auf jeden Fall meine Pause, egal was is'«, sagt Gustav. »Letztens hatte ich eine Pause gemacht, und Anton hat angerufen. Ich habe abgenommen und gesagt: Ich bin kacken!« Natürlich müssen Reinigungskräfte sich hüten, ihre Ausreden nicht überzustrapazieren, und die Reaktionen der Vorarbeiter zeugen von deren Skepsis. Trotzdem ermöglicht es das Kappen von Kommunikationswegen, sich für kurze Momente dem Zugriff der Vorgesetzten zu entziehen.

Selbst Reinigungskräfte, die von Reinlich & Co. mit Walkie-Talkies ausgerüstet sind, wenden diese Taktik an. Abgesehen davon, dass die Sprachqualität so schlecht ist, dass Marcel Anton und seine Anweisungen nicht versteht: Die Reinigungskräfte schalten die Geräte auch gezielt aus.[16] Das System sendet jedes Gespräch an alle Geräte, was den ganzen Tag über unverständliches Rauschen und Gebrabbel zur Folge hat. »Gestern bin ich den ganzen Tag damit herumgelaufen«, erzählt Paul. »Irgendwann hab ich es dann ausgemacht, ich konnte das nicht mehr hören. Dann hat Anton mich gleich angerufen und meinte: Ey, ich kann dich nicht finden.« Doch nicht nur Reinigungskräfte machen sich auf technischem Wege unsichtbar und unerreichbar. Auch von Vorarbeitern kommt auf Fragen der Reinigungskräfte manchmal keine Antwort. Bisweilen schalten Vorarbeiter ihre Handys aus und legen eine Pause ein.

Im Materialraum gibt es häufig keinen Empfang, etwa wenn die Tür wegen des angrenzenden Müllraums geschlossen ist. Funklöcher gibt es aber überall in der Unterwelt des Potsdamer Platzes. Erst eine Stunde später zeigt Christians Handy eines Nachmittags an, dass der Vorarbeiter Anton ihn zu erreichen versucht hat. Diese Stunde Verzögerung kann es Reinigungskräften ersparen, unangenehme Aufgaben zugewiesen zu bekommen. Benjamin geht noch einen Schritt weiter. Er weigert sich, seinen Vorgesetzten oder Kollegen seine Nummer zu geben, bekennt sich zur Strategie des Abschaltens und gibt offen zu, dass er den Zugang zu Kommunikation »blockiert«.[17] »Warum gibst du Anton nicht deine Nummer?«, frage ich ihn. »Oder mir?« Benjamin hat mich mehrmals mit unterdrückter Nummer angerufen. »Ne, ne, ne, ne«, entfährt es Benjamin. »Hast du sie noch alle? Das ist ein totales Geheimnis. Tom hat mich mal um zehn Uhr abends aus dem Bett geklingelt, und das ist meine Privatnummer, und das seh' ich nicht ein.« Die Vorgesetzten müssen daher seinen Kollegen Matthias anrufen, wenn sie Benjamin erreichen wollen. Für Benjamin gehört seine Telefonnummer zu seinem Privatleben, einem Bereich, der dem Zugriff seiner Vorgesetzten entzogen sein soll. Er ist nicht verpflichtet, sie herauszugeben, und allein die Tatsache, dass er sie geheim hält, vermittelt ihm das Gefühl einer Trennung zwischen Beruf und Privatsphäre sowie einen gewissen Schutz vor der Kontrolle durch das Management.[18]

Abschalten zielt darauf ab, sich durch das Kappen von Kommunikationskanälen praktisch unsichtbar zu machen und sich so Räume und Phasen der Autonomie zu verschaffen. Im Vergleich zum Dagegenhalten ermöglicht es das Abschalten den Beschäftigten, sich der Überwachung durch das Management zu entziehen, anstatt in die direkte Konfrontation zu gehen. Im oben besprochenen Fall leisten die Reinigungskräfte gegen das Beobachtetwerden offenen Widerstand. Hier hingegen setzen sie die Technik beziehungsweise deren Versagen oder Ausfall als Ausrede für ihre Unsichtbarkeit ein, halten dabei aber auf der »Vorderbühne«[19] – mit Ausnahme Benjamins – die Performance des disziplinierten Mitarbeiters aufrecht, wenn auch nur auf ironische oder bisweilen dreiste Art und Weise.[20]

Die Beschäftigten versuchen gar nicht erst, die Tatsache, dass sie die Überwachung abblocken, wasserdicht zu »verschleiern«. Die verschmitzte Art, in der Lucas oder Henning das Ausfallen ihres Telefons melden, signalisiert den Vorarbeitern, dass es sich um eine Ausrede handelt, die aber freilich unanfechtbar ist. Reinigungskräften scheint es ein Gefühl von Würde zu vermitteln, nicht nur abzuschalten, sondern ihr Doppelspiel nicht zu verbergen und vor Kolleginnen damit anzugeben. In solchen Fällen sind sie es, die die Überwachung kontrollieren.

Das Abschalten verschafft dem Reinigungspersonal kurze Atempausen, ist aber keine dauerhaft durchhaltbare Taktik. Sie haben Spaß daran, während der Arbeit ihre Handys zu nutzen. Sie senden sich häufig Nachrichten, zeigen sich gegenseitig Videos und Bilder, hören Musik und führen Privatgespräche. Die Reinigungskräfte nutzen ihre Mobiltelefone so intensiv, dass Ali sagt, als Vorarbeiter würde er sie verbieten. Abschalten funktioniert nur so lange, wie die Reinigungskräfte es schaffen, auf ihre Handys zu verzichten. Benjamins Weigerung, über sein Mobiltelefon mit den anderen zu interagieren, ist die absolute Ausnahme und markiert seinen selbstgewählten Außenseiterstatus.

Am häufigsten entscheiden sich die Reinigungskräfte für eine dritte Taktik: Ausweichen. Die Reinigungskräfte weichen auf Räume aus, die für Vorgesetzte, Kundinnen, Security-Personal und Passantinnen sowie Anwohner nicht einsehbar sind.[21] Um diese dunklen Flecken zu entdecken, müssen Reinigungskräfte auch diejenigen im Blick haben, die sie mutmaßlich überwachen. Wollen sie der Beobachtung entgehen, müssen sie die Beobachter beobachten.[22]

Um zu bestimmen, wo, wann und wie sie sich verstecken können, erstellen die Beschäftigten detaillierte Profile derjenigen, deren Überwachung sie sich entziehen wollen. Entscheidend ist dabei die Fähigkeit, frühzeitig zu erkennen, wann Kunden, Reinlich & Co.-Manager oder Security-Leute auftauchen. Sie schärfen daher ihre Sinne, um die Stimmen, Gesichter und manchmal sogar den Geruch dieser Personen zu erkennen.[23] Einmal lässt sich Lena an einem Tisch im Aufenthaltsraum auf einen Stuhl fallen und erstarrt. »Sag mal Anton, war der hier?«, fragt sie. »Das riecht so nach seinem Parfum.« Die Reinigungskräfte verfolgen auch die Bewegungsmuster ihrer Beobachter nach. Welche Wege benutzt der Vorarbeiter oder die Kundin und wann? Welche Räume meiden sie? Sie behalten genau im Auge, wer wie lange und an welchem Tag wo ist. Bertha findet heraus: »Ja, um Punkt acht geht der sonst immer hier lang, weil um acht treffen sich da vorne alle Chefs und gehen erst mal zum Fast-Food-Imbiss.« Daher ist es besser, wenn sie um diese Zeit ihre Zigarettenpause nicht auf dieser Seite des Gebäudes macht. Und Benjamin beobachtet, dass der Kunde nur bis dreizehn Uhr kontrolliert, »danach sind die mit anderen Sachen beschäftigt«. Das ermöglicht es Matthias, Benjamin und mir, ungestört draußen herumzulaufen, was um diese Zeit eigentlich verboten ist.

Zum Teil erstreckt sich die Gegenüberwachung sogar auf die privaten Räume von Kunden, wenn diese mit dem Arbeitsort zusammenfallen. »Der Chef wohnt hier oben«, erzählt Benjamin, während wir im Eingangsbereich eines Hauses abhängen. »Wir müssen aufpassen, wenn der Aufzug in den siebten Stock rauffährt.«

Je besser sie auf diese Zeitpläne eingestellt sind, desto stärker fallen ihnen irgendwelche Unregelmäßigkeiten auf. Warum steht Toms grauer Ford um diese Zeit nicht auf seinem Parkplatz? Und ist es nicht seltsam, überlegt Benjamin, dass Anton durch das Einkaufszentrum läuft und nicht die Seitenstraße am Fast-Food-Restaurant entlang? Die Reinigungskräfte teilen sich gegenseitig Alarmzeichen mit, die ihnen aufgefallen sind. »Heute kommt der oberste Reinlich & Co.-Chef vorbei«, informiert Ali Paul, Marcel und die anderen in der Frühstückspause. Für den Fall, dass während einer nicht vorgesehenen Pause ein Kunde, Vorgesetzter oder Wachmann auftaucht, lernen die Reinigungskräfte, schnell so zu tun, als ob sie arbeiteten.[24] Das setzt unter Umständen eine gewisse Vorbereitung voraus: So empfiehlt es sich beispielsweise, in der einen Hand ein Reinigungstuch zu haben, während man mit der anderen Kaffee trinkt. Außerdem sollte man immer eine Ausrede parat haben: dass man auf seinen Vorgesetzten wartet, eine versäumte Pause nachholt etc. Wenn jemand sie überrascht, müssen Reinigungskräfte schnell reagieren. Als Hans durch einen normalerweise »sicheren« unterirdischen Gang läuft, um sich während der Schicht einen Kaffee zu kaufen, steht plötzlich Anton vor ihm. Hans geht in die Offensive und ruft: »Gut, dass ich dich gefunden habe! Ich wollte dich etwas fragen!«

Erfolgreich auszuweichen setzt voraus, dass man sich gut auskennt. Reinigungskräfte machen obskure Orte ausfindig: die dunkleren Ecken, die Straßen an den Rändern des Komplexes, Gerüste, entlegene Balkone, wenig frequentierte Eingangsbereiche, unterirdische Gänge und verschiedene andere Winkel der Unterwelt. Dabei muss es sich gar nicht unbedingt um Orte »hinter den Kulissen« (*backstage*) oder »Durchgangsorte« (*liminal spaces*) handeln,[25] besser geeignet sind oft Lobbys oder der Bereich vor dem Fast-Food-Lokal, wo die Beschäftigten tatsächlich regelmäßig arbeiten. Gerade dort sind unerlaubte Pausen leichter zu verschleiern und zu rechtfertigen.

Die Orte variieren von Reinigungskraft zu Reinigungskraft, Schicht zu Schicht und Mal zu Mal. Während der Woche, in der ich mit Hans in Alis Gebäude eingeteilt bin, hängen wir mit Paul in einer Ecke in einem Untergeschoss ab und warten auf das Ende des Arbeitstages. Ungefähr zwanzig Minuten lang werfen wir uns zusammengeknüllte Reinigungstücher zu. Solche unterirdischen Bereiche sind am sichersten. Der Handyempfang ist schlecht, und es ist eher unwahrscheinlich, dass man unversehens einem Vorgesetzten oder einem Wachmann über den Weg läuft. Diesen Orten fehlt es zwar an Frischluft und einem Fenster nach draußen, doch statt Ein- beziehungsweise Ausgeschlossenheit vermitteln sie Reinigungskräften paradoxerweise das Gefühl, mittendrin zu sein, vor allem wenn sie sich mit anderen dort aufhalten.

Wie das Abschalten funktioniert auch die Taktik des Ausweichens über Unsichtbarkeit. Die Reinigungskräfte suchen, finden und schaffen aktiv Zeiten und Orte außerhalb des Blickfelds der Überwachenden. Sie machen sich strategisch die Unsichtbarkeit zunutze, die ihre Arbeit mit sich bringt.[26] Anders als das Dagegenhalten erfordert das Ausweichen nicht, dass die Reinigungskräfte sich offen der Überwachung widersetzen. Sie schlagen ihr heimlich ein Schnippchen. Der Fokus liegt hier nicht darauf, Kommunikationswege zu unterbrechen, sondern Räume auf alternative, heterogene – »differenzielle« (*différentiel*)[27] – Weise zu nutzen.

Die Taktik des Ausweichens bringt es mit sich, dass man im Fall des Auftauchens eines Kunden oder einer Vorgesetzten »Ausdruckskontrolle«[28] betreiben muss. Reinigungskräfte haben dazu ein Repertoire an Methoden abrufbar. Während sie beim Abschalten gegenüber ihren Gesprächspartnern bisweilen andeuten, dass sie gezielt den Empfang kappen, um sich der Beobachtung zu entziehen, geht es beim Ausweichen darum, weitestgehend unbemerkt zu bleiben. Reinigungskräfte können ein Gefühl von Würde daraus ziehen, im Streben nach Autonomie die Überwacher zu überlisten – eine Würde, die allerdings schnell untergraben werden kann, wenn man sie erwischt.

Im Gegensatz zum Abschalten erfordert das Ausweichen, dass Reinigungskräfte auf die Profile, Vorlieben und Bewegungsmuster derer eingestellt sind, die sie überwachen. Ausweichen macht eine »geschärfte Selbstbewusstheit« notwendig, durch die die Handelnden zu »geschickten Manipulatoren des Selbst« werden, eine Eigenschaft, die der Organisationstheoretiker David Collinson Angestellten zugeschrieben hat, die auf Überwachung mit einem »dramaturgischen Selbst« reagieren.[29] Darüber hinaus setzt es ein waches Bewusstsein für jene voraus, die sie potenziell beobachten.

Reinigungskräfte, für die der Potsdamer Platz und seine räumliche und zeitliche Ordnung ebenso neu sind wie die Bewegungsmuster, Vorlieben und Profile jener, die sie überwachen, können der Überwachung nur schwer ausweichen. Auch setzt das Ausweichen ein gewisses Maß an Autonomie seitens des Reinigungspersonals voraus. Je stärker die Beschäftigten zu einem bestimmten Zeitpunkt an einen bestimmten Arbeitsort gebunden sind und je mehr sie in gut einsehbaren, oberirdischen öffentlichen Bereichen – etwa im Einkaufszentrum – arbeiten, desto weniger Gelegenheit haben sie, unbemerkt auszuweichen. Doch selbst dort finden Reinigungskräfte wie Bertha Wege, um bisweilen auszuweichen, zum Beispiel in den frühen Morgenstunden, wenn die Reinlich & Co.-Vorgesetzten und der Kunde oft noch nicht anwesend sind. Alles in allem jedoch sind jene, die in verborgenen Räumen wie den Korridoren und Entsorgungsräumen der Unterwelt arbeiten, der Überwachung weniger stark ausgesetzt.

Draußen zu arbeiten ist im Hinblick auf Ausweichmöglichkeiten ein zweischneidiges Schwert. Zwar hat Marcel das Gefühl, dass ihn während seiner Schicht im Freien »alle immer sehen« können; dennoch genießt er die Autonomie, wählen zu können, welche Straße er wann kehrt, weil er so Gelegenheiten zum Abtauchen hat. Unabhängig von der Art oder dem Ort einer Schicht ist auch die Position einer Reinigungskraft in der internen Hierarchie ein entscheidender Faktor. Beschäftigte mit eher prekärem Status wie Dmitrij oder Luisa werden es vermutlich nicht riskieren.[30]

Zusammengefasst zeigen die Taktiken des Dagegenhaltens, Abschaltens und Ausweichens, dass Reinigungskräfte Wege suchen, finden und schaffen, um sich offen oder verdeckt gegen Überwachung zu wehren, sich ihr zu entziehen oder Widerstand gegen sie zu leisten. Wie sehr die Beschäftigten die Überwachung infrage stellen, variiert. Im Fall des Ausweichens entwickeln sie Taktiken, um sie zu umgehen, vor den Vorgesetzten und Kunden verbergen sie jedoch in der Regel die entsprechenden Tricks. Abschalten ist insofern komplexer, als die Reinigungskräfte Ausreden erfinden, gegenüber den Vorgesetzten bisweilen aber die Wahrheit andeuten. Lediglich das Dagegenhalten stellt eine direktere Form des Sich-gegen-Überwachung-Wehrens dar. Die Taktiken Ausweichen und Abschalten zeigen, wie Reinigungskräfte sich nicht nur die »Lücken« in der Überwachung zunutze machen, wie Certeau es ausdrückt;[31] sie generieren aktiv »räumlich-zeitliche Lücken zwischen Beobachter und Beobachteten«,[32] indem sie ihre Unsichtbarkeit in der Unterwelt ausnutzen.

Aber wenn Reinigungskräfte so viel Mühe aufwenden, um die Überwachung zu überlisten und sich gegen sie zu wehren, bedeutet das, dass sie sich auch gegen die Arbeit sträuben? Anders ausgedrückt: Wie passt die Anwendung solcher Taktiken zu dem Umstand, dass der Selbstwert der Reinigungskräfte mit ihrer Arbeit verknüpft ist?

Aufsässig gegen Überwachung und doch engagiert bei der Arbeit

In vielerlei Hinsicht erinnern die Taktiken der Reinigungskräfte an klassische Beispiele für oppositionelle Arbeitspraktiken.[33] Doch trotz der Parallelen zwischen dem Widerstand gegen Überwachung und dem Widerstand gegen die Arbeit ist es wichtig, beides nicht in einen Topf zu werfen. So kann es sein, dass Reinigungskräfte die Überwachung überlisten, um ihre Fähigkeit zum Weiterarbeiten zu erhalten, etwa wenn sie kurz rausgehen, um frische Luft zu schnappen. Die halbstündige Pause, die ihnen morgens um neun zugestanden wird, reicht oftmals nicht aus, um ihre Bedürfnisse zu stillen. Während dieser Auszeit wechseln sie das Wasser, werfen schmutzige Wischmopps und Reinigungstücher in die Waschmaschinen und füllen ihre Wagen mit neuem Material auf. Sie bereiten sich auf das Kommende vor und erholen sich zugleich von der bereits erledigten Arbeit. Für die Reinigungskräfte ist diese Pause ein unentbehrlicher Teil ihres Arbeitstages. Aber man muss zu viele Aktivitäten in diese dreißig Minuten hineinstopfen. Neben mit der Arbeit verbundenen Pflichten und Vorbereitungen müssen auch persönliche Bedürfnisse gestillt werden: etwas essen, Kaffee machen, auf die Toilette gehen, sich hinsetzen, aufgesprungene Hände eincremen, noch mal zum Deo greifen, ein Nickerchen einlegen, frische Luft schnappen, eine Zigarette rauchen und, vor allem, sich mit den Kolleginnen austauschen, Textnachrichten verschicken und private Telefonate führen. Da überrascht es nicht, dass die Beschäftigten während der Arbeitszeit die Überwachung zu überlisten versuchen, um sich mehr Pausen zu verschaffen. Diese improvisierten Auszeiten können ihnen helfen, sich zu regenerieren, ja ihren Job überhaupt zu erledigen.

Während meiner Feldforschung verblüfft es mich zunächst, dass die Reinigungskräfte sich als fleißig und gewissenhaft darzustellen versuchen, gleichzeitig aber so viel Zeit und Mühe aufwenden, um die Überwachung zu überlisten. Aus der Perspektive der Kunden oder des Managements scheinen Beschäftigte, die während der Arbeitszeit Kaffeepausen einlegen, tatsächlich das stigmatisierte Bild von der faulen und unmotivierten Belegschaft zu bestätigen – also genau die Vorstellung, welche die Notwendigkeit noch weiter gehender Überwachung rechtfertigt.[34] Aus der Perspektive der Reinigungskräfte hingegen liegt die Bedeutung des Sich-gegen-Überwachung-Wehrens in einem Mehr an Autonomie und damit Würde. Tatsächlich missbilligen und sanktionieren sie es ja, wenn jemand sich hängen lässt – siehe die Klagen Berthas über Luisas angebliche Faulheit in Kapitel 4.

Gleichzeitig geht Bertha ihrerseits während ihrer Schicht hinaus und zieht sich in dunkle Ecken am Einkaufszentrum zurück, um Zigaretten zu rauchen und verschiedene Personen anzurufen. Ihre Angewohnheit, Arbeitszeit für andere Zwecke zu gebrauchen – laut Certeau kennt die französische Umgangssprache dafür den Ausdruck *faire de la perruque* (also etwa »die Perücke machen«)[35] – könnte man als subversiv interpretieren.[36] Für Bertha besteht kein Widerspruch zwischen ihren Klagen über Luisa, ihrer eigenen Arbeitsmoral und ihrem Verhalten während der Schicht. Schließlich widmet sie sich Privatangelegenheiten nur so lange, dass sie ihre Aufgaben immer noch erfüllen kann. Einmal beendet sie ein Telefongespräch mit den Worten: »Ich muss jetzt auflegen. Hab jetzt schon die ganze Zeit telefoniert. Sonst komm ich ja zu gar nichts.«

Die Grenze zwischen dem Überwachung-Überlisten und dem Widerstand gegen die Arbeit ist durchlässig. Sich geschickt der Beobachtung zu entziehen gibt Reinigungskräften das gute Gefühl von Selbstbestimmtheit, doch verstößt es gegen ihre Arbeitsmoral, nicht zu arbeiten. Das zeigt, welch komplexes Kalkül im Hinblick auf ihre Würde hier im Spiel ist (vgl. dazu auch Kapitel 3): Die Reinigungskräfte wollen das Gefühl haben, dass sie aus freien Stücken hart arbeiten, nicht weil sie gezwungen werden. Aber genau dieses Gefühl des Zwangs manifestiert sich in der Überwachung.

Christian zum Beispiel schimpft über Reinigungskräfte, die eine Aufgabe nicht zu Ende bringen: »Diese Arbeitsmoral ist wirklich das Letzte.« Einmal treffen wir auf Patrick, der offenbar während der Arbeit betrunken oder anderweitig zugedröhnt ist, lallt und in Schlangenlinien läuft. »Hey!«, ruft er uns zu, als er den Eingangsbereich betritt, wo Christian und ich gerade den Boden wischen. Er fleht uns an, ihm während seiner Zigarettenpause Gesellschaft zu leisten: »Ich bin so alleine«, jammert er. Patrick arbeitet alleine und sagt über das Objekt, das er reinigen soll: »Ich hasse dieses Haus so sehr.« All das spielt sich vor den Augen einer Empfangsdame ab, die nur den Kopf schüttelt. Christian schämt sich für Patrick und dessen unverhohlene Arbeitsscheu und schiebt ihn schnell zur Tür hinaus. Patricks Verhalten entspricht genau dem Klischee, gegen das Reinigungskräfte wie Christian ankämpfen.

Das heißt nicht, dass Christian während der Arbeitszeit keine Zigarettenpausen einlegen würde. Sein Lieblingsplatz am frühen Morgen ist ein Balkon, von dem aus er zusehen kann, wie der ganze Komplex zum Leben erwacht: Büroangestellte grüßen sich, die Straßen füllen sich langsam mit Touristinnen und Kaufwilligen. Der Balkon ermöglicht es ihm, andere zu beobachten und gleichzeitig zu verhindern, dass andere *ihn* beobachten. Er möchte nicht, dass jemand erfährt, wie er der Überwachung ausweicht. Er würde nicht wollen, dass die Empfangsdame oder die Bewohnerinnen des Apartmentkomplexes ihn bei seiner heimlichen Zigarettenpause sehen. Und Christian achtet darauf, dass er seine Arbeitspflichten erfüllt: Phasen intensiver Arbeit wechseln bei ihm mit kurzen Pausen ab.

All das zeigt, dass Reinigungskräfte sich gegen Überwachung zur Wehr setzen und zugleich einer Arbeitsmoral gerecht werden können, die angesichts ihrer Herkunft aus der Unterschicht oder vom Rand der Gesellschaft für ihren Selbstwert zentral ist.[37] Zugleich macht sie das nicht zu widerstandslosen Regelbefolgern. Autonomie, ihr »eigener Herr« sein ist enorm wichtig für sie, denn so können sie das Gefühl der Machtlosigkeit und Abhängigkeit überwinden: »Würde zu besitzen bedeutet in erster Linie, die Kontrolle über sich selbst zu haben und seine Kräfte kompetent und auf angemessene Weise einzusetzen.«[38] Was Reinigungskräfte dazu bringt, hart zu arbeiten, ist offenbar nicht die Überwachung, sondern ihre Würde.

Aus den Augen, aus dem Sinn: Die Unterwelt als umstrittene Zuflucht vor Überwachung

Sobald ich die Reinigungsmontur anhabe, ändern sich meine Sichtbarkeit und Unsichtbarkeit. Während ich in der Oberwelt unsichtbar bin und von Leuten, die mich normalerweise wahrnehmen würden, häufig ignoriert werde, werde ich in der Welt der Reinigungskräfte sichtbar. Allerdings gibt es da noch eine andere Sichtbarkeit, die mir zunächst nicht auffällt: diejenige, die aus dem Überwachtwerden resultiert. Mit einer gewissen Naivität und seligen Unwissenheit laufe ich am Potsdamer Platz durch Straßen, über Plätze und in Gebäuden umher und rufe dabei Kolleginnen von der Universität an, tippe Feldnotizen ein und mache Fotos. Vielleicht weil ich so mit dem Beobachten der Reinigungskräfte beschäftigt bin,[39] merke ich gar nicht, wie ich selbst beobachtet werde. Doch die anderen machen mich bald auf die Überwachung aufmerksam. Sie scheinen es fast zu genießen, mich davor zu warnen, damit zu erschrecken oder aufzuziehen, dass sie oder irgendein Kunde mich bei etwas Verbotenem erwischt haben. In solchen Momenten bekräftigen sie ihre Überlegenheit, können sie doch zeigen, dass sie sowohl den Überwachenden als auch den Überwachten einen Schritt voraus sind.

All das unterstreicht, dass die Unsichtbarkeit der Reinigungskräfte nur der eine Teil des Problems ist. Unsichtbarkeit impliziert, dass die Reinigungskräfte nicht gesehen oder wahrgenommen werden – dass keine Blicke auf sie gerichtet werden. Doch das Gegenteil ist ebenso wahr. Als Reinigungskraft fühlt man sich mitunter sichtbarer, da Kundinnen, Security-Leute, Tom, Vorarbeiter, Kolleginnen und Oberweltler einem das Gefühl vermitteln, beobachtet zu werden. Tatsächlich verlangen die Kunden und Reinlich & Co., dass die Reinigungskräfte jederzeit ihre Arbeitskleidung mit dem Firmenlogo tragen. Trotz der sommerlichen Hitze muss Dmitrij bei seinen Runden draußen die Reinlich & Co.-Thermojacke tragen, da er kein T-Shirt bekommen hat.

Die Sichtbarkeit, die die Arbeitskleidung in der Oberwelt mit sich bringt, kann einem das Gefühl vermitteln, überwacht, gemustert, bewertet und kontrolliert, anstatt anerkannt und respektiert zu werden. In der Tat ist Anerkennung die eine, Überwachung die andere Seite der Medaille. Insofern überrascht es nicht, dass die Reinigungskräfte auf die Taktiken Dagegenhalten, Abschalten und Ausweichen verfallen. Sie ziehen sich auf die »Schattenseite«, in die Unterwelt zurück, da diese eine Zuflucht vor Überwachung bietet, die Wege hin zu Autonomie und damit letztlich Würde eröffnet. Sie begrüßen daher die Unsichtbarkeit, wenn ihre Sichtbarkeit für Kunden, Öffentlichkeit und Vorgesetzte ihre Autonomie gefährdet.[40] Statt ihre Unsichtbarkeit als problematisch zu empfinden, nutzen sie sie, um sich gegen Überwachung zur Wehr zu setzen.

Im Zuge der Jagd nach Wegen, sie zu überlisten und sich gegen sie zu wehren, kann die Überwachung für Beschäftigte mit einem gewissen Nervenkitzel und Reiz verbunden sein. Sie löst unter Umständen aber auch Gefühle der Erniedrigung und Demütigung aus. Sich unsichtbar zu machen, indem sie sich in die Unterwelt flüchten, gibt Reinigungskräften das Gefühl, die Überwachenden mithilfe ihres größeren zeitlichen und räumlichen Wissens überlisten zu können. Ein überraschendes Zusammentreffen mit einem Kunden oder einem Vorgesetzten kann dieses Gefühl der Überlegenheit allerdings rasch in sich zusammenfallen lassen. Erwischt zu werden und sich rechtfertigen und entschuldigen zu müssen drängt Reinigungskräfte in eine unterlegene, ihre Würde gefährdende Position. Abschalten und Ausweichen verschafft ihnen mehr Freiheit, doch erzwingen verborgene Räume im Minus-Bereich Kompromisse im Hinblick auf Handyempfang, Luft und Licht. Oberirdische Schlupfwinkel sind riskanter, ermöglichen es dem Reinigungspersonal jedoch, das geschäftige Treiben auf dem Potsdamer Platz zu verfolgen. Aber so energisch die Reinigungskräfte sich gegen die Überwachung zur Wehr setzen, so wenig folgt daraus, dass sie sich auch gegen die Arbeit sträuben. Vielmehr zwingt die Wahrung ihrer Würde die Beschäftigten zu einem Balanceakt: Sie müssen einerseits die Überwachung überlisten, um sich eine gewisse Autonomie zu erkämpfen; andererseits aber hart genug arbeiten, um ihre Arbeitsmoral und das damit verbundene Selbstwertgefühl aufrechtzuerhalten.

Abschied vom Minus-Bereich

Als am letzten Tag meiner Feldforschung um vier der Wecker klingelt, komme ich gut aus dem Bett. Ab morgen kann ich endlich wieder ausschlafen. Mittlerweile ist der Herbst angebrochen, so dass ich für die Fahrradfahrt zum Potsdamer Platz eine Jacke brauche – genau wie im Frühjahr, als alles begann. Schon in den letzten Tagen und Wochen hat sich eine Art vorweggenommener Abschiedsschmerz über die Arbeit mit den Reinigungskräften gelegt. Mein Beitrag in den Büros und Einkaufszentren, in den unterirdischen Gängen und Straßen des Komplexes war eine Art Passierschein zu einem Mikrokosmos, dessen Gesichter, Stimmen, Konflikte und Freundschaften ich vermissen werde.

Neue Chancen und neue Welten erwarten mich: ein Forschungsstipendium in Kopenhagen, der Druck, zu publizieren und eine feste Stelle zu finden. Die Reinigungskräfte reagieren auf die Pflichten und Privilegien einer Akademikerin mit einer Mischung aus Neid, Mitgefühl, Neugier und einigen ganz eigenen Einschätzungen. Als ich Luisa von meinen Sorgen erzähle, jemals eine feste Stelle in Berlin zu bekommen, rät sie mir, ich solle beten und mit meinen Papieren – welchen genau, wird mir nicht klar – zu ihrer Kirche gehen, die könne vielleicht helfen.

Die schon ältere polnische Reinigungskraft Maria wirft mir vor, ich setzte die falschen Prioritäten: »Was? Wie alt bist du, über dreißig? Und kein Mann? Du musst Mann finden mit viel Geld!« Als Marcel von meinem bevorstehenden

Umzug nach Kopenhagen erfährt, verabschiedet er sich mit einer seiner typischen Provokationen: »Fernbeziehung ist aber scheiße.« Ali schickt mir später am Tag eine SMS: »Oh, Jana, hast Du ein schönes Leben.« – »Wie meinst Du denn das, Ali?«, schreibe ich zurück. »Weil ich gehe?« Nach einer ungewöhnlich langen Pause antwortet er schließlich: »Ja, hm.«

Und es stimmt ja: Mit vorsichtigem Optimismus setze ich darauf, dass ich es in der Oberwelt zu etwas bringen werde. Die Reinigungsleute werden jedoch im Minus-Bereich verbleiben und dort ihren Lebensunterhalt verdienen. Wie all die Marker von Ungleichheit und Privilegien, die am Potsdamer Platz allgegenwärtig sind, unterstreicht auch mein Abschied, dass die beiden Welten durch Klasse, ethnische Herkunft und Bildung meilenweit voneinander getrennt sind, woraus sich auch ganz unterschiedliche Chancen ergeben.

Dramen der Würde in der Unterwelt

Während meiner Monate auf dem Areal habe ich den Potsdamer Platz nicht ausschließlich als Tartaros kennengelernt, als dunklen Ort der Strafe und der Verdammnis. Im Gegenteil: Dorthin drangen durchaus auch Strahlen aus elysischen Gefilden vor, heller, lustiger, freudvoller, sozialer. Unter dem Potsdamer Platz verbinden sich Frustration und Freude, Stolz und Scham, Zusammengehörigkeitsgefühl und Konflikte, Ekel und Faszination, Hoffnung auf ein besseres Leben und Angst vor Veränderung zu einem unentwirrbaren emotionalen Geflecht.

Die privat betriebene Unterwelt ist ein labyrinthischer, dunkler und stinkender Ort, bisweilen stickig, bisweilen sehr kalt. Sie stellt den Minus-Bereich der Gesellschaft dar, wo Menschen dafür bezahlt werden, den Dreck und die Überreste der Exzesse wegzuräumen, die in der Oberwelt anfallen. Diese unterirdische Infrastruktur ist bewusst so gestaltet, dass die Reinigungskräfte und andere Dienstleister unsichtbar bleiben und dass sie die exklusive, glänzende Aura der oberirdischen Welt nicht stören.

Für die Beschäftigten steht diese Unterwelt aber noch für etwas anderes als nur für Unsichtbarkeit, Ungleichheit und Schmutz. Sie ist zugleich der Ort, wo sie sich treffen und austauschen und wo sie den Demütigungen entfliehen können, die sie in der Oberwelt erfahren. Vor allem ist sie jedoch der Ort ihrer Arbeit. Für Menschen vom Rand der Gesellschaft, die Arbeitslosigkeit, Migration oder Drogenabhängigkeit erlebt haben, verbindet sich mit dieser Arbeit die Hoffnung, sich einen mit Würde verbundenen Platz in der Gesellschaft zu erobern. Auch wenn es Ausnahmen wie Tom gibt, dem der Aufstieg in eine leitende Position gelungen ist, haben die meisten Reinigungsleute kaum die Aussicht, dass eine Leiter auftaucht, auf der sie in die oberen Ränge der Gesellschaft klettern können. Doch obwohl oder gerade weil sie wissen, dass sie dort bleiben werden, laden sie ihre Arbeit stark mit moralischem Wert auf. Das versetzt sie in die Lage, sich von Arbeitslosen und anderen Personen aus der Unterschicht abzugrenzen.

Für die Reinigungsleute ist ihre Tätigkeit nicht nur Schmutzarbeit, und sie erschöpft sich auch nicht im Umgang mit dem »physisch Ekelhaften«.[1] Sie berichten – und ich kann das bestätigen –, dass der Umgang mit Schmutz auch eine schöne Erfahrung sein kann: Die Arbeit macht oft Spaß, sie ist abwechslungsreich, bisweilen sogar aufregend. Es ergeben sich durchaus gewisse Freiheiten, und wenn man einen

Ort sauber gemacht hat, hat man das stolze Gefühl, etwas geschafft zu haben. Außerdem bekommen die Reinigungskräfte so immerhin exklusive Einblicke in die Räume der Oberwelt, auch wenn ihnen der Komfort und der entsprechende Reichtum verwehrt bleiben.

All das soll nicht heißen, dass das Gegenteil nicht ebenso der Fall sein kann: Die Arbeit ist oft repetitiv, langweilig, eklig, erniedrigend und schmerzhaft. Doch die Annahme, diese Art von Arbeit sei inhärent unangenehm, weil Schmutz notwendigerweise abstoßend ist, geht fehl. Sie stellt nicht die Möglichkeit in Rechnung, dass die Reinigungskräfte ihre Tätigkeit anders erfahren, und läuft Gefahr, das Stigma zu verstärken, laut dem es den Beschäftigten an Motivation und Engagement mangelt. Die meisten, mit denen ich im Feld zusammengearbeitet habe, waren zweifellos motiviert und gingen engagiert zur Sache. Sie ackerten hart, und zwar vor allem deshalb, weil der Job für sie ein Ticket zu einem halbwegs angesehenen Platz in der Gesellschaft ist. An genau dieser Stelle beginnt aber das Problem mit der Würde.

Die Reinigungskräfte arbeiten, um sich Würde zu erobern und sie zu verteidigen. Aber gerade in dieser Arbeit wird ihre Würde sehr bald unterminiert. Andere sind nur allzu schnell dabei, ihnen den sozialen Platz zu verweigern, den die Beschäftigten anstreben. So steht ihre Würde permanent auf dem Spiel: in Interaktionen mit Kolleginnen, mit dem Management, den Kunden und anderen Oberweltlern. Weder scheitern sie auf ganzer Linie noch ist ihre Geschichte ein voller Erfolg; sie umgeben ihre Tätigkeit und ihre Rolle selbst dann mit einer Aura der Würde, wenn diese Würde fortwährend infrage gestellt wird. Aus dieser Spannung entsteht das, was ich als *Dramen der Würde* bezeichnet habe.

Selbstwert können die Reinigungskräfte entwickeln, indem sie Beziehungen zu Personen aufbauen, die in der Unternehmenshierarchie unter oder auch über ihnen angesiedelt sind. Die Unterstützung dieser Menschen ist in dieser Hinsicht ebenfalls wichtig. Selbstständig arbeiten, sein »eigener Chef sein«: Das stellt ebenfalls eine Quelle des Stolzes dar, genau wie Komplimente und andere Zeichen, dass ihre Anstrengung anerkannt wird. Auf der anderen Seite kann jede kritische oder beleidigende Bemerkung einer Kollegin, jeder abfällige Blick eines Vorgesetzten, jede Kundenbeschwerde und jeder Gruß, den ein Oberweltler nicht erwidert, ihre Würde verletzen und diesen Selbstwert bedrohen.

Das Reinigungsgewerbe, ich sagte es bereits, stellt eine Art Auffangnetz für ganz unterschiedliche Menschen dar. Sie teilen kein handwerkliches Ethos und keine Kultur; was ihr Selbstverständnis anbelangt, spielen all die Professionalisierungsbemühungen von Reinlich & Co. eine geringe Rolle. Anstatt sie als Gruppe zusammenzuschweißen, drohen ihre Dramen der Würde Spaltungen sowie Konflikte auszulösen und zu verschärfen. Einerseits bringen die Managementpraktiken strukturelle Segregation innerhalb des Reinigungspersonals hervor; andererseits streben die Reinigungsleute selbst danach, sich von den anderen abzugrenzen. Sie stigmatisieren Kolleginnen, und die privatisierte Unterwelt des Potsdamer Platzes bietet einen überaus fruchtbaren Nährboden für rassistische, misogyne oder andere diskriminierende Einstellungen und Verhaltensweisen. Es kommt oft vor, dass Sprüche oder Gesten der anderen Arbeiterinnen sie stärker verletzen als das Verhalten von Kunden, Oberweltlerinnen oder Vorgesetzten.

Dass sie sich ihrerseits an einem »Othering« untereinander beteiligen, darf man nicht losgelöst von ihren Erfahrungen in der Oberwelt betrachten. Die mangelnde Wertschätzung, die sie an den Tag legen, spiegelt die mangelnde Wertschätzung wider, die ihnen widerfährt.[2] Ob sie ihre Kollegen der Faulheit, Unfähigkeit oder des Spitzelns zeihen oder ob sie grußlos aneinander vorbeigehen: Stets gibt es hier Parallelen zum Verhalten jener Personen, die in der sozialen oder in der Firmenhierarchie über ihnen stehen. Dass man ihnen Respekt vorenthält, führen die Reinigungskräfte nicht auf persönliches Versagen zurück.[3] Anstatt sich selbst die Schuld zu geben, beschuldigen sie andere: den »Ausländer« oder die Deutsche, die Frau oder den Mann, die Alte oder den Jungen, den Ungebildeten oder die Kollegin, die aus einem noch schlechteren Viertel kommt als sie selbst. Die andere ist eine schlechte Arbeiterin, die das Image dieser Tätigkeit beschädigt – und damit letztendlich auch das öffentliche Bild und den Status der Beschäftigten.

Diese konstruierten Andersartigkeiten sind nicht statisch: Wer heute noch als faul schief angesehen wird, kann morgen schon ein Verbündeter sein und umgekehrt. Doch welche internen Statushierarchien die Beschäftigten auch immer entwickeln, sind sie doch stets von Begegnungen mit Oberweltlern überschattet, für die Reinigungsleute durch die Bank Niemande darstellen: ungebildete Menschen, die unangenehme Tätigkeiten verrichten, die jede und jeder erledigen könnte und die niemand sich freiwillig aussuchen würde.

Dramen der Würde können die Reinigungskräfte spalten, aber auch dazu beitragen, dass Koalitionen und sogar Freundschaften entstehen. Man stützt sich gegenseitig, vertraut der Kollegin seine Sorgen an, erteilt und holt sich Ratschläge, damit man an dem turbulenten Arbeitsplatz nicht vom Kurs abkommt oder untergeht. Doch trotz der unbestrittenen Bedeutung dieser Freundschaften und Koalitionen für die einzelnen Mitarbeiterinnen, entsteht unter ihnen kein Gemeinschaftsgefühl. Ihre Anstrengungen, sich abzugrenzen, konterkarieren alle entsprechenden Bemühungen und verschärfen die Ungleichheit sowohl intern als auch gegenüber der Welt jenseits des Arbeitsplatzes. Sie sind so sehr mit ihren je eigenen Dramen der Würde beschäftigt, dass sie es unterlassen, sich zusammenzuschließen, sich über den von ihnen geschaffenen Mehrwert klarzuwerden und mit vereinten Kräften für Anerkennung, höhere Löhne oder bessere Arbeitsbedingungen zu kämpfen. Reinigungskräfte mögen dem neuen, unsichtbaren »Dienstleistungsprekariat«[4] angehören, aber sie unternehmen keine Anstrengungen, das zu tun, was laut dem Historiker E. P. Thompson die Formierung einer Klasse ausmacht, nämlich »die Identität ihrer Interessen [...] [zu] artikulieren, und zwar sowohl untereinander als auch gegenüber anderen, deren Interessen von ihren eigenen verschieden (und diesen gewöhnlich entgegengesetzt) sind«.[5] Reinigungskräfte streben nicht danach, zu so etwas wie einer Klasse an und für sich zu werden – im Gegenteil: Sie arbeiten aktiv dagegen an.

Eine weitere Art, diesen Würdedramen zu begegnen, besteht darin, Ressentiments gegen die Oberwelt zu pflegen oder sich über ihre Bewohnerinnen lustig zu machen. Anstatt sich in die Ignoranz der Oberweltler zu fügen, können die Reinigungskräfte Sichtbarkeit erzwingen, etwa indem sie Leute zur Rede stellen, die Müll unachtsam auf den Boden werfen. Das gelingt jedoch nur ausnahmsweise. In der Regel schenken die Oberweltler dem Reinigungspersonal keine Aufmerksamkeit, und das Management von Reinlich & Co. tut wenig, um sie in ihrem Kampf um mehr Anerkennung zu unterstützen. Vielmehr sind es ja gerade die Arbeitsbedingungen sowie der Umstand, dass Schichten zu dünn besetzt sind und die vorgegebene Zeit oft nicht ausreicht, die dafür sorgen, dass die Reinigungsleute ihre Arbeit nicht richtig erledigen können, so dass sie sich Beschwerden seitens der Kunden ausgesetzt sehen. Befristete Verträge, geringfügige und Teilzeitbeschäftigung sind ein weiterer Grund, weshalb das Personal gegenüber Kunden und anderen Oberweltlerinnen nicht selbstbewusster auftritt.

Der Rückzug in die Unterwelt stellt schließlich eine weitere Möglichkeit dar, mit Dramen der Würde umzugehen. Da Interaktionen mit Kundinnen, dem Management und der Oberwelt ganz allgemein so oft ihre Würde untergraben, ziehen sie sich ganz bewusst in die Unsichtbarkeit des Minus-Bereichs zurück. Somit vermeiden sie Begegnungen, bei denen sie wie Unpersonen behandelt werden. Gerade weil solche Begegnungen den Rückzug in das unterirdische Labyrinth auslösen, vertiefen sie die Kluft zwischen den beiden Welten.

Verschärft wird die Wahrnehmung mangelnder Anerkennung in der Oberwelt durch die permanente Überwachung seitens der Kunden, Wachleute, Vorgesetzten und sogar Kolleginnen. Die Reinigungsleute sind mit der merkwürdigen Situation konfrontiert, dass sie einerseits wie Unsichtbare behandelt werden, dass man sie aber andererseits überwacht, ihre Leistungen inspiziert und Urteile über ihre Arbeit trifft. Auch wenn in der Überwachung in einzelnen Fällen so etwas wie Fürsorge zum Ausdruck kommen mag, erleben die Beschäftigten sie im Normalfall als eine Form des Zwangs, als Zeichen des Misstrauens in ihre Kompetenz und Motivation. Die Überwachung stellt somit einen direkten Angriff auf ihre Würde dar. Gleichzeitig nutzen die Reinigungsleute ihre Unsichtbarkeit aus, um sich gegen das Überwachtwerden zu wehren und dieses zu sabotieren: Sie setzen auf Taktiken des Dagegenhaltens, des Abschaltens und Ausweichens.

Es kann aufregend sein, den Überwachenden ein Schnippchen zu schlagen, und wenn es gelingt, erwächst daraus ein Gefühl der Überlegenheit. Damit ist es freilich schnell wieder vorbei, wenn man erwischt wird.

All diese Dramen führen nicht dazu, dass die Reinigungskräfte gegen die Arbeit insgesamt aufbegehren. Das würde schließlich nicht nur ihr Einkommen und die Stabilität in ihrem Leben gefährden, sondern auch ihre Würde. In ihrer Welt wird Schlamperei moralisch verurteilt und sozial sanktioniert. Unter befreundeten Kollegen kann man sich vielleicht über die Arbeit der anderen lustig machen; außerhalb solcher Cliquen gelten solche Bemerkungen aber als tiefe Beleidigung.

All das heißt nicht, dass die Reinigungsleute sich widerstandslos in die Rollen fügen, die Reinlich & Co. und die Kunden für sie vorgesehen haben. Sie wenden sich an die Vorarbeiter und fordern mehr Stunden, bessere Verträge oder die Versetzung in eine andere Schicht. Für die speziellen Professionalisierungsinitiativen des Managements interessieren sich aber die wenigsten von ihnen. Devotes Verhalten wäre unter ihrer Würde. Sie missachten die Regeln, etwa indem sie »mit dem Auge« arbeiten. So schaffen sie das vorgegebene Pensum selbst dann rechtzeitig, wenn eine Schicht unterbesetzt ist; zugleich handelt es sich dabei um eine wichtige Möglichkeit, ihre Autonomie zu wahren.

Im Minus-Bereich werden also komplexe Kalküle der Würde in Anschlag gebracht. Die Reinigungskräfte nehmen sich gewisse Freiheiten, weil sie nicht ohnmächtig sein wollen, sondern autonom: Sie legen nicht das unterwürfige Verhalten an den Tag, das Kunden oder Vorgesetzte von ihnen erwarten, und widersetzen sich den Versuchen, sie zu überwachen. Gleichwohl behalten sie jedoch ihr Arbeitsethos bei. Die Freiheiten, die sie sich gönnen, die Akte des Ungehorsams und gar des Widerstands sollte man insofern eher als Bemühungen verstehen, geschickt durch Landschaften der Demütigung zu navigieren, denn als Ablehnung der Arbeit an sich. In Wirklichkeit verteidigen die Reinigungsleute mit solchen kleinen Rebellionen ihr Selbstwertgefühl.

Kommt die Dienstbotengesellschaft zurück?

Natürlich sind Reinigungskräfte nicht die einzigen Beschäftigen, die sich in ihrem Arbeitsalltag Würdedramen gegenübersehen, wie sie in diesem Buch beschrieben wurden. Sie stehen repräsentativ für ganz unterschiedliche Tätigkeiten am unteren Ende der Arbeitsmarkthierarchie, die ebenfalls in der privatisierten Unterwelt verrichtet werden, man denke etwa an die Näherinnen, Küchenhilfen oder Müllwerker, die sich im Labyrinth unter dem Potsdamer Platz tummeln. Die Vertikalisierung der Städte und die damit einhergehende Errichtung von Minus-Bereichen unterhalb der scheinbar exklusiven, glamourösen Oberfläche lässt sich überall auf der Welt beobachten. Und in diesen Minus-Bereichen arbeiten die Menschen, die sich um die Wünsche und Bedürfnisse der Konsumentinnen, Anwohner, privilegierten Beschäftigten und Touristinnen kümmern.

Die räumliche Trennung zwischen einem »Oben« und einem »Unten« sowie die Anwesenheit einer großen Zahl von Dienstleistungsarbeitern ist historisch nichts vollkommen Neues. Die Unterwelt des Potsdamer Platzes erinnert an die Keller und Souterrains, die man in populären englischen Fernsehserien wie *Upstairs, Downstairs* und *Downton Abbey* zu sehen bekommt oder wie sie George Orwell in seinem

1933 erschienenen Reportagebuch *Erledigt in Paris und London* beschrieben hat. Natürlich hatten Arbeiterinnen damals noch weniger Rechte, und es gab noch keinen Mindestlohn; vor der Ära des Outsourcing waren beispielsweise Reinigungskräfte zudem noch direkt bei den »Herrschaften« beschäftigt, für die sie diese Dienstleistung erbrachten. Lässt man diese Unterschiede jedoch einmal beiseite, erinnern uns solche Schilderungen früherer Formen unsichtbarer Servicearbeit daran, dass Orte wie der Potsdamer Platz trotz allen Geredes von Innovation, Zukunft und der »Stadt des 21. Jahrhunderts« eine Rückkehr zu oder gar eine Fortsetzung einer Vergangenheit darstellen, die wir eigentlich für überwunden hielten. Sie stehen für eine Gesellschaft, die Dienstleistungsarbeiterinnen in ein Unterhalb abschiebt – eine Gesellschaft, in der Segregation unsichtbar gemacht wird, obwohl sie inmitten des städtischen Lebens stattfindet.

Schlecht bezahlte und mit wenig Anerkennung verbundene Dienstleistungsarbeit wird bleiben, ja voraussichtlich sogar zunehmen, wenn der Trend zu Deregulierung und zum Outsourcing nicht gebrochen und umgekehrt wird. Und somit werden diese Tätigkeiten wahrscheinlich auch in Zukunft als eine Art Auffangnetz für ganz unterschiedliche Menschen fungieren, vor allem wenn die Migration nach Europa und innerhalb des Kontinents anhält. Bislang gibt es zudem kaum Hinweise darauf, dass die Digitalisierung den Bedarf an unsichtbarer Dienstleistungsarbeit reduzieren wird.

Betrachten wir nur einmal den typischen Tag der Büroangestellten am Potsdamer Platz: Die Hemden oder Blusen, die sie morgens anziehen, wurden von einer 24-Stunden-Reinigung abgeholt, gewaschen und zurückgebracht. Die E-Roller, mit denen einige von ihnen zur Arbeit fahren, wurden über Nacht von sogenannten »Juicern« aufgeladen. Durch die Bürogebäude, in denen sie vor ihren Rechnern sitzen, patrouillieren rund um die Uhr Angestellte privater Sicherheitsfirmen. Jemand hat frühmorgens ihre Schreibtische sauber gewischt oder die Sandwiches vorbereitet, die sie sich auf dem Weg zur Arbeit holen. Und zu Hause warten abends in Logistikzentren gepackte und von unsichtbaren Servicekräften ausgelieferte Amazon-Pakete auf sie. Daran zeigt sich, wie die unter anderem von Christoph Bartmann als »neue Mittelschichten« bezeichneten Gruppen neben digitalen Technologien zunehmend auch auf ganz unterschiedliche »Dienstboten« angewiesen sind, um ihr soziales und ihr Arbeitsleben zu meistern. Das führt wiederum zu neuen Ungleichheiten in unserer Gesellschaft.

Bilder von Hoffnung und Verzweiflung

Als ich eines Morgens auf dem Weg zum Entsorgungszentrum im Minus-Bereich unterwegs war, fielen mir zwei ikonische amerikanische Bilder auf, die jemand an der Wand des langen Korridors angebracht hatte: ein Foto der Freiheitsstatue und die berühmte Szene, in der Harold Lloyd sich in schwindelnder Höhe unterhalb einer Uhr an eine Art Sims festklammert. Als ich sie nach diesen Bildern fragte, waren die Reinigungsleute ratlos. Einer spekulierte, sie seien womöglich für eine Lobby in der Oberwelt gedacht gewesen, dann aber entsorgt worden und hier gelandet, nachdem sie jemand aus dem Müll gerettet habe.

Diese Erklärung, die Bilder selbst, aber auch der Umstand, dass sie hier im Minus-Bereich so deplatziert wirkten, beschäftigten mich. Für Menschen aus aller Welt steht die Freiheitsstatue für die Hoffnung auf Zuflucht, eine bessere Zukunft, auf Freiheit und unbegrenzte Möglichkeiten. Sie ist *das* Symbol für die Versprechen des amerikanischen Traums, laut denen Menschen mit harter Arbeit den sozialen Aufstieg schaffen können. Die berühmte Szene aus Harold Lloyds Stummfilm *Safety Last!* (der englische Originaltitel trifft die Sache besser als das deutsche *Ausgerechnet Wolkenkratzer*) aus dem Jahr 1928 wiederum steht für die Schattenseiten dieses Traums. Lloyd will fehlenden Erfolg und Geldnot vor seiner Freundin verbergen, die er heiraten möchte, und schlägt sich als Verkäufer in einem Warenhaus durch. Er hat den Ehrgeiz, es ganz nach oben zu schaffen – am Ende hängt er jedoch über dem Abgrund. Dass diese Bilder in der Oberwelt des Potsdamer Platzes nicht aufgehängt wurden, sagt vielleicht etwas darüber aus, wie wenig Bedeutung sie dort oben haben. Menschen, die es geschafft haben, brauchen keine Erinnerungen an ihre Freiheiten und Privilegien und wollen sich auch nicht mit der Todesangst konfrontieren, die jemand empfindet, der kurz davor ist abzustürzen.

Die Freiheitsstatue passt möglicherweise besser zu den Erfahrungen der Menschen im Minus-Bereich. Dieser ist erfüllt von der Hoffnung anzukommen, einen Platz zu finden und sich durch harte Arbeit in die Gesellschaft zu (re)integrieren. Doch die meisten Bewohner des Minus-Bereichs hoffen erst gar nicht darauf, es an die Spitze oder auch nur auf die andere Seite der Kluft zu schaffen, die sie von den Oberweltlerinnen trennt. Niemand käme auf die Idee, das Schicksal der Reinigungsleute für eine deutsche Version des amerikanischen Traums zu halten. Die Realität ihre Alltags macht ihnen nur allzu klar, dass sie sich am unteren Ende der Arbeitsmarkthierarchie befinden und dass sie dort aller Wahrscheinlichkeit nach auch bleiben werden. Im Gegensatz zu Harold Lloyd streben sie noch nicht einmal nach Erfolg in

Abb. 7: Ein Foto der Freiheitsstatue im Minus-Bereich des Potsdamer Platzes

der Oberwelt – und dennoch hängen sie an einem dünnen Seil über dem Abgrund.

Jedoch sollte man aus dem Umstand, dass die Reinigungsleute keinerlei Hoffnungen und Erwartungen hegen, es aus der privatisierten Unterwelt hinauszuschaffen, nicht schließen, dass sie ihre Position in der Gesellschaft widerstandslos akzeptieren. Im Gegenteil: Sie sind sich der herrschenden Ungleichheit sehr wohl bewusst und glauben gerade deshalb nicht an die utopischen Botschaften, die das Bild der Freiheitsstatue aussendet. Daher sind sie in der Dystopie gefangen, die in der Szene mit Harold Lloyd zum Ausdruck kommt. Die Beschäftigten strengen sich an und kämpfen für ihren Platz in der Gesellschaft, für Anerkennung und ihre Würde. Dieser Kampf findet mitten unter uns statt – doch wie die Reinigungskräfte selbst ist er für unsere Augen meist verborgen.

Postskriptum

Während des Corona-Lockdowns im Frühjahr 2020 klassifizierte die Bundesregierung bestimmte Berufsgruppen als »systemrelevant«. Da sie die Versorgung mit grundlegenden Gütern und Dienstleistungen garantierten, galten diese Tätigkeiten als unersetzlich für das Funktionieren von Gesellschaft und Wirtschaft, weshalb sichergestellt werden musste, dass sie ohne Unterbrechung ausgeübt werden konnten. Viele der in diesen Bereichen Beschäftigten waren nicht in der Lage, Abstand zu halten oder ihre Arbeit von zu Hause aus auszuüben. Wer seinen Job nicht aufgab oder verlor, musste weiterhin vor Ort arbeiten, trotz aller Engpässe bei der Versorgung mit Schutzausrüstung in der Frühphase der Pandemie. Zu den systemrelevanten Berufen zählten unter anderem Ärztinnen, Krankenpfleger, Supermarktangestellte, Paketzusteller – und Reinigungskräfte.

Doch obwohl die Pandemie einmal mehr gezeigt hat, wie sehr wir im Alltag von Menschen in systemrelevanten Berufsgruppen abhängen, sind ihre Arbeitsbedingungen besonders prekär und werden sie – mit Ausnahme zum Beispiel von Ärzten – schlecht bezahlt. Blumensträuße, Dankesgrüße und Applaus mögen ihnen Momente der Wertschätzung und Anerkennung verschafft haben, dennoch finden sich viele von ihnen auch weiterhin am unteren Ende der Arbeitsmarkthierarchie wieder, was Status und Entlohnung anbelangt. Gerade aus dieser Spannung zwischen dem inhärenten Wert der Arbeit, dem Selbstwert, den die Arbeiterinnen daraus ziehen, und ihrem verschwindend geringen sozialen Status ergeben sich für Reinigungskräfte und ähnliche Beschäftigtengruppen immer wieder Dramen der Würde.

Während Reinigungskräfte, die für systemrelevante Unternehmen und Institutionen wie Krankenhäuser zuständig waren, weiterarbeiteten oder sich sogar einer größeren Arbeitsbelastung ausgesetzt sahen, erlebten andere, wie die Nachfrage nach ihren Diensten zurückging. Büros, Schulen, Geschäfte, Restaurants, Kinos, Theater und Orte anderer Freizeitaktivitäten mussten schließen oder ihr Angebot dramatisch reduzieren, womit auch der Bedarf an Gebäudedienstleistungen zusammenbrach. Gleichzeitig hätten die Menschen, die nun von zu Hause aus arbeiteten und deren Kinder rund um die Uhr daheim waren, sehr wohl Unterstützung beim Saubermachen brauchen können; Social-Distancing-Anforderungen hielten sie jedoch davon ab, Reinigungskräfte zu engagieren. Vor Corona waren sie unsichtbare Arbeitskräfte, von deren Tätigkeit wir profitierten, ohne ihnen jemals persönlich zu begegnen. Nun galten ehemalige oder potenzielle Angestellte trotz ihrer weitgehenden Unsichtbarkeit als Gesundheitsrisiko, das man lieber nicht eingehen wollte.

Einige Monate vor dem Ausbruch der Pandemie hatte ich beschlossen, noch einmal Kontakt zu meinen ehemaligen Mitstreiterinnen am Potsdamer Platz aufzunehmen. Ich war neugierig, wie sich ihre Leben seither entwickelt hatten. Seit meinem Abschied war so viel Zeit vergangen, dass meine Kontaktdaten in vielen Fällen veraltet waren. Also besuchte ich zum ersten Mal seit dem Ende meiner Feldarbeit eines der Gebäude am Potsdamer Platz, in denen Ali früher gearbeitet hatte. Ich hinterließ meine Nummer für ihn am Empfang.

Einige Stunden später begrüßte er mich mit seiner vertrauten und freundlichen Stimme am Telefon, und wir verabredeten ein Treffen. Wir tranken einen Kaffee – Ali bestand darauf, mich einzuladen –, und er brachte mich auf den neuesten Stand. Reinlich & Co. hatte den Auftrag an einen Konkurrenten verloren. Ali hatte nun eine neue Uniform, neue Kolleginnen und Vorgesetzte, er verrichtete aber weiterhin die üblichen Schichten in »seinem« Gebäude. Er wirkte zufrieden und war immer noch stolz auf seine Unabhängigkeit sowie die Erfolge seiner Kinder in der Schule und an der Uni.

Luisa hatte sich vorübergehend als Reinigungskraft in einem Hotel versucht, war aber mittlerweile an den Potsdamer Platz zurückgekehrt. Ali hatte den Kontakt zu der neuen Firma hergestellt, und diese teilte sie der Schicht in dem Einkaufszentrum zu, in dem wir beide damals gemeinsam gearbeitet hatten. Wir telefonierten, und sie hatte erfreuliche Nachrichten: Das neue Unternehmen hatte ihr eine unbefristete Vollzeitstelle gegeben, sie verfügte nun also über ein regelmäßiges Einkommen, das sie nicht länger mit Nebenjobs aufbessern musste. Die Vorarbeiter und die Kolleginnen hätten meist ebenfalls Migrationshintergrund und seien »sehr nett«. Der Traum von einem eigenen Café harrte zwar nach wie vor der Erfüllung, auf der Arbeit war sie aber nicht länger in dem Ausmaß mit Instabilität und Respektlosigkeit konfrontiert wie in unserer gemeinsamen Zeit, auch wenn diese in Ansätzen fortbestanden. Was ihre Würde anbelangt, hatte sie also eine Wendung erlebt.

Andere Reinigungskräfte hatten dem Potsdamer Platz mittlerweile den Rücken gekehrt. Ali berichtete, Alex sei wieder mit seiner palästinensischen Freundin zusammengekommen, und die beiden hätten Berlin verlassen, um Versuchen seitens ihrer Angehörigen zu entgehen, die Familienehre mit gewaltsamen Mitteln wiederherzustellen. Die beiden waren spurlos verschwunden, und niemand – auch Ali nicht – wusste, wo Alex abgeblieben war und womit er nun sein Geld verdiente. (Als Verwandte von Alex' Freundin am Potsdamer Platz auftauchten, hatte Ali freilich seine liebe Mühe, ihnen seine Ahnungslosigkeit glaubhaft zu vermitteln.)

Marcel wiederum wurde kurz nach meinem Abschied vom Potsdamer Platz zum Vorarbeiter befördert – eine Maßnahme, die unter den Reinigungskräften nicht auf ungeteilte Begeisterung stieß. Vor allem einige der Kollegen mit Migrationshintergrund hatten das Gefühl, er würde sie diskriminieren. Als der Vertrag von Reinlich & Co. auslief, schaffte Marcel, der sich eine Knieverletzung zugezogen hatte, den Absprung in die Gebäudetechnik. Marcel habe ziemliches Glück gehabt, meinte Ali, der argwöhnte, Marcel habe den Job eher seinen Kontakten zu verdanken als seinem Talent und seinen Qualifikationen.

Innerhalb meiner alten Gruppe war Marcel damit allerdings eine Ausnahme. Die meisten arbeiteten immer noch in der Branche und sogar für Reinlich & Co. Einige waren in ähnliche Jobs gewechselt. Die Wendungen, die ihr Arbeitsleben in den letzten Jahren genommen hat – oder gerade nicht genommen hat –, unterstreichen bis zu einem gewissen Punkt, dass das Gewerbe ein Auffangnetz darstellt. Menschen können hier einen Job finden und fallen so nicht gänzlich aus dem Arbeitsmarkt heraus oder (zurück) in die Arbeitslosigkeit. Ob das gelingt, hängt freilich von der allgemeinen wirtschaftlichen Situation ab. Auf der anderen Seite schaffen es viele Beschäftigte nicht aus dieser Branche heraus – in einem Netz kann man sich schließlich auch verheddern. Doch selbst diese Reinigungsleute konnten ihre Situation verbessern, und

Marcels Karriere zeigt, dass es durchaus möglich ist, das Netz zu verlassen.

In jedem Fall unterstreichen diese beruflichen Wege die Bedeutung von Kontakten und Netzwerken. Alis gutes Verhältnis zum Kunden, Marcels Ansehen beim Management oder die Freundschaften der Reinigungskräfte untereinander: Beziehungen, die man auf der Arbeit knüpft und pflegt, ermöglichen eine gewisse Mobilität und einen beruflichen Aufstieg. Trotz ihrer Unsichtbarkeit, trotz aller Konflikte und trotz der Kluft, die sie von der Oberwelt trennt, sind die Reinigungsleute in der privatisierten Unterwelt nicht komplett isoliert und durchaus in der Lage, Netzwerke aufzubauen. Und diese fungieren als wichtiges Sicherheitsnetz, als Kontaktbörse und als Portal zu einer Arbeitswelt, die durchaus über die Grenzen des Minus-Bereichs hinausreichen kann.

Nach dem Ausbruch der Pandemie nahm ich noch einmal Kontakt zu meinen ehemaligen Mitstreitern auf, um herauszufinden, welche Folgen die Krise und der Lockdown für sie gehabt hatten. Festangestellte Kräfte hatten den Sturm gut überstanden. Alis Arbeitgeber hatte dafür gesorgt, dass er auch weiterhin Vollzeit arbeiten konnte. Als das Panorama Café schließen musste, wies man ihn einem anderen Objekt zu; als es wieder öffnete, konnte er dorthin zurück.

Luisa und andere mussten ein paar Monate zu Hause bleiben, kehrten dann aber nach dem Ende der Kontaktbeschränkungen zu ihren üblichen Schichten zurück. In der Zwischenzeit profitierten sie von dem Kurzarbeitergeld, mit dem die Bundesregierung Entlassungen verhinderte. Dennoch war die Phase, in der sie nicht arbeiten konnten, eine harte Erfahrung für sie. Zum einen war da die Unsicherheit in Bezug auf die Zukunft; zum anderen vermissten sie den täglichen Rhythmus des Aufstehens und Zur-Arbeit-Gehens sowie das Gefühl, aktiv zu sein.

Auch wenn sie durchaus Angst vor einer Ansteckung hatte, war Luisa froh, als sie schließlich wieder arbeiten konnte. Wie so viele der Reinigungsleute, die ich am Potsdamer Platz kennenlernen durfte, sieht sie in dieser Tätigkeit mehr als nur eine Möglichkeit, Geld zu verdienen. Ihre Arbeit verleiht ihrem Dasein einen Zweck, eine Bedeutung und – in letzter Instanz – Würde.

Zur Methode

Mit meiner ethnografischen Arbeit verfolgte ich die Absicht, mich ins Getümmel zu stürzen, anstatt die Reinigungskräfte aus der Distanz – oder gar von oben – zu beobachten. Bezüglich meiner Rolle sorgte ich von Anfang an für Transparenz. Ich verleugnete meinen Oberwelt-Hintergrund nicht, hob ihn aber auch nicht hervor, hätte dies doch die Statusunterschiede unterstrichen, die oft mit einer Konstellation einhergehen, die in der Literatur als »studying down« bezeichnet wird.[1] Stattdessen betonte ich gegenüber den Reinigungskräften, dass ich als eine Art Praktikantin von ihnen lernen wollte. Ich tat dies in der Hoffnung, den Statusabstand zu verringern und den Beschäftigten meinen Respekt für ihre Fähigkeiten und ihre Arbeit zu signalisieren.

Indem ich wie meine Kolleginnen die Reinlich & Co.-Uniform überstreifte, lernte ich mehr über diese Tätigkeit, den Arbeitsplatz, seine Kultur und die ober- wie unterirdische Landschaft am Potsdamer Platz, als ich es mir mit anderen Methoden hätte erhoffen können. Indem ich – wenn auch nur vorübergehend – selbst eine Reinigungskraft wurde, konnte ich die sozialen Interaktionen in diesem Mikrokosmos aus nächster Nähe beobachten, mit den Beschäftigten plaudern und persönliche Beziehungen zu ihnen aufbauen. Diese Kontakte erstreckten sich auch auf die Zeit nach Feierabend. So schrieben wir uns beispielsweise Textnachrichten, ich besuchte Luisa ein paarmal in ihrer Wohnung und traf mich mit Ali zum Mittagessen. Ich ging zum Sommerfest und zur Weihnachtsfeier. Am Ende meiner Zeit im Feld war ich ein bekanntes Gesicht, jemand, der am Arbeitsalltag der Reinigungskräfte teilnahm, den man zumindest fragen konnte, ob er vielleicht kurzfristig einspringen könne, wenn man einmal eine Vertretung brauchte (eine Bitte, der ich freilich nicht in allen Fällen nachkommen konnte).

Dieser Ansatz erlaubte es mir, das Vertrauen der Beschäftigten zu gewinnen und mehr über ihre jeweiligen Einschätzungen ihrer Arbeit und der Welt insgesamt zu erfahren. Ich lernte etwas darüber, »wie die Dinge« aus ihrer Sicht »funktionieren« – und wie nicht.[2] Dennoch brachte mein ethnografischer Zugriff seine ganz eigenen Probleme und Spannungen mit sich. So hatte ich beispielsweise geplant, ein kleines Notizbuch mitzunehmen, um Stichpunkte aufzuschreiben, die ich dann im Lauf des Tages zu detaillierten Feldnotizen ausbauen würde.[3] Allerdings wurde mir dann schnell klar, dass das nicht klappen konnte. Notizbücher und Stifte sind totale Fremdkörper im Alltag der Reinigungskräfte. Sie schreiben ihre Stunden auf, reagieren vielleicht einmal auf eine Nachricht von einem Kunden, ansonsten benutzen sie während ihres Arbeitstages aber so gut wie nie einen Stift. Vielmehr hatte es sogar den Eindruck, als würden sie mit Dokumenten ausschließlich negative Assoziationen verbinden, als handelte es sich um etwas Offizielles, das im Zweifelsfall gegen sie verwandt werden konnte. Als meine Feldarbeit bereits lief, bestätigte Ludwig, der Personalchef, dass die Beschäftigten »nicht gerne etwas aufschreiben. Sie kommunizieren lieber mündlich. Vielleicht trauen sie sich auch nicht. Das ist auch eine Frage des kulturellen Hintergrunds.«

Aus all diesen Gründen hätte es sich unangemessen angefühlt, vor den Reinigungskräften ein Notizbuch zu zücken. Die Momente, in denen ich auf die Toilette gehen konnte, um schnell etwas aufzuschreiben, waren ebenfalls rar gesät. Also kaufte ich mir mein erstes Smartphone. Da die Reinigungsleute häufig ihre Handys benutzten, fiel es nicht großartig auf, wenn ich während der Arbeit ein paar Stichworte eintippte, um Ausdrücke und Formulierungen einzufangen.[4] Dennoch begannen die Kolleginnen irgendwann, mich damit aufzuziehen: Ich sei wohl süchtig nach meinem Handy. Einmal wurde ich gefragt, ob mein Freund nerve und ob ich ihm deshalb andauernd Nachrichten schriebe. Außerdem war ich bald dafür bekannt, ziemlich lange Toilettenpausen einzulegen.

Meine Feldnotizen waren umso wichtiger, als ich mich entschieden hatte, keine formellen Interviews mit den Reinigungsleuten zu führen. Das hätte sie in eine unbekannte und womöglich unangenehme Situation gebracht und die Statusunterschiede zwischen uns verstärkt. Meine Studie basiert somit überwiegend auf informellen ethnografischen Interviews im Feld,[5] einer Methode, die Aufschluss geben kann »über die persönlichen Erfahrungen, zwischenmenschliche Dynamiken und kulturelle Bedeutungen«, die »Teilnehmer in ihren sozialen Welten« machen oder mit ihnen verbinden.[6] Für mich stellte sich dieser Ansatz nicht zuletzt deshalb als fruchtbar heraus, als ich die Kollegen in dynamischen Situationen zu ihren Ansichten oder Reaktionen befragen konnte. Solche Interviews fanden mitunter in unerwarteten Momenten statt, etwa zwischen zwei Schichten oder wenn wir auf einen Vorarbeiter oder einen Kunden warteten. Da ich relativ lange im Feld war und oft über einen längeren Zeitraum mit derselben Kollegin zusammenarbeitete, hatte ich so auch ausreichend Gelegenheit, mit ihnen in informellen Gesprächen über ihre Lebensgeschichte zu reden oder sie nach bestimmten Handlungen oder Aussagen zu fragen, die ich zunächst nicht verstanden hatte. Letzteres war insbesondere dann bisweilen der Fall, wenn ich – wie bei Luisa – mit einer Sprachbarriere konfrontiert war.

Dass ich in die Rolle der »Teilnehmerin als Beobachterin«[7] schlüpfte, dass ich also eher selbst im Feld agierte, als zu beobachten, war entscheidend, um besser zu verstehen, was es bedeutet, in der Branche zu arbeiten, und um vertrauensvolle Beziehungen aufzubauen. Natürlich nahm ich nicht Vollzeit teil: Ich musste nicht sechs Tage die Woche arbeiten und konnte alle zwei, drei Wochen die Schicht wechseln. Auf diese Weise war ich in der Lage, die privatisierte Unterwelt zu bereisen und ihre verschiedenen Räume und Sehenswürdigkeiten zu besuchen, wobei ich viel über die unterschiedlichen Formen der Reinigungsarbeit erfuhr.[8] Ebenso wichtig war, dass die Mobilität am Arbeitsplatz es mir ermöglichte, mehr Mitglieder der Belegschaft kennenzulernen.

Wann immer ich die Schicht wechselte oder mit einer anderen Reinigungskraft zusammenarbeitete, musste ich mich auf neue Situationen und Menschen einstellen. Das Unternehmen hatte mir zwar prinzipiell Zugang zum Gelände gewährt, ich brauchte aber auch Zugang zu den einzelnen Kolleginnen. Das war vor allem deshalb wichtig, weil die Reinigungskräfte keinen Einfluss darauf hatten, ob ich mich ihnen anschloss – ein typisches Beispiel für die Machtdynamiken in Konstellationen des »studying down«. Die Vorabeiter wiesen die Schichten zu, und ich konnte sie bitten, mich einem bestimmten Objekt zuzuteilen. Gerade weil die Reinigungskräfte dabei nichts zu sagen hatten, sah ich mich in der Pflicht, ihnen zu zeigen, dass ich nicht da war, um sie zu kontrollieren, sondern um während der gemeinsamen Arbeit von ihnen zu lernen. Außerdem stellte ich klar, dass ich von Reinlich & Co. keinen Lohn erhielt und dass ich ihnen keine

Stunden wegnahm, auf die einige von ihnen so dringend angewiesen waren.

Mit dem Unternehmen hatte ich vorab vereinbart, dass ich mit den Reinigungskräften arbeiten und sie unterstützen würde, anstatt ihre Schichten zu übernehmen. Einmal war ich zusammen mit Christian eingeteilt, und ein neuer Vorarbeiter zog ihm meinetwegen aus Versehen Stunden ab; als ich das merkte, intervenierten Anton und ich sofort, damit Christian so viel Geld bekam wie sonst auch. Abgesehen von einer Woche, in der ich Ali während eines Urlaubs vertrat, begleitete ich die Schichten als Praktikantin, nicht als vollwertige Reinigungskraft, die Reinlich & Co. gegenüber dem Kunden abrechnete.

Die Rolle erwies sich als produktiv: Ich hatte einen legitimen Grund, so viele Fragen zu stellen, und die Kollegen kamen nicht in Gewissensnöte, wenn sie sich Zeit nahmen, diese zu beantworten. In dem Maß, wie es mir gelang, ihnen bei der Arbeit etwas abzunehmen, profitierten auch sie von meiner Anwesenheit, und es machte ihnen sichtlich Spaß, mich anderen Beschäftigten am Potsdamer Platz als ihre Praktikantin oder Assistentin vorzustellen – vielleicht auch, weil das ihren eigenen Status erhöhte.

Während meiner Zeit im Feld entwickelte ich recht enge Beziehungen zu einigen der Reinigungsleute, denen ich assistierte. Bisweilen schienen sie mich gar wie eine Vertraute zu behandeln. Sie freuten sich über meine Anwesenheit; nun war da jemand, mit dem sie reden konnten und der sich brennend dafür interessierte, was sie zu sagen hatten. Benjamin bezeichnete mich einmal als eine »Sozialarbeiterin«, da ich ihm, wie er erklärte, mein Ohr lieh. Luisa betonte immer wieder, wie froh sie doch sei, mich an ihrer Seite zu haben, da viele der anderen nichts mit ihr zu tun haben wollten.

Die Reinigungskräfte vertrauten mir ihre Meinungen über die Kollegen an und teilten ihre Sorgen und Geheimnisse mit mir; Marcel zeigte mir, wo er seine Ausrüstung versteckte.

Natürlich waren nicht alle Beziehungen gleichermaßen eng. Für Luisa wurde ich zu einer ihrer wenigen Verbündeten. Mit Ali funktionierte es unter anderem deshalb so gut, weil ich ebenfalls einen südeuropäischen und damit teilweise nichtdeutschen Hintergrund habe. Männlichen Reinigungsleuten wie Marcel und Benjamin machte es Spaß, mit mir zu flirten, wie sie es auch mit anderen weiblichen Beschäftigten am Potsdamer Platz tun. Doch so hilfreich ihr diesbezügliches Interesse war, um ihr Vertrauen zu gewinnen, musste ich auch klare Grenzen ziehen, etwa indem ich betonte, dass ich einen Freund hatte, oder indem ich kokette SMS professionell – unterkühlt – beantwortete.

Es gab aber auch Reinigungskräfte, mit denen ich nicht so leicht eine Verbindung herstellen konnte. Einige derjenigen, mit denen ich nie eine Schicht teilte, argwöhnten grinsend, ich sei wohl ein »Undercover-Boss«. Der Grund meiner Anwesenheit war ihnen auch weiterhin suspekt, und selbst Reinigungsleute, mit denen ich arbeitete und die mich besser kannten, machten Andeutungen über meine Verbindungen zum Management von Reinlich & Co. Sie nahmen durchaus zur Kenntnis, dass man mir eine bessere Uniform gegeben hatte, als die Beschäftigten sie üblicherweise erhalten; dass ich Norbert kannte, den Vorarbeiter, mit dem ich vor meiner Zeit am Potsdamer Platz einen Workshop besucht hatte; und dass mich die Vorarbeiter und Tom allgemein anders behandelten. Dass ich eine Wissenschaftlerin von einer Universität war, wurde ebenfalls immer wieder thematisiert, etwa im Zusammenhang mit meiner Unfähigkeit, einen Mopp aufzunehmen, ohne mich zu bücken. Doch auch wenn mein Status als Außenstehende mit Kontakten zur Unternehmensleitung ab und an aufpoppte, war das Ganze meist rasch wieder vergessen, wenn ich den Reinigungsleuten länger bei ihren Schichten assistierte.

Meine Rolle im Feld brachte aber auch einige Schwierigkeiten mit sich. Ich verspürte durchaus einen gewissen Druck, meine Arbeit gut zu machen, da jeder Fehler auf die Reinigungskräfte zurückfallen und sie in Schwierigkeiten bringen konnte (man erinnere sich an den in Kapitel 5 geschilderten Vorfall mit dem Kunden, der wegen eines von mir versehentlich verrückten Gummimagneten einen Wutanfall bekam). Die vielfältigen Anforderungen – vom Pflegen der Beziehungen bis zum Reinigen von Toiletten – hatten auch gesundheitlich ihren Preis: Einmal war ich so erschöpft, dass ich kurzzeitig das Gehör verlor. Meine Ärztin riet mir, die Feldstudie abzubrechen. Die Arbeitsumgebung sei offenkundig ziemlich feindselig und viel zu anstrengend für mich. Ihre Annahmen über den Arbeitsplatz verrieten wohl mehr über die typischen Vorurteile der Oberweltler als über meine tatsächliche Situation – tatsächlich spürte ich eher Kameradschaft denn Feindseligkeit –, nichtsdestotrotz nahm ich zwei Wochen frei, um mich zu erholen. Je tiefer ich ins Feld eintauchte, realisierte ich nun, desto dringender brauchte ich Strategien, um mich abzugrenzen und nicht noch einmal arbeitsunfähig zu werden.

Das ganze Unterfangen erwies sich nicht zuletzt deshalb als so anstrengend, weil ich unausweichlich immer wieder in Konflikte im Mikrokosmos der Reinigungsleute hineingezogen wurde. Die Stimmen, die ich im Feld einfing, lagen häufig miteinander im Streit. Die oftmals rassistischen Feindseligkeiten gegenüber Luisa beschäftigten mich massiv. Der (in

Kapitel 4 geschilderte) Vorfall mit dem Geburtstagskuchen ließ mir schmerzhaft bewusst werden, dass ich mich zu einem gewissen Grad mitschuldig gemacht hatte, indem ich nicht eingriff. Ich hatte ein Stück Kuchen gegessen, Luisa so meine Unterstützung signalisiert und eine aktive Rolle eingenommen. Schon zuvor hatte ich zu den wenigen Leuten gehört, die während der Arbeit auf Luisa zugingen und sich nach Feierabend mit ihr trafen. Nun machte ich mir Vorwürfe, dass ich nicht entschlossener eingegriffen und beispielsweise die »Affen«- und »Antilopen«-Bemerkungen nicht als rassistisch zurückgewiesen hatte. Und ich schämte mich, weil ich den Kollegen, insbesondere denen, die Luisa feindlich gegenüberstanden, nicht von meinen Besuchen in ihrer Wohnung erzählt hatte. Ich war hin- und hergerissen, ob ich nicht »aktiver Verantwortung übernehmen« sollte, um das zu tun, wozu Sierk Ybema und seine Kollegen Wissenschaftlerinnen aufgerufen haben, die Organisationen mit ethnografischen Methoden erforschen: »zu einer gerechteren Welt beitragen und versuchen, Antagonismen innerhalb von Machtkonfigurationen zu versöhnen«.[9]

Andererseits: Hätte ich mich stärker eingemischt, hätte ich möglicherweise eine paternalistische Haltung gegenüber Luisa eingenommen; sie hätte den Status als Opfer innegehabt und ich die Rolle einer Art Schiedsrichterin – eine weitere Gefahr, die mit Konstellationen des »studying down« einhergehen kann. Überdies hätten die anderen Reinigungsleute nach einer solchen Intervention möglicherweise nicht mehr offen mit mir geredet, so dass es schwierig, wenn nicht unmöglich gewesen wäre, ihre Standpunkte präzise nachzuvollziehen.[10]

Im Umgang mit den Reinigungskräften musste ich oft aufpassen, nicht zu viel über mich und meine Überzeugungen preiszugeben. Ich log sie zwar nicht an, war aber sehr sparsam mit Informationen über mein Leben und meine Meinungen. Indem ich bestimmte Dinge für mich behielt, etwa dass meine Schwester am Potsdamer Platz als Juristin arbeitete, und indem ich über mich nur vage Auskünfte gab, gelang es mir, die Statusunterschiede zwischen ihnen und mir nicht noch weiter zu bekräftigen. Und dennoch entstand so eine Art Informationsasymmetrie, die mir insbesondere dann unangenehm war, wenn die Kolleginnen offen nach meinem Leben, meinem Einkommen, meinen Vorlieben bei Männern oder meiner Herkunft fragten. Angesichts Marcels Feindseligkeit gegenüber Menschen mit Migrationshintergrund entschied ich mich, ihm gegenüber meine griechischen Wurzeln lieber nicht zu erwähnen. Als ihm jemand davon erzählte, lud er mich, anscheinend in vollem Ernst, von den gemeinsamen Pausen aus: »Wir Deutschen wollen hier unter uns sein, nicht unter Griechen.« Doch dann brach er in Lachen aus und rief mich zu ihnen herüber. Es war nur einer seiner Witze.

Ich begann meine Feldarbeit aus einem genuinen Interesse für die Arbeit und das Leben der Reinigungsleute. Eine spezifischere Forschungsfrage hatte ich allerdings nicht. Diese Offenheit erlaubte es mir, unterschiedlichen Fährten nachzugehen und flexibel auf Entwicklungen im Feld zu reagieren. Gleichzeitig sammelte ich so große Mengen von Daten zu ganz unterschiedlichen Themen, und es dauerte ziemlich lange,[11] bis ich für meine Studie den übergeordneten Rahmen der Würde fand.

Ich unternahm mehrere Versuche, meine Daten zu interpretieren, systematische, aber auch eher kreative. Ich las meine Feldnotizen mehrfach durch und codierte sie nach den darin auftauchenden Themen wie Schmutz, Raum oder Überwachung. Ich legte detaillierte Profile der einzelnen Reinigungskräfte an. Ich schrieb in erzählender Form die besonders einprägsamen Episoden auf, etwa Luisas Geburtstag oder Christians Begegnung mit Herrn Gregor. Ich verfasste eher assoziative Meditationen über Dreck, Aufzüge und das unterirdische Labyrinth.[12] Parallel dazu konsultierte ich die einschlägige – akademische und nichtakademische – Literatur; Gespräche mit Kolleginnen und Freunden halfen mir ebenfalls, mir einen Reim auf meine Erlebnisse am Potsdamer Platz zu machen. Indem ich mich meinen Daten auf so vielfältige Weise näherte, entwickelte ich einen klareren Fokus. Plötzlich sah ich die Verbindungen und Assoziationen; und ich konnte eine Einsicht von Clifford Geertz nachvollziehen, der in Bezug auf die ethnografische Bewegung von den Details zum Allgemeinen einmal sagte, es gelte herauszufinden, was »kleine Fakten über große Themen aussagen«.[13]

Rückblickend ist es vielleicht gar nicht so überraschend, dass sich schließlich Würde als zentrales Thema meiner ethnografischen Studie herausschälte. Würde ist für die Reinigungsleute ein fundamentales Anliegen, insbesondere in Interaktionen mit der Oberwelt. Der Umstand, dass mit mir nun eine Oberweltlerin anwesend war, führte möglicherweise dazu, diesen Aspekt sichtbar zu machen. Zweifellos hatte meine Persönlichkeit Einfluss auf meine Befunde, die Daten, die ich generierte (Wie gingen die Leute mit mir um, worüber sprachen sie mit mir, wie rahmten sie ihre Aussagen?), und die interpretierenden Schlüsse, die ich daraus zog. Gleichwohl glaube ich nicht, dass dies die Bedeutung meiner Ergebnisse schmälert. Und während meine Anwesenheit natürlich das Feld veränderte, war ich doch lange genug am Potsdamer Platz, um etwas darüber zu lernen, wie die Menschen dort in ihrem normalen Arbeitsalltag sprechen und miteinander umgehen. In jedem Fall unterstreicht all das, wie wichtig es war, meine Befunde in ihrem spezifischen Kontext zu sehen, auf meine Rolle im Feld hinzuweisen und zwischen emischen und etischen Perspektiven zu unterscheiden, also zwischen den Aussagen und Handlungen der Teilnehmer im Feld und der Art und Weise, wie ich diese interpretierte.[14]

Eine ethnografische Studie zu verfassen, ist keine geringe Aufgabe. Gideon Kunda wies zu Recht darauf hin, dass es umso unmöglicher wird, die eigentliche Aufgabe (alles aufzuschreiben) zu erfüllen, je gewissenhafter man während der Feldarbeit vorgeht.[15] Die schiere Fülle des Materials war das eine; doch dazu kam, dass die engen Beziehungen, die ich zu einigen Kolleginnen aufgebaut hatte, die Arbeit zusätzlich verkomplizierten. Nachdem ich das Feld bereits verlassen hatte, erhielt ich von Luisa zweimal einen Anruf, als ich gerade an meinem Schreibtisch saß und Daten analysierte, die sich auf sie bezogen. Diese Nähe wirkte wie eine unangemessene Beeinflussung, wie etwas, das die dringend nötige kritische Distanz beeinträchtigte. Und tatsächlich: Je mehr Zeit verging und je größer der Abstand zu meinen Erfahrungen vor Ort wurde, desto leichter fiel mir das Schreiben.

Beim Verfassen der Studie experimentierte ich mit unterschiedlichen Schreibstilen, wobei ich mich an John Van Maanens Typologie realistischer, bekennender und impressionistischer Ansätze orientierte.[16] Ich wollte nicht, dass meine eigenen Erfahrungen im Buch auf Kosten der Reinigungsleute dominierten. Ganz weglassen wollte ich sie jedoch auch nicht. Letztendlich erwies es sich als gute Entscheidung, als Teil der Belegschaft mitzuarbeiten, da ich so wesentliche Dynamiken im Verhältnis von Ober- und Unterwelt beleuchten konnte, die ansonsten möglicherweise im Dunkeln geblieben wären.

Ethische Erwägungen spielten für mich ebenfalls eine große Rolle. Ich wollte die Privatsphäre der Beteiligten schützen, und beim Schreiben war mein oberstes Prinzip, dass es ihnen auf keinen Fall Schaden zufügen dürfe.[17]

Zum Abschluss meiner Feldarbeit hatte ich ein Treffen mit dem Personalmanagement und anderen Vertreterinnen des Reinlich & Co.-Managements vereinbart. Ich erzählte den Reinigungsleuten von dem anstehenden Termin, bei dem ich über meine vorläufigen Ergebnisse berichten wollte. Ich versicherte ihnen, dass ich keine Informationen preisgeben würde, die man zu einzelnen Personen zurückverfolgen konnte. Darüber hinaus hegte ich die eventuell naive Hoffnung, dass ich das Treffen und meine Abschlusspräsentation auch dazu nutzen könnte, ein paar Anregungen zu geben, um die Arbeitsbedingungen der Reinigungskräfte zu verbessern. Also fragte ich sie, ob sie mir Wünsche an die Unternehmensleitung mit auf den Weg geben wollten. Die Reaktionen waren gemischt. Marcel nahm das Ganze in der für ihn typischen Manier nicht ernst und schlug vor, das Unternehmen könne doch wöchentliche Besuche im Bordell finanzieren. Andere forderten bessere Ausrüstung, insbesondere hochwertigere Handschuhe. Einige wiesen mein Angebot, als ihre Fürsprecherin zu fungieren, jedoch zurück: Im besten Fall würde bei ihren Bitten »gar nichts herauskommen«. Anfragen an die Geschäftsleitung würden »immer zum genauen Gegenteil führen«, erklärte man mir.

Meine Abschlusspräsentation fand in der einige Kilometer vom Potsdamer Platz entfernten Reinlich & Co.-Zentrale statt. Zu meiner Überraschung nahm neben Personalchef Ludwig und dem Leiter der Berliner Niederlassung samt seiner Assistentin auch Tom an der Veranstaltung teil. In den Mittelpunkt meiner Präsentation stellte ich unternehmensinterne Fortbildungsprogramme und Karrierewege sowie die Kluft zwischen der Art und Weise, wie die Beschäftigten ihre Arbeit und ihre Rolle wahrnahmen, und dem Professionalitätsbekenntnis von Reinlich & Co. Ich sprach über die Spannung zwischen dem externen Image der Branche sowie der Beschäftigten und ihrem eigenen Selbstbild sowie ihrem Verständnis der Arbeit. Ich wies darauf hin, wie die Unschärfe der Berufsprofile – also der Umstand, dass vermeintlich jeder im Reinigungsgewerbe arbeiten kann – das Selbstwertgefühl der Beschäftigten unterminiert und Konflikte innerhalb der Belegschaft schürt. Außerdem betonte ich, dass die Professionalisierungsbemühungen die Beschäftigten wenig interessierten, solange sie nicht einmal über professionelle Ausrüstung wie Handschuhe verfügten, und als wie schwierig sie es empfanden, gegenüber anspruchsvollen Kundinnen eine selbstbewusste Position einzunehmen, wenn sie seitens des Managements keine Unterstützung spürten.

Die Vertreter der Unternehmensleitung folgten meiner Präsentation aufmerksam. Berücksichtigt man die hierarchischen Unterschiede, ist es für sie als Manager oft schwer, die Sichtweisen der Beschäftigten nachzuvollziehen. Einige meiner Punkte waren kontrovers. Ludwig verteidigte sowohl die niedrigen Zutrittsschranken als auch die Betonung von Professionalität als Mittel, um den Status der Branche und der Reinigungsleute aufzuwerten, während man das Gewerbe auch weiterhin für Beschäftigte mit ganz unterschiedlichen Hintergründen offenhalten wolle. Insgesamt meinten die anwesenden Vertreterinnen der Firmenleitung jedoch, mein Befund und meine Sichtweise seien ein bedenkenswerter Input, und die Assistentin des Berliner Chefs versprach, sich um die Sache mit den Handschuhen zu kümmern.

Vor meinem Abschied hatte ich mit dem Gedanken gespielt, ab und an – als Reinigungskraft – an den Potsdamer Platz zurückzukehren, um mit meinen ehemaligen Mitstreitern in Kontakt zu bleiben. Schnell wurde mir allerdings klar, dass diese Idee unrealistisch war und darin vor allem zum Ausdruck kam, wie sehr mir die Reinigungskräfte mittlerweile am Herzen lagen und wie schwer es mir fiel, diese Zeit hinter mir zu lassen. Nach dem Ende meiner Feldstudie begann mein Forschungsstipendium in Kopenhagen, und ich hatte weder Zeit noch die Kraft, einen Wischmopp in die Hand zu nehmen und in die Unterwelt zurückzukehren.

Einige Monate später lud mich die Berliner Geschäftsleitung von Reinlich & Co. zur Unternehmensweihnachtsfeier ein. Ich fuhr zusammen mit Luisa hin und begegnete dort vielen meiner alten Bekannten vom Potsdamer Platz. Alles in allem war es eine fröhliche Zusammenkunft, doch auch die Spannungen zwischen den Reinigungsleuten kamen zum Vorschein – und ich befand mich einmal mehr zwischen den Fronten. Der Abend schritt voran, die Leute waren zunehmend betrunken, und ich beschloss irgendwann, mich unauffällig davonzumachen. Die Feier fühlte sich an wie die Rückkehr in eine Vergangenheit, an einen Ort, an den ich nicht länger gehörte. Die Verbindung zu den Reinigungsleuten beschränkte sich nach und nach auf wenige Textnachrichten und Telefonate; ich tat nichts, um sie erneut zu intensivieren, und irgendwann brach der Kontakt ab. Abgesehen davon, dass ich über ihn schreibe, ist der Potsdamer Platz heute für mich wieder ein Ort, den ich manchmal in der U- oder S-Bahn passiere – ein Erinnerungsort und ein geschlossenes Tor zu einer anderen Welt.

Anmerkungen

Einführung in die Unterwelt

1 Zur Wahrung der Anonymität und zum Schutz der Quellen habe ich den Namen des Unternehmens, seiner Mitarbeiter und anderer Personen, denen ich während meiner Recherchen begegnet bin, geändert, einige beschreibende Merkmale abgewandelt sowie auf Angaben zum Zeitraum der Feldstudie verzichtet.

2 Hard 2004, S. 107.

3 N.N., »Die Geschichte des Platzes in Berlin«, online verfügbar unter: {https://www.panoramapunkt.de/de/potsdamer-platz.html} (alle URL Stand Februar 2023).

4 Hughes 2009 [1984]; vgl. auch Ashforth/Kreiner 1999; Bolton 2005; Kreiner et al. 2006; Ashforth et al. 2007; Paetzold et al. 2008; Baran et al. 2012.

5 Hughes 2009 [1984], S. 344.

6 Poster/Crain/Cherry 2016, S. 5.

7 Deshalb erweitere ich im Folgenden Hattons (2017) analytisches Konzept der unsichtbaren Arbeit, das sich auf soziokulturelle, räumliche und rechtliche Aspekte beschränkt, um den Aspekt der Zeitlichkeit; vgl. zur Nachtarbeit auch Müller 2019.

8 In Deutschland finden Reinigungsarbeiten zu 50 Prozent am Abend, zu 5 Prozent in den Nachtstunden und zu 30 Prozent am frühen Morgen statt. Lediglich 15 Prozent erfolgen hierzulande tagsüber – gegenüber 25 Prozent im europäischen Durchschnitt; vgl. Grömling 2007; ArbeitGestalten 2017.

9 Vgl. Graham 2016.

10 Das geschieht im Rahmen eines allgemeinen Trends hin zum Paradigma einer »Marktrationalität«, an dem sich viele Managemententscheidungen der vergangenen Jahrzehnte orientierten; vgl. Kunda/Ailon-Souday 2006; vgl. dazu in Bezug auf die Reinigungsbranche auch Aguiar/Herod 2006.

11 Vgl. dazu die Zahlen des Bundesinnungsverbands der Gebäudedienstleister, online verfügbar unter: {https://die-gebaeudedienstleister.de/die-branche/daten-und-fakten}.

12 Abweichend vom üblichen Verständnis des Begriffs (vgl. u.a. Korczynski/MacDonald 2009, S. 3) ist die Reinigung eine Dienstleistung, bei der es in der Regel nicht zur Interaktion zwischen Serviceerbringer und Kunden kommt.

13 Karafyllis 2013, S. 18.

14 Sayer 2007, S. 577.

15 Ab Oktober Jahr 2022 beträgt der Mindestlohn für die Innen- und Unterhaltsreinigung 13 Euro (ab 1. Januar 2024 steigt er auf 13,5 Euro) und für die Glas- und Fassadenreinigung 16,2 Euro (ab 1. Januar 2024 16,7 Euro).

16 Insofern unterscheidet sich sowohl ihre Arbeit als auch ihre Lage von der von Ehrenreich (2001) untersuchten Situation der Servicemitarbeiter in den USA, die als sogenannte »Erwerbsarme« (*working poor*) häufig nicht einmal ihre Grundbedürfnisse, etwa auf dem Gebiet medizinischer Versorgung, befriedigen können; vgl. Bamberger/Pratt 2010; Leana et al. 2012.

17 Vgl. dazu etwa Bosch/Weinkopf 2006.

18 Hall 1992, S. 273. Diesbezüglich kritisieren Lamont (1992) und Hall (1992) den Ansatz Bourdieus.

19 Hodson 2001, S. 3; Sayer 2007, S. 565.

20 Sennett/Cobb 1992, S. 191.

21 Hughes 1951, S. 123.

22 Hughes 1976, S. 2.

23 Hughes 2012 [1958], S. 48 (Hervorhebung im Original).

24 Auch Collins (2000, S. 18) zufolge lässt sich »über das Prestige einer Erwerbstätigkeit nur dann eine realistische Aussage treffen, wenn man die Interaktionen am Arbeitsplatz beobachtet und die dabei auftretenden Hierarchisierungen bewertet«.

25 Vgl. Bamberger/Pratt 2010, Leana et al. 2012.

26 Vgl. zum Beispiel Ashforth/Kreiner 1999; Bolton 2005; Kreiner et al. 2006; Ashforth et al. 2007; Paetzold et al. 2008; Baran et al. 2012.

27 Vgl. Clifford 1983; vgl. auch Clifford/Marcus 1986.

28 Hochschild 2016, S. xiv.

1. *Das Areal: Eine futuristische Micro-City und die Präsenz der Reinigungskräfte von unten*

1 Allerdings erlebte die Potsdamer Straße in den letzten Jahren einen Gentrifizierungsschub, als sich dort zunehmend Galerien, edle Bars und Boutiquen angesiedelt haben.

2 Augé 2010 [1992]; zum Potsdamer Platz siehe Göttlich/Winter 2004, S. 95; Nowobilska/Zaman 2014, S. 15.

3 Augé 2010 [1992], S. 96.

4 Vgl. auch Bublitz/Spreen 2004, S. 147.

5 Vgl. auch Zerubavel 1993; Massey 2007; Richer 2015; Wasserman/Frenkel 2015.

6 Lefebvre 2000 [1974], S. 355; vgl. auch Massey 2005.

7 »[L]es rapports sociaux de production ont une existence sociale en tant qu'ils ont une existence spatiale; ils se projettent en un espace, ils s'y inscrivent en le produisant.« (Ebd., S. 152).

8 Die Gesamtplanung verantwortete das deutsche Architekturbüro Hilmer Sattler (heute Hilmer Sattler Architekten Ahlers Albrecht). Die einzelnen Gebäude entwarfen unter anderem Renzo Piano, Christoph Kohlbecker, Hans Kollhoff, Richard Rogers, Arata Isozaki und José Rafael Monea.

9 Die offizielle Beschreibung des nach seinem Architekten benannten Kollhoff-Towers bekennt die Schuld gegenüber der Neuen Welt ein: »Der Potsdamer Platz 1 verbindet die Strahlkraft eines internationalen Wahrzeichens mit den Qualitäten zukunftsweisender Businesskultur. Mit dem prägnanten Gebäude hat Architekt Prof. Hans Kollhoff seine Vision eines transatlantischen Brückenschlags verwirklicht und sich dabei an der Farb- und Formensprache klassischer amerikanischer Skyscraper orientiert.« Das entsprechende Statement ist online verfügbar unter: {https://potsdamerplatz.de/buros/potsdamer-platz-1/}.

10 Der Gebäudekomplex wurde unter anderem von osteuropäischen Bauarbeitern errichtet, die unter schwierigen Bedingungen und nicht selten zu »Dumpinglöhnen« arbeiteten; vgl. N.N. 1997.

11 Heute gehört das Areal zum größten Teil einem kanadischen Immobilieninvestor; vgl. Mortsiefer 2016.

12 Nowobilska/Zaman 2014, S. xi.

13 Colomb 2012.

14 Paul 2017.

15 Adorno/Horkheimer 1997 [1944], Kracauer 1977 [1963].

16 Makropoulos 2004, S. 161; Resch/Steinert 2004, S. 123.
17 Die Geschichte des Platzes wird ausführlich diskutiert in Fischer/Makropoulos (2004) und Nowobilska/Zaman (2014).
18 Sandler 2003.
19 Vgl. dazu die Angaben unter: {https://potsdamerplatz.de/geschichte/}.
20 So wirbt eine Berliner Filiale des Immobilienunternehmens Engel & Völkers in Anzeigen für Wohnungen auf dem Areal; vgl. {https://www.engelvoelkers.com/de-de/berlin/mitte/quartier-in-den-potsdamer-platz-arkaden/}.
21 Graham 2016, S. 176.
22 Zukin 2010, S. 9.
23 Augé 2010 [1992], S. 96.
24 In der Reinigungsbranche werden die zu reinigenden Liegenschaften, mit deren Reinigung man betraut ist, als »Objekte« bezeichnet.
25 Vgl. auch Strati 1999, S. 37.
26 Vgl. Star/Strauss 1999; Crain/Poster/Cherry 2016a; Hatton 2017.
27 Vgl. dazu auch Graham 2016, S. 17.
28 Vgl. zu diesem Geschichtsverständnis Lynd 2014.
29 Vgl. dazu auch Certeau 1988 [1980] sowie Crain/Poster/Cherry 2016a.
30 In der Literatur zum sozialen Raum wird zwischen Raum (*space*) und Ort (*place*) unterschieden. Unter Ersterem versteht man unspezifizierten, unter Letzterem einen organisierten Raum (Cresswell 2004), dem die Beteiligten bestimmte Bedeutungen sowie Dauerhaftigkeit zuerkennen (Tuan 1977).
31 Lefebvre 2000 [1974], S. 469; vgl. auch Certeau 1988 [1980].
32 Die Wendung »notwendig umstritten« entlehne ich bei Gallie (1956), der all jene abstrakten Konzepte, über deren Bedeutung und Anwendung in der Regel keine Einigkeit erzielt werden kann, als »notwendig umstrittene Begriffe« (»essentially contested concepts«) bezeichnet. Hier soll der Ausdruck auf die Möglichkeit verweisen, Räume anders zu nutzen und zu erleben, als es ihre Planer vorgesehen haben. Ich danke Chris Grey, der mich auf diese Idee gebracht hat.
33 Vgl. zu dynamischen Arbeitsorten auch Best/Hindmarsh 2019.
34 Nach Shortt (2015, S. 634) sind dominante Räume im Gegensatz zu Schwellenräumen »durch reguläre Zwecke definiert, eindeutig von anderen Räumen abgegrenzt und mit festen sozialen Erwartungen, Routinen und Normen verwoben«.

35 Goffman 1973 [1959]; vgl. dazu auch Dale/Burrell 2008; Courpasson et al. 2017.
36 Lefebvre 2000 [1974], S. 450.

2. Wege in den Minus-Bereich

1 Vgl. Douglas 1988 [1966].
2 Gather/Gerhard/Schroth/Schürmann 2005, S. 19; Latzke 2015, S. 133.
3 Vgl. Schürmann 2013, S. 151.
4 Von 2003 bis 2010 hat sich deren Zahl verfünffacht; vgl. ArbeitGestalten 2017.
5 Der Gesamtumsatz der Gebäudereinigung in Deutschland lag 2022 bei (geschätzt) rund 23,9 Milliarden Euro, vgl. {www.die-gebaeudedienstleister.de/die-branche/daten-und-fakten/}.
6 ArbeitGestalten 2017, S. 5, vgl. dazu die Angaben unter {https://de.statista.com/daten/studie/271559/umfrage/fuehrende-unternehmen-im-bereich-gebaeudereinigung-in-deutschland-nach-umsatz/}.
7 Vgl. dazu die Angaben unter {https://www.die-gebaeudedienstleister.de/die-branche/daten-und-fakten}. Dabei werden jedoch keine Reinigungskräfte erfasst, die Schwarzarbeit verrichten.
8 ArbeitGestalten 2017, S. 13.
9 Bosch et al. 2011.
10 Nach Bosch et al. (2011, S. 98) betrug der Anteil ausländischer Reinigungskräfte Anfang der zehner Jahre in den alten Bundesländern 31,3 Prozent, in den neuen 8,7 Prozent. Laut dem Statistischen Bundesamt sind im Jahr 2019 55 Prozent der Beschäftigten in der Reinigung Personen mit einem Migrationshintergrund; vgl. {https://www.destatis.de/DE/Presse/Pressemitteilungen/2020/07/PD20_279_12511.html}.
11 ArbeitGestalten 2017, S. 14.
12 Ebd.
13 Vgl. dazu die Angaben unter: {www.die-gebaeudedienstleister.de/beruf-und-karriere/ausbildung/}.
14 Bosch et al. 2012, zitiert in Latzke 2015, S. 151. Reinigungskräfte, die ihre Dienste über Online-Plattformen anbieten, gelten als Selbstständige und fallen nicht unter die Mindestlohnregelungen.
15 Millmann 2014, S. 52.
16 ArbeitGestalten 2017, S. 17.

17 Ebd.
18 Ebd.
19 Ebd., S. 14.
20 Ebd., S. 20.
21 Ebd.; siehe auch Schürmann 2013.
22 Millmann 2014; Latzke 2015; ArbeitGestalten 2017.
23 Hughes 2009 [1984], S. 343.
24 Sayer 2007, S. 577.
25 McCabe/Hamilton 2015, S. 107.
26 Vgl. Ashcraft 2013; vgl. zum Zusammenhang von Geschlecht, Sexualität und Schmutzarbeit auch Tracy/Scott 2006; Slutskaya et al. 2016.
27 Erving Goffman, *Stigma. Über Techniken der Bewältigung beschädigter Identität*, aus dem Englischen von Frigga Haug, Frankfurt am Main: Suhrkamp 2010 [1963], S. 11.
28 Nur etwa 7 Prozent der Reinigungskräfte sind Mitglied der Gewerkschaft (Dingeldey 2019, S. 4); vgl. dazu auch Staab 2014.
29 Vgl. dazu die Angaben unter: {https://www.die-gebaeudedienstleister.de/die-branche}.
30 Der Begriff der Professionalität zielt dabei weniger auf Fachkenntnisse (vgl. Abbott 1988) ab als vielmehr auf ein bestimmtes Verhalten (Grey 1998, Fournier 1999).
31 Das zeigt, wie sich eine »disziplinäre Logik« (Fournier 1999) in die Diskurse und Praktiken der Professionalisierung einschreibt; vgl. auch Grey 1998.
32 Vgl. Weber 1992 [1919].
33 Vgl. dazu etwa Emons/Steinhaus/Kraft 2022.
34 Im Gegensatz etwa zu den sich als männliche Angehörige der Arbeiterklasse verstehenden »Jungs« bei Willis (1997).
35 Das wird in der Literatur zur »Schmutzarbeit« typischerweise angenommen, worauf auch McCabe und Hamilton (2015) hinweisen.
36 Vgl. Weber 1988 [1920].
37 Vgl. Wulf 2016.
38 Vgl. für eine kritische Auseinandersetzung mit dieser Position Lessenich 2013 S. 85; vgl. zum Thema Beschäftigungsfähigkeit und Arbeitsmarktreformen Garsten/Jacobsson 2004.
39 Vgl. auch Newman 2000.
40 Vgl. auch Lamont 2000.
41 Vgl. auchLéné 2019 zur Bedeutung der Beschäftigungshistorie für die Bewertung des eigenen Arbeitsplatzes.
42 Vgl. auch Hall (1992, S. 264), demzufolge ein holistisches Verständ-

nis sozialer Raum- und Statushierarchien durch die Vorstellung »eines Nebeneinanders multipler und inkongruenter Werte und Distinktionen, die sich nicht gegeneinander aufrechnen lassen«, abgelöst werden sollte.

3. Ein Quell des Abscheus wie auch der Freude

1 Abhängig von ihrer Schicht sind Reinigungskräfte unterschiedlichen Mengen und unterschiedlichen Arten von Schmutz ausgesetzt; vgl. dazu Baran et al. 2012; McCabe/Hamilton 2015.
2 Douglas 1988 [1966], S. 12.
3 Freud 2020 [1919]; vgl. zum Begriff des Unheimlichen in der Organisationswissenschaft Beyes 2019.
4 Fayet 2003, S. 53.
5 Eine ausführlichere Auseinandersetzung mit Affekttheorien ginge über den Rahmen dieser Arbeit hinaus; vgl. dazu stattdessen Thanem/Wallenberg 2015; Beyes/De Cock 2017; Pullen et al. 2017; Otto/Strauß 2019. Mit dem Begriff des Affekts soll hier allerdings nicht unterstellt werden, dass Körper und Diskurs getrennte Bereiche wären (so z. B. Massumi 1995), vielmehr folge ich hier Forschungen, die nahelegen, dass beide miteinander in Beziehung stehen.
6 Das legt auch nahe, dass es notwendig ist, über den vorherrschenden *kognitiven* Fokus der Literatur zur Schmutzarbeit hinauszugehen (so auch die Kritik in Simpson et al. 2012).
7 Miller 1997, S. 36.
8 Menninghaus 2002, S. 7.
9 Miller 1997, S. 204.
10 Ebd.
11 Kristeva 1982, S. 9.
12 Ähnlich wie Tyler (2011) gehe ich in diesem Kapitel über den vorherrschenden Fokus der Literatur zur »Schmutzarbeit« hinaus, die Schmutz ausschließlich mit Scham assoziiert.
13 Vgl. Bataille 1999 [1928]; vgl. auch Menninghaus 2002; Countryman 2007; Enzensberger 2011 [1968].
14 Miller 1997, S. 116; vgl. auch Menninghaus 2002.
15 Menninghaus 2002, S. 20.
16 Vgl. auch Sanders 2004.
17 Bergson 2011 [1900], S. 15.
18 Vgl. auch Collinson 1992.

19 Eine Diskussion der Theorien über die Superiorität des Humors findet sich in Lintott 2016.
20 Je nach Organisation der Aufgaben kann Reinigungsarbeit weniger monoton sein als andere Dienstleistungstätigkeiten, etwa die Arbeit in einem Callcenter oder einem Schnellrestaurant; vgl. dazu z. B. Leidner 1993; Callaghan/Thompson 2002.
21 Wrzeniewski/Dutton 2001.
22 Vgl. zu Regeln und Organisation Ortmann 2003; Busby/Iszatt-White 2016.
23 Vgl. Gouldner 1954; Blau 1963.
24 Vgl. auch Martin et al. 2013; Breslin/Wood 2016.
25 Vgl. zum Verhältnis von Autonomie und Würde Meara 1974; Sayer 2007.
26 Vgl. zum Thema Devianz z. B. Ackroyd/Thompson 1999.
27 Anstatt dass eine langweilige Arbeit die Arbeiter ihre Zuflucht zu Pausen und Spielen nehmen lässt, wie es etwa in der Studie von Roy (1959) zur »banana time« der Fall ist, sorgt hier die Langeweile des Untätigseins dafür, dass sich Reinigungskräfte wie Matthias gerne wieder der Arbeit zuwenden.
28 Vgl. Eriksen 2013, S. 139.
29 Karafyllis 2013, S. 20.
30 Vgl. zur Bedeutung der Materialität von Schmutz auch Hughes et al. 2016.
31 Das ist die vorherrschende Annahme in der Literatur zur sogenannten Schmutzarbeit (u. a. Ashforth/Kreiner 1999; Kreiner et al. 2006). Dort liegt der Fokus darauf, wie die Arbeitskräfte das sich daraus ergebende Stigma bewältigen. Im Gegensatz dazu stelle ich das Schamgefühl, das der Umgang mit Schmutz auslöst, hier nicht als Basisannahme in den Vordergrund.
32 Sennett/Cobb 1972, S. 96.
33 Hughes 2009 [1984], S. 345.

4. Jeder für sich im gemeinsamen Boot

1 Vgl. zur Distanzierung der Beschäftigten gegenüber Diskursen und Praktiken des Managements auch Kunda 2006.
2 Wie im zweiten Kapitel erwähnt, arbeiten manche Reinigungskräfte, etwa Luisa, lediglich vier Stunden pro Tag, während andere, etwa Ali und Marcel, längere Schichten und damit auch höhere Einkommen

haben. Letztere profitieren zudem von festen Schichtzuteilungen, was ihnen eine gewisse Autonomie verschafft, während die »Springer« ständig neu eingeteilt werden. Die Reinigungskräfte beklagen, dass Tom einige von ihnen, etwa Marcel, bevorzugt behandle.

3 Angesichts des geringen sozialen Zusammenhalts und der Segregationen innerhalb der Arbeitnehmerschaft (vgl. Hodson et al. 1993; Fantasia 1988; Cranford 2012) überrascht der Mangel an Solidarität vielleicht nicht. Allerdings darf man auch nicht glauben, der soziale Zusammenhalt sei allein von äußeren Einflüssen abhängig: Die Spaltungen unter den Reinigungskräften gehen über die vom Management herbeigeführten Segregationen hinaus. Die von ihnen selbst konstruierten und praktizierten Differenzen bestimmen ihr Selbstwertgefühl und ihre Interaktionen.

4 Goffman 1982 [1971], S. 120, S. 119f.

5 Vgl. Burawoy 1979; Sherman 2007.

6 Vgl. Tilly 1998 zur »kategorialen Arbeit« (»categorical work«), Lamont 2000 über »Grenzarbeit« (»boundary work«) sowie allgemeiner Zerubavel 1993. Wie die sozialpsychologische Forschung – insbesondere das Werk von Henri Tajfel und John C. Turner (vgl. etwa Tajfel/Turner 1986) – gezeigt hat, führt Kategorisierung zur Herausbildung einer distinkten, positiv konnotierten »in-group« und einer negativ diskriminierten »out-group«, die einander gegenübergestellt werden (vgl. auch Ashforth & Mael 1989; Jenkins 2008 [1996]). Allerdings neigen sozialpsychologische Ansätze zum Thema Diversität dazu, das Problem der Ungleichheit zu vernachlässigen, und entbehren häufig einer Kontextualisierung (vgl. DiTomaso et al. 2007). Überdies beschreiben sie Identifizierungen oft als statische Errungenschaften, nicht als fortlaufende, kontextabhängige Prozesse (vgl. Alvesson et al. 2008). Deshalb sehe ich von der Verwendung sozialpsychologischer Literatur in diesem Zusammenhang ab.

7 Hall 1994 [1991], S. 72.

8 In den Augen der Reinigungskräfte ist die Zugehörigkeit zur Unterschicht nicht nur von ökonomischen Kriterien, sondern auch von bestimmten Verhaltensweisen abhängig (vgl. Goldberg 1993).

9 Lamont/Molnar 2002, S. 186; vgl. auch Newman 2000.

10 Rosabeth Moss Kanter (1977) spricht in diesem Zusammenhang von »homosozialer Reproduktion«. Damit bezeichnet sie das Verhalten von Menschen in Machtpositionen, vor allem von männlichen Managern, die Bewerber bevorzugen, die ähnliche soziale Eigenschaften aufweisen wie sie selbst, etwa in Bezug auf Schichtzugehörigkeit,

Ethnie, Werte und Manieren. Im Ergebnis wird Personen, die nicht in dieses Raster passen, der Aufstieg innerhalb der jeweiligen Organisation erschwert; vgl. dazu auch Elliott/Smith 2004.

11 Vgl. auch Lorbiecki/Jack 2000; Janssens/Zanoni 2014.

12 Vgl. auch West/Zimmermann 1987.

13 Vgl. auch Williams 1993; Lupton 2000; Simpson 2004.

14 Vgl. zum Zusammenhang von Humor, Sexualität und Maskulinität Collinson 1992.

15 Vgl. Leidner 1991, S. 208; Tracy/Scott 2006; Slutskaya et al. 2016.

16 Vgl. zum Verhältnis von Kategorisierung und Identifikation Jenkins 2008 [1996].

17 Am Potsdamer Platz wirkt sich unter Toms Führung die Kenntnis der deutschen Sprache positiv auf den Status, die Aufstiegschancen und die Bezahlung der Arbeitskräfte aus (vgl. dazu allgemein Acker 2006). Das ist bei Reinlich & Co. aber wohl nicht durchgehend der Fall; so berichten die Reinigungskräfte etwa, das Team von Toms Vorgängerin habe sich über sein Russischsein definiert und primär russisch gesprochen, so dass Deutschkenntnisse nicht den Status geprägt hätten.

18 Geertz 1957, S. 33; vgl. auch Bell 1992.

19 Rituale verraten oft viel über eine Gemeinschaft, wir könnten an dieser Stelle vielleicht von einer »losen Kopplung« (Goffman 1983) zwischen Ritualen und den jeweiligen Sozialstrukturen sprechen (vgl. dazu Turner 1969; Geertz 1973; Cheal 1988). Rituale können soziale Strukturen sowohl inszenieren als auch produzieren und transzendieren. Rituale sind Praktiken sozialer Interaktion, die bestimmte Deutungsmuster (*patterns of meaning*) transportieren. Aus funktionalistischer Sicht dienen sie der sozialen Integration, indem sie ein gemeinsames Verständnis und gemeinsame emotionale Erfahrungen erzeugen – was entscheidend für den Zusammenhalt differenzierter Gesellschaftssysteme ist (vgl. Collins 2004; im Kontext von Organisationen vgl. Trice/Beyer 1984; Lawrence 2004; Islam/Zyphur 2009). Doch wird durch Rituale, insofern sie Konformität und Regelbefolgung fördern, nicht nur Macht ausgeübt, sie können auch Konflikte, Ambivalenzen und Widerstand unter den Betroffenen erzeugen (vgl. Turner 1969; Lukes 1975; im Organisationskontext vgl. auch Rosen 1988; Kunda 2006; Koschmann/McDonald 2015).

20 Vgl. zu Rassismus, Stigmatisierung und Diskriminierung auch Lamont et al. 2016.

21 Vgl. auch Lamont 2000, S. 58.

22 Vgl. auch Collins 2004.
23 Žižek 1994, S. 137.
24 Rancière 2002 [1995].
25 Vgl. auch Rosette et al. 2013.
26 Vgl. zu Mobbing gegenüber Kollegen oder Untergebenen auch Soylu/Sheehy-Skeffington 2015.
27 Vgl. Janssens/Steyaert 2001.
28 Vgl. King 1988.
29 Vgl. auch Lamphere et al. 1993.
30 Vgl. den Klassenbegriff bei Thompson 1987 [1966].
31 Ashforth/Kreiner 1999, S. 419.
32 Vgl. auch Di Leonardo 1984.
33 Ashforth/Kreiner 1999, S. 420.
34 Das zeigt, dass wir nicht nur (wie z. B. in Holvino 2010; Rodriguez et al. 2016) unterschiedliche Differenzmarker in den Blick nehmen, sondern Diversität aus emischer Perspektive beleuchten müssen (vgl. Tatli/Özbilgin 2012).
35 Es ist daher notwendig, das »Othering« nicht nur (wie z. B. in Nisim/Benjamin 2010) zwischen Management und Beschäftigten, sondern auch unter Letzteren zu untersuchen.
36 Vgl. auch Janssens/Steyaert 2001.
37 Das bekräftigt Lamonts (2000, S. 82) Kritik sozialpsychologischer Untersuchungen, die nicht hinreichend berücksichtigten, welche spezifischen Kategorien Menschen in unterschiedlichen Kontexten verwenden. Meine Untersuchung zeigt darüber hinaus, dass diese Kategorien auch auf strategische und dynamische Weisen verwendet werden.
38 Hughes 1976, S. 7.
39 Vgl. auch Lamont 2000.
40 Vgl. dazu Weber 2002 [1921/22].
41 Vgl. auch Adib/Guerrier 2003.
42 Vgl. auch Jenkins 2008 [1996].
43 In dieser Hinsicht unterscheiden sich die Ergebnisse meiner Studie also von denen von Tracy/Scott (2006) sowie Slutskaya et al. (2016).
44 Vgl. Goffman 1975 [1963].

5. Wenn Welten kollidieren

1 Vgl. Goffman 1973 [1959].

2 Goffman 1956, S. 481.
3 Hochschild 2003 [1983], S. 163.
4 Hochschild 1990 [1983], S. 133; vgl. auch Kolb 2014.
5 Vgl. Korczynski 2009; Korczynski/Evans 2013.
6 Vgl. Korczynski 2009.
7 Goffman 1956, S. 477 (Hervorhebung im Original).
8 Ebd., S. 477.
9 Hochschild 1990 [1983], S. 93.
10 Ebd., S. 30f.
11 Vgl. Rollins 1985.
12 Vgl. Sherman 2007; Hanser 2012.
13 Leidner 1993, S. 14.
14 Vgl. auch Brody (2016).
15 Vgl. Sauder 2005.
16 Vgl. auch Bearman 2005.
17 Vgl. Bourdieu 1987 [1979].
18 Vgl. auch Rollins 1985.
19 Rollins 1985, S. 227.
20 Vgl. auch Sherman 2007.
21 Vgl. Bataille 1999 [1928]; Enzensberger 2011 [1968]; Frey 1997; vgl. zur Reinlichkeit als Differenzierungsmerkmal auch Elias 1976 [1939], Bd. 1.
22 Vgl. Reagin 2007.
23 Es gibt auch Beispiele dafür, dass vermögende Kunden Servicepersonal besser behandeln; vgl. z. B. Sherman 2007.
24 Laporte 1991 [1978], S. 34.
25 Vgl. dazu Freud 1941 [1908].
26 Laporte 1991 [1978], S. 49.
27 Ashforth/Kreiner 1999, S. 424.
28 Z. B. wird den von Hochschild (2003 [1983], S. 105) untersuchten Flugbegleiterinnen beigebracht, die Kabine als ihr »Zuhause« zu betrachten.
29 Goffman 1973 [1959], S. 138.
30 Ebd.
31 Zitiert in Rollins 1985, S. 210.
32 Ebd., S. 209.
33 Vgl. für eine Diskussion sozialer Begegnungen im Aufzug Hirschauer 1999.
34 Veblen 2007 [1899], S. 77.
35 Bearman 2005, S. 7.

36 Hughes 2012 [1958], S. 51.
37 Koestenbaum 2011, S. 11 (Hervorhebung im Original).
38 Goffman 1956, S. 478.
39 Vgl. Rollins 1985.
40 Goffman 1956, S. 481.
41 Ebd., S. 478.
42 Ebd.
43 Vgl. für eine kritische Auseinandersetzung mit Rauchvorschriften am Arbeitsplatz Brewis/Grey 2008.
44 Dass Reinigungskräfte Vorgaben nicht erfüllen, bedeutet nicht unbedingt, dass sie Widerstand gegenüber ihren Arbeitsbedingungen leisten – Letzteres ist die Annahme von Lundberg und Karlsson (2011). Abweichungen von Vorgaben können auch nötig sein, wenn einer Schicht unzureichende Ressourcen zugeteilt werden.
45 Sauder 2005, S. 282.
46 Vgl. Rancière 2002 [1995].
47 Korczynski 2003, S. 75.
48 In dieser Hinsicht weichen meine Ergebnisse von denen von Rollins (1985) ab.
49 Mauss 1990 [1950], S. 170f.
50 Vgl. auch Sherman 2007.
51 Ebd., S. 17.
52 Goffman 1986 [1967], S. 17.
53 Goffman 1973 [1959], S. 139.
54 Goffman 1982 [1971], S. 397.
55 Am Potsdamer Platz ist die Situation daher anders als in den von Sherman untersuchten Luxushotels, wo »die Gäste auf allen Beziehungsebenen reziprokes Verhalten gegenüber den Beschäftigten zeigten, indem sie sowohl ihr grundlegendes Menschsein als auch ihre Bemühungen anerkannten« (Sherman 2007, S. 186; vgl. auch Bearman 2005). Man könnte vermuten, dass dieser Unterschied etwas mit dem Status der Reinigungsarbeit sowie mit der engeren persönlichen Beziehung und der Abhängigkeit der Gäste vom Service in einem Luxushotel zu tun hat.
56 Probleme, die in der Forschung zu personenbezogenen Dienstleistungen untersucht werden; vgl. z. B. Van Maanen 1991; Korczynski 2009.
57 Vgl. auch Hochschild 1990 [1983]; Leidner 1993; Korczynski 2009.
58 Ihr »Widerstand« muss also nicht »schweigend« sein (Star/Strauss 1999, S. 18), sondern sie können sich durchaus zu Wort melden.

59 Rollins 1985, S. 232.

60 Im Gegensatz zu Bearmans Portiers und Shermans Hotelangestellten fällt es den Reinigungskräften in der Oberwelt daher schwer, sich mit diesen Statusunterschieden zu arrangieren und Wege zu finden, um ihren Status zu erhöhen.

6. Die Schattenseite des Lebens

1 Monahan 2011, S. 498.

2 Vgl. Lyon 2001; Staples 2014. So existieren im Dienstleistungssektor, etwa in Call Centern, dichte Überwachungsnetze (vgl. dazu z. B. Taylor/Bain 1999). Wichtig ist, sich vor der Annahme zu hüten, neue Technologien brächten automatisch vollständigere und stärkere Überwachung mit sich (Ball et al. 2005).

3 Bekanntermaßen griff Foucault (1977) die von dem Philosophen Jeremy Bentham beschriebene Idee des Panoptikums (eines Modellgefängnisses) auf, um die Funktionsweise von disziplinierender Macht zu illustrieren, bei der allein das Bewusstsein, möglicherweise unter Beobachtung zu stehen, dazu führt, dass Menschen sich selbst disziplinieren. Das Konzept des Post-Panoptikums bezieht sich auf den Gedanken, dass Überwachung nicht auf bestimmte Räume und geschlossene Institutionen beschränkt sein muss und dass der Blick sich nicht unbedingt bzw. ausschließlich auf Individuen richtet, sondern auch auf Datenspuren, die diese – bisweilen bereitwillig – etwa im Internet hinterlassen; vgl. z. B. Deleuze 1993; Bauman 2003; Haggerty/Ericson 2000; einen Überblick über Überwachungstheorien geben Galič et al. 2016.

4 Vgl. zur elektronischen Überwachung in Dienstleistungsberufen z. B. Poster 2011; Ball/Margulis 2011.

5 Vgl. zu Überwachung und Zugangscodes z. B. Lyon 2003.

6 Vgl. zu Überwachung, Technik und Arbeit z. B. Brown/Korczynski 2010; Sewell/Taskin 2015; Elliott/Long 2016; Newlands 2020.

7 Vgl. Lyon 2001; vgl. auch Sewell/Barker 2006.

8 Vgl. zur Frage der Überwachung durch Mitarbeiter im Kontext von Teamarbeit und Programmen, bei denen Beschäftigten mehr Verantwortung übertragen werden soll, Sewell 1998.

9 Vgl. auch Ball 2010.

10 Marx 2003, S. 374.

11 Certeau 1988 [1980], S. 89; vgl. zu Taktiken auch May 1999.

12 Vgl. Marx 2003.
13 Um das berühmte Beispiel von Louis Althusser zu benutzen: Die Menschen wenden sich dem rufenden Polizisten zu, weil sie glauben, sein Ruf gelte ihnen.
14 Vgl. Marx 2003.
15 Reinigungskräfte am Potsdamer Platz versuchen also nicht nur, »der Überwachung ein Schnippchen zu schlagen« (Ball 2010, S. 94), sondern stellen diese aktiv infrage.
16 Vgl. zu Call-Center-Mitarbeitern, die die Stummtaste betätigen, damit die Kunden sie nicht hören, Winiecki/Wigman 2007, S. 126.
17 Vgl. Marx 2003.
18 Vgl. zur Frage der Geheimhaltung in Organisationen auch Costas/Grey 2016.
19 Goffman 1973 [1959], S. 100 und passim.
20 Vgl. auch Collinson 2003.
21 Vgl. zu Ausweichbewegungen auch Marx 2003.
22 Vgl. zu Gegenüberwachung (»counter-surveillance«) auch Marx 2003; zu »sousveillance« (»Unterwachung«) Mann et al. 2003.
23 Vgl. zu Gerüchen und Organisationen Corbett 2006; Śliwa/Riach 2012; Riach/Warren 2015.
24 Vgl. Ackroyd (2012) zu »Geschäftlichem« sowie Collinson/Collinson (1997) zu Angestellten, die so tun, als ob sie Überstunden machten.
25 Vgl. Shortt 2015; Courpasson et al. 2017.
26 Vgl. auch Otis/Zhao 2016.
27 Lefebvre 2000 [1974], S. 469.
28 Vgl. Goffman 1973 [1959].
29 Collinson 2003, S. 538.
30 Siehe auch Portillo 2012.
31 Certeau 1988 [1980], S. 89.
32 Ball 2005, S. 102; vgl. auch Ball 2002.
33 Vgl. z.B. Jermier et al. 1994; Ackroyd/Thompson 1999; Collinson/Ackroyd 2005; Mumby 2005.
34 Anteby und Chan (2018) zufolge kann dieses Bemühen, sich gegen Überwachung zu wehren, in einen sich potenziell selbst bewahrheitenden Kreislauf der Zwangsüberwachung münden, da unter Umständen gerade der Widerstand das Management dazu antreibt, weitergehende Überwachung einzuführen und zu rechtfertigen. Ob man diese Auswirkung jedoch als die »dunklere Seite« (ebd., S. 260) des Widerstands interpretieren muss, hängt davon ab, wie man an die

neu eingeführte Überwachung herangeht. Kirstie S. Ball und Kevin D. Haggerty (2005) warnen vor dem Glauben an ein »›Immer mehr Überwachung‹-›Narrativ‹«, beruhe dieses doch »auf der höchst fragwürdigen Annahme institutioneller Kompetenz oder gar Perfektion« (2005, S. 136).

35 Certeau 1988 [1980], S. 71.

36 Vgl. dazu Paulsens (2015) Kritik an der verbreiteten Annahme, dass Arbeitszeit notwendigerweise bedeute, dass jemand arbeitet, und dass derartige »leere Arbeit« daher subversiv sein müsse.

37 Demnach ist es hier wohl nicht der Widerstand an sich, der das Gefühl von Würde stärkt (vgl. Hodson 2001), sondern speziell der Widerstand gegen Überwachung. Im Übrigen ist es hier nicht das System der Akkordarbeit, das die Reinigungskräfte dazu bringt, ihre Arbeitsschicht zu leisten (vgl. Burawoy 1979), sondern die Art und Weise, in der ihr Selbstwert ihrer jeweiligen Herkunft entsprechend damit verwoben ist, wertvolle Arbeiter zu sein.

38 Sayer 2007, S. 568.

39 Man beachte den Unterschied zwischen Beobachten und Überwachen. Wie ich im Anhang näher erläutere, war ich sehr vorsichtig mit der Weitergabe meiner Erkenntnisse an die Geschäftsleitung. Meine Feldstudie hatte nicht das Ziel, Reinigungskräfte zu überwachen, um sie zu kontrollieren oder zu beeinflussen.

40 Somit ist meine Studie ein Beitrag zur Forschung, die sich mit der Frage beschäftigt, »unter welchen Bedingungen […] Sichtbarkeit oder Unsichtbarkeit problematisch« ist (Poster et al. 2016, S. 287), indem sie aufzeigt, welche Rolle das Gefühl von Würde dabei spielt, wie Angestellte mit ihrer Sichtbarkeit oder Unsichtbarkeit umgehen. Wenn sie nicht mit Anerkennung assoziiert wird, sondern mit Überwachung, kann Sichtbarkeit problematisch sein; umgekehrt kann sich in Unsichtbarkeit die mangelnde Anerkennung manifestieren und diese verstärken, gleichzeitig jedoch dazu dienen, sich vor Überwachung zu schützen.

Abschied vom Minus-Bereich

1 Hughes 2009 [1984], S. 344; vgl. auch Ashforth/Kreiner 1999; Ashforth et al. 2007.

2 Vgl. dazu auch Hodson 2001.

3 Vgl. dazu auch Sennett/Cobb 1972.

4 Vgl. dazu Bernardi/Garrido 2008; Staab 2014.
5 Thompson 1987 [1966], Bd. 1, S. 8.

Zur Methode

1 Vgl. dazu Schwartzman 1993; Hannerz 2006; Stryker/González 2014.
2 Vgl. Watson 2011.
3 Vgl. zu ethnografischen Feldnotizen Emerson et al. 1995.
4 Vgl. dazu Spradley 1980a.
5 Vgl. dazu Spradley 1980b.
6 Heyl 2001, S. 372.
7 Vgl. Gold 1958.
8 Vgl. zur Metapher des Reisenden in Bezug auf Interview-Techniken Kvale 1996.
9 Ybema et al. 2009, S. 247.
10 Seit dem Aufstieg der rechtspopulistischen AfD gibt es auch in Deutschland Diskussionen darüber, ob und wie man mit Menschen sprechen soll, die extreme Positionen vertreten; vgl. etwa Leo et al. 2017.
11 Hammersley und Atkinson betonen, dass »Ethnografen der nur allzu verständlichen Versuchung widerstehen müssen, alles sehen, hören und bei allem dabei sein zu wollen« (2007, S. 37).
12 Vgl. Kunda 2013.
13 Geertz 1973, S. 23.
14 Vgl. Van Maanen 1979; Fetterman 2010.
15 Kunda 2006, S. 246.
16 Vgl. Van Maanen 2011b.
17 Vgl. Bell/Bryman 2007.

Dank

Mein Dank gilt zunächst Chris Grey (Royal Holloway, University of London). Sein Interesse, seine Unterstützung und sein Feedback waren mir während des Projekts eine enorme Hilfe. Besonders dankbar bin ich ihm für die Lektüre des Manuskripts und seine detaillierten Kommentare, die den Text deutlich besser gemacht haben.

Gideon Kunda (Universität Tel Aviv) danke ich für die Ermutigung, seinen Input und seine Begeisterung für meine Ethnografie. Während meiner Feldforschung leistete er wertvolle Unterstützung; außerdem ermutigte er mich, freier über meine ethnografischen Erfahrungen zu schreiben.

Dank auch an meine ehemaligen und derzeitigen Kollegen an der Europa-Universität Viadrina Frankfurt (Oder). Mona Florian, Philipp Arnold und Birke Otto gaben mir zahlreiche hilfreiche Anregungen und inspirierten mein Denken. Meine derzeitige Sekretärin, Frau Hübner, und meine ehemalige Sekretärin, Frau Gdowska, sowie verschiedene studentische Hilfskräfte unterstützten mich während der Arbeit am Buch, indem sie mich bei Verwaltungsaufgaben entlasteten und Sprachaufnahmen transkribierten. Ebenfalls danken möchte ich für die institutionelle Unterstützung und die aufschlussreichen Gespräche mit Kollegen an der Freien Universität Berlin, der Copenhagen Business School und der Europa-Universität Viadrina. Mein Dank geht an meine ehemaligen Kolleginnen an der Freien Universität Berlin, insbesondere an Markus Helfen, der Ludwig, den Personalchef von Reinlich & Co., zu einem Vortrag eingeladen hatte – unser Kennenlernen dort öffnete eine Tür für mein ethnografisches Projekt.

Günther Ortmann möchte ich dafür danken, dass er über die Jahre so aufmerksam Artikel über Schmutz und die Reinigungsbranche für mich gesammelt hat; Alexander Martin für seine theoretischen Anregungen; Oana Albu für das Teilen ihrer Erkenntnisse über die neuesten Entwicklungen in den Surveillance Studies; und Dan Kärreman für seine Kommentare und seine Ermutigung, dieses Buch zu schreiben. Gregory Jackson gab dem Projekt eine besonders aufregende Wendung, indem er Passagen des Texts in seinen musikalischen Kompositionen verwendet hat.

Meine Bürogemeinschaft in Kreuzberg war eine nie versiegende Quelle der Inspiration. Ich danke Mads Pankow für seine kreativen Einfälle zu meinen Kapitelüberschriften. Paul Festa bin ich sehr dankbar für das Lektorat des englischen Manuskripts. Mein großer Dank gilt außerdem Heinrich Geiselberger für das Lektorat der deutschen Übersetzung sowie für die Unterstützung bei der Suche nach einer sensiblen Sprache, um die Welt der Reinigungskräfte zu vermitteln.

Dank auch an meine Familie für die Ermutigung und ihre Unterstützung: meiner Mutter speziell für die Kommentare zu den einzelnen Kapiteln, meinem Vater dafür, dass er mein Denken herausgefordert hat, und meiner Schwester dafür, dass sie ihre Erfahrungen in der Oberwelt des Potsdamer Platzes mit mir teilte. Mein Mann Martin half mir, mir einen Reim auf die popkulturellen Anspielungen der Reinigungskräfte zu machen.

Schließlich wäre dieses Buch nicht möglich gewesen ohne den einzigartigen Zugang, den Reinlich & Co. und insbesondere Ludwig mir gewährt haben. Und dann sind da natürlich die Reinigungskräfte selbst, die mich in ihrer Welt willkommen hießen und ihr Arbeitsleben mit mir teilten. Auf diese Weise gaben sie mir viel mehr, als ich je zurückzahlen könnte. Auch dafür möchte ich noch einmal ausdrücklich danken.

Literatur

Abbott, Andrew (1988), *The System of Professions. An Essay on the Division of Expert Labor*, Chicago: University of Chicago Press.

Acker, Joan (2006), »Inequality regimes: Gender, class, and race in organizations«, in: *Gender & Society* 20/4, S. 441-464.

Ackroyd, Stephen (2012), »Even more misbehavior: What has happened in the last twenty years?«, in: Alison Barnes/Lucy Taksa (Hg.), *Rethinking Misbehavior and Resistance in Organizations*, Bingley: Emerald, S. 1-28.

Ackroyd, Stephen/Paul Thompson (1999), *Organisational Misbehaviour*, London: Sage.

Adib, Amel/Yvonne Guerrier (2003), »The interlocking of gender with nationality, race, ethnicity and class: The narratives of women in hotel work«, in: *Gender, Work & Organization* 10/4, S. 413-432.

Adorno, Theodor W./Max Horkheimer (1997 [1944]), *Dialektik der Aufklärung. Philosophische Fragmente*, Frankfurt am Main: Fischer.

Aguiar, Luis L. M./Andrew Herod (Hg.) (2006), *Dirty Work of Neoliberalism. Cleaners in the Global Economy*, Hoboken: John Wiley & Sons.

Alvesson, Mats/Karen Lee Ashcraft/Robyn Thomas (2008), »Identity matters: Reflections on the construction of identity scholarship in organization studies«, in: *Organization* 15/1, S. 5-28.

Anteby, Michel/Curtis K. Chan (2018), »A self-fulfilling cycle of coercive surveillance: Workers' invisibility practices and managerial justification«, in: *Organization Science* 29/2, S. 247-263.

ArbeitGestalten (Hg.) (2017), *Branchenreport Gebäudereinigung. Arbeitszeiten und Arbeitsverhältnisse*, Berlin: ArbeitGestalten, online verfügbar unter: {www.arbeitgestaltengmbh.de/assets/projekte/Joboption-Berlin/Broschuere-Branchenreport-GebRein.pdf} (alle URL Stand Februar 2023).

Ashcraft, Karen Lee (2013), »The glass slipper: ›Incorporating‹ occupational identity in management studies«, in: *Academy of Management Review* 38/1, S. 6-31.

Ashforth, Blake E./Glen E. Kreiner (1999), »›How can you do it?‹: Dirty work and the challenge of constructing a positive identity«, in: *Academy of Management Review* 24/3, S. 413-434.

Ashforth, Blake E./Glen E. Kreiner/Mark A. Clark/Mel Fugate (2007), »Normalizing dirty work: Managerial tactics for countering occupational taint«, in: *Academy of Management Journal* 50/1, S. 149-174.
Ashforth, Blake E./Fred Mael (1989), »Social identity theory and the organization«, in: *Academy of Management Review* 14/1, S. 20-39.
Augé, Marc (2010 [1992]), *Nicht-Orte*, aus dem Französischen von Michael Bischoff, München: Beck.

Baier, Horst (1991), *Schmutz. Über Abfälle in der Zivilisation Europas*, Konstanz: Universitätsverlag.
Ball, Kirstie (2002), »Elements of surveillance: A new framework and future research directions«, in: *Information, Communication and Society* 5/4, S. 573-590.
Ball, Kirstie (2005), »Organization, surveillance and the body«, in: *Organization* 12/1, S. 89-108.
Ball, Kirstie (2010), »Workplace surveillance: An overview«, in: *Labor History* 51/1, S. 87-106.
Ball, Kirstie/Kevin D. Haggerty (2005), »Doing surveillance studies«, in: *Surveillance & Society* 3/2-3, S. 129-138.
Ball, Kirstie/Stephen T. Margulis (2011), »Electronic monitoring and surveillance in call centres: A framework for investigation«, in: *New Technology, Work and Employment* 26/2, S. 113-126.
Bamberger, Peter A./Michael G. Pratt (2010) »Moving forward by looking back: Reclaiming unconventional research contexts and samples in organizational scholarship«, in: *Academy of Management Journal* 53/4, S. 665-671.
Baran, Benjamin E. et al. (2012), »Shouldering a silent burden: The toll of dirty tasks«, in: *Human Relations* 65/5, S. 597-626.
Bartmann, Christoph (2016), *Die Rückkehr der Diener. Das neue Bürgertum und sein Personal*, München: Hanser.
Bataille, Georges (1999 [1928]), »Die Geschichte des Auges«, in: ders., *Das obszöne Werk*, aus dem Französischen von Marion Luckow, Reinbek: Rowohlt, S. 5-53.
Bauman, Zygmunt (2003), *Flüchtige Moderne*, aus dem Englischen von Reinhard Kreissl, Frankfurt am Main: Suhrkamp.
Bearman, Peter (2005), *Doormen*, Chicago: University of Chicago Press.
Bell, Catherine (1992), *Ritual Theory, Ritual Practice*, Oxford: Oxford University Press.
Bell, Emma/Alan Bryman (2007), »The ethics of management research.

An exploratory content analysis«, in: *British Journal of Management* 18/1, S. 63-77.
Bergson, Henri (1900/2011), *Das Lachen. Ein Essay über die Bedeutung des Komischen*, aus dem Französischen von Roswitha Plancherel-Walter, Hamburg: Meiner.
Bernardi, Fabrizio/Luis Garrido (2008), »Is there a new service proletariat? Postindustrial employment growth and social inequality in Spain«, in: *European Sociological Review* 24/3, S. 299-313.
Best, Katie/Jon Hindmarsh (2019), »Embodied spatial practices and everyday organization: The work of tour guides and their audiences«, in: *Human Relations* 72/2, S. 248-271.
Beyes, Timon (2019), »Uncanny matters: Kafka's burrow, the unhomely and the study of organizational space«, in: *Ephemera* 19/1, S. 179-192.
Beyes, Timon/Christian De Cock (2017), »Adorno's grey, Taussig's blue. Colour, organization and critical affect«, in: *Organization* 24/1, S. 59-78.
Beynon, Huw (1984), *Working for Ford. Men, Masculinity, Mass Production and Militancy*, London: Allen Lane.
Blau, Peter Michael (1963), *The Dynamics of Bureaucracy. A Study of Interpersonal Relations in Two Government Agencies*, Chicago: University of Chicago Press.
Bolton, Sharon C. (2005), »Women's work, dirty work: The gynaecology nurse as ›other‹«, in: *Gender, Work & Society* 12/2, S. 169-186.
Bosch, Gerhard et al. (2011), »Evaluation bestehender gesetzlicher Mindestlohnregelungen – Branche: Gebäudereinigung. Abschlussbericht«, Universität Duisburg-Essen (31. August 2011), online verfügbar unter: {https://www.bmas.de/SharedDocs/Downloads/DE/Arbeitsrecht/evaluation-mindestlohn-gebaedereinigung.pdf;jsessionid=161201B5AE8FF29F435EA2B0CAF63EA9.delivery2-replication?__blob=publicationFile&v=1}.
Bosch, Gerhard/Thorsten Kalina/Claudia Weinkopf (2012), »Wirkungen der Mindestlohnregelungen in der Gebäudereinigung«, in: *Journal for Labour Market Research* 45/3-4), S. 209-231.
Bosch, Gerhard/Claudia Weinkopf (Hg.) (2006), *Arbeiten für wenig Geld. Niedriglohnbeschäftigung in Deutschland*, Frankfurt am Main/New York: Campus.
Bourdieu, Pierre (1987 [1979]), *Die feinen Unterschiede. Kritik der gesellschaftlichen Urteilskraft*, aus dem Französischen von Bernd Schwibs und Achim Russer, Frankfurt am Main: Suhrkamp.
Breslin, Dermot/Geoffrey Wood (2016), »Rule breaking in social care:

Hierarchy, contentiousness and informal rules«, in: *Work, Employment and Society* 30/5, S. 750-765.
Brewis, Joanna/Christopher Grey (2008), »The regulation of smoking at work«, in: *Human Relations* 61/7, S. 965-987.
Brody, David (2016), *Housekeeping by Design. Hotels and Labor*, Chicago: University of Chicago Press.
Brown, Kenneth/Marek Korczynski (2010), »When caring and surveillance technology meet: Organizational commitment and discretionary effort in home care work«, in: *Work and Occupations* 37/3, S. 404-432.
Bublitz, Hannelore/Dierk Spreen (2004), »Architektur einer Geschlechterkonstruktion. Der Potsdamer Platz aus der Perspektive der Gender Studies«, in: Fischer/Makropoulos (Hg.), *Potsdamer Platz*, a. a. O., S. 139-158.
Burawoy, Michael (1979), *Manufacturing Consent. Changes in the Labor Process under Monopoly Capitalism*, Chicago: University of Chicago Press.
Busby, Jerry/Marian Iszatt-White (2016), »Rationalizing violation: Ordered accounts of intentionality in the breaking of safety rules«, in: *Organization Studies* 37/1, S. 35-53.

Callaghan, George/Paul Thompson (2002), »›We recruit attitude‹: The selection and shaping of routine call centre labour«, in: *Journal of Management Studies* 39/2, S. 233-254.
Certeau, Michel de (1988 [1980]), *Kunst des Handelns*, Berlin: Merve.
Cheal, David (1988), »The postmodern origin of ritual«, in: *Journal for the Theory of Social Behaviour* 18/3, S. 269-290.
Clifford, James (1983), »On ethnographic authority«, in: *Representations* 2, S. 118-146.
Clifford, James/George E. Marcus (Hg.) (1986), *Writing Culture. The Poetics and Politics of Ethnography*, Berkeley: University of California Press.
Collins, Randall (2000), »Situational stratification: A micro-macro theory of inequality«, in: *Sociological Theory* 18/1, S. 17-43.
Collins, Randall (2004), *Interaction Ritual Chains*, Princeton: Princeton University Press.
Collinson, David L. (1992), *Managing the Shopfloor. Subjectivity, Masculinity and Workplace Culture*, Berlin: De Gruyter.
Collinson, David L. (2003), »Identities and insecurities: Selves at work«, in: *Organization* 10/3, S. 527-547.

Collinson, David L./Stephen Ackroyd (2005), »Resistance: Misbehaviour and dissent«, in: Stephen Ackroyd et al. (Hg.), *The Oxford Handbook of Work and Organizations*, Oxford: Oxford University Press, S. 305-326.

Collinson, David L./Margaret Collinson (1997), »Delayering managers, time-space surveillance and its gendered effects«, in: *Organization* 4/3, S. 373-405.

Colomb, Claire (2012), *Staging the New Berlin. Place Marketing and the Politics of Urban Reinvention Post-1989*, London/New York: Routledge.

Corbett, Martin J. (2006), »Scents of identity: Organisation studies and the cultural conundrum of the nose«, in: *Culture and Organization* 12/3, S. 221-232.

Costas, Jana/Christopher Grey (2016), *Secrecy at Work. The Hidden Architecture of Organizational Life*, Stanford: Stanford University Press.

Costas, Jana/Gideon Kunda (2015), »The future of work: Worlds apart«, in: *Pacific Standard* (12. Oktober 2015).

Countryman, Louis William (1988), *Dirt, Greed and Sex. Sexual Ethics in the New Testament*, Minneapolis: Fortress.

Courpasson, David/Françoise Dany/Rick Delbridge (2017), »Politics of place: The meaningfulness of resisting places«, in: *Human Relations* 70/2, S. 237-259.

Crain, Marion/Winifred Poster/Miriam Cherry (2016), *Invisible Labor. Hidden Work in the Contemporary World*, Oakland: University of California Press.

Crain, Marion/Winifred Poster/Miriam Cherry (2016a), »Conclusion«, in: dies. (Hg.), *Invisible Labor*, a. a. O., S. 279-292.

Cranford, Cynthia (2012), »Gendered projects of solidarity: Workplace organizing among immigrant women and men«, in: *Gender, Work and Organization* 19/2, S. 142-164.

Cresswell, Tim (2004), *Place. A Short Introduction*, Oxford: Blackwell.

Dale, Karen/Gibson Burrell (2008), *The Spaces of Organisation and the Organisation of Space. Power, Identity and Materiality at Work*, Basingstoke: Palgrave Macmillan.

Deleuze, Gilles (1993), »Postskriptum über die Kontrollgesellschaften«, in: *Unterhandlungen. 1972-1990*, aus dem Französischen von Gustav Roßler, Frankfurt am Main: Suhrkamp, S. 254-262.

Di Leonardo, Micaela (1984), *The Varieties of Ethnic Experience. Kin-*

ship, Class, and Gender among California Italian-Americans, Ithaca: Cornell University Press.
Dingeldey, Irene (2019), »Mindestlöhne und Tarifpolitik in den Branchen: Ein deutsch-niederländischer Vergleich«, in: *Arbeit* 28/1, S. 55-72.
DiTomaso, Nancy/Corinne Post/Rochelle Parks-Yancy (2007), »Workforce diversity and inequality: Power, status, and numbers« in: *Annual Review of Sociology* 33, S. 473-501.
Douglas, Mary (1988 [1966]), *Reinheit und Gefährdung. Eine Studie zu Vorstellungen von Verunreinigung und Tabu*, aus dem Englischen von Brigitte Luchesi, Frankfurt am Main: Suhrkamp.
Driessen, Henk/Willy Jansen (2013), »The hard work of small talk in ethnographic fieldwork«, in: *Journal of Anthropological Research* 69/2, S. 240-263.

Ehrenreich, Barbara (2001), *Nickel and Dimed. On (Not) Getting by in America*, New York: Metropolitan Books.
Elias, Norbert (1976 [1939]), *Über den Prozess der Zivilisation. Soziogenetische und psychogenetische Untersuchungen*, 2 Bände, Frankfurt am Main: Suhrkamp.
Elliott, Christopher Shane/Gary Long (2016), »Manufacturing rate busters: Computer control and social relations in the labour process«, in: *Work, Employment and Society* 30/1, S. 135-151.
Elliott, James R./Ryan A. Smith (2004), »Race, gender, and workplace power«, in: *American Sociological Review* 69/3, S. 365-386.
Emerson, Robert M./Rachel I. Fretz/Linda L. Shaw (1995), *Writing Ethnographic Fieldnotes*, Chicago: University of Chicago Press.
Emons, Oliver/Henrik Steinhaus/Stephan Kraft (2022), »Volkswirtschaftliche Bedeutung des industriellen Sektors in Deutschland. Eine vergleichende Analyse auf nationaler und internationaler Ebene«, *Mitbestimmungsreport* 73, Düsseldorf: Institut für Mitbestimmung und Unternehmensführung.
Enzensberger, Christian (2011 [1968]), *Größerer Versuch über den Schmutz*, München: Hanser.
Eriksen, Thomas Hylland (2013), *Mensch und Müll. Die Kehrseite des Konsums*, aus dem Norwegischen von Taja Gut, Basel: Futurum.

Fantasia, Rick (1988), *Cultures of Solidarity. Consciousness, Action, and Contemporary American Workers*, Berkeley: University of California Press.

Farvaque, Nicolas (2013), »Developing personal and household services in the EU: A focus on housework activities«, Report for DG Employment, Social Affairs and Social Inclusion, online verfügbar unter: {https://ec.europa.eu/social/BlobServlet?docId=9725&langId=en}.

Fayet, Roger (Hg.) (2003), *Verlangen nach Reinheit oder Lust auf Schmutz? Gestaltungskonzepte zwischen rein und unrein*, Wien: Passagen.

Fetterman, David M. (2010), *Ethnography. Step-by-Step*, 3. Auflage, Los Angeles: Sage.

Fischer, Joachim/Michael Makropoulos (Hg.) (2004), *Potsdamer Platz. Soziologische Theorien zu einem Ort der Moderne*, München: Fink.

Foucault, Michel (1976), *Überwachen und Strafen. Die Geburt des Gefängnisses*, aus dem Französischen von Walter Seitter, Frankfurt am Main: Suhrkamp.

Fournier, Valérie (1999), »The appeal to ›professionalism‹ as a disciplinary mechanism«, in: *The Sociological Review* 47/2, S. 280-307.

Freud, Sigmund (1941 [1908]), »Charakter und Analerotik«, in: ders., *Gesammelte Werke*, Bd. 7, herausgegeben von Angela Richards, Frankfurt am Main: Fischer, S. 203-209.

Freud, Sigmund (2020 [1919]), *Das Unheimliche*, herausgegeben von Oliver Jahraus, Ditzingen: Reclam.

Galič, Maša/Tjerk Timan/Bert-Jaap Koops (2016), »Bentham, Deleuze and beyond: An overview of surveillance theories from the panopticon to participation«, in: *Philosophy & Technology* 30/1, S. 9-37.

Gallie, Walter Bryce (1956), »Essentially contested concepts«, in: *Proceedings of the Aristotelian Society* 56, S. 167-198.

Garsten, Christina/Kerstin Jacobsson (Hg.) (2004), *Learning to be Employable. New Agendas on Work, Responsibility and Learning in a Globalizing World*, Basingstoke: Palgrave MacMillan.

Gather, Claudia/Ute Gerhard/Heidi Schroth/Lena Schürmann (2005), *Vergeben und vergessen? Gebäudereinigung im Spannungsfeld zwischen kommunalen Diensten und Privatisierung*, Hamburg: VSA.

Geertz, Clifford (1957), »Ritual and social change: A Javanese example«, in: *American Anthropologist* 59/1, S. 32-54.

Geertz, Clifford (1973), *The Interpretation of Cultures*, New York: Basic.

Goffman, Erving (1956), »The nature of deference and demeanor«, in: *American Anthropologist* 58/3, S. 473-502.

Goffman, Erving (1973 [1959]), *Wir alle spielen Theater. Die Selbstdarstellung im Alltag*, aus dem Englischen von Peter Weber-Schäfer, München: Piper.
Goffman, Erving (1975 [1963]), *Stigma. Über Techniken der Bewältigung beschädigter Identität*, aus dem Englischen von Frigga Haug, Frankfurt am Main: Suhrkamp.
Goffman, Erving (1982 [1971]), *Das Individuum im öffentlichen Austausch. Mikrostudien zur öffentlichen Ordnung*, aus dem Englischen von Renate und Rolf Wiggershaus, Frankfurt am Main: Suhrkamp.
Goffman, Erving (1983), »The interaction order«, in: *American Sociological Review* 48/1, S. 1-17.
Goffman, Erving (1986 [1967]), *Interaktionsrituale. Über Verhalten in direkter Kommunikation*, aus dem Englischen von Renate Bergsträsser und Sabine Bosse, Frankfurt am Main: Suhrkamp.
Gold, Raymond (1958), »Roles in sociological field observations«, in: *Social Forces* 36/3, S. 217-223.
Goldberg, David Theo (1993), »Racial knowledge«, in: ders., *Racist Culture. Philosophy and the Politics of Meaning*, Oxford: Blackwell, S. 148-184.
Göttlich, Udo/Rainer Winter (2004), »Postfordistische Artikulationen von Stadtarchitektur, Konsum und Medien«, in: Fischer/Makropoulos (Hg.), *Potsdamer Platz*, a.a.O., S. 81-106.
Gouldner, Alvin M. (1954), *Patterns of Industrial Bureaucracy*, Glencoe: Free Press.
Graham, Stephen (2016), *Vertical. The City from Satellites to Bunkers*, London/New York: Verso.
Grey, Chris (1998), »On being a professional in a ›Big Six‹ firm«, in: *Accounting, Organizations and Society* 23/5-6, S. 569-587.
Grömling, Michael (2007), *Branchenportrait. Gebäudereiniger-Handwerk*, Köln: Institut der deutschen Wirtschaft.

Haggerty, Kevin D./Richard V. Ericson (2000), »The surveillant assemblage«, in: *British Journal of Sociology* 51/4, S. 605-622.
Hall, John R. (1992), »The capital(s) of cultures: A non-holistic approach to status situations: Class, gender, and ethnicity«, in: Michèle Lamont/Marcel Fournier (Hg.), *Cultivating Differences. Symbolic Boundaries and the Making of Inequality*, Chicago: University of Chicago Press, S. 257-288.
Hall, Stuart (1994 [1991]), »Alte und neue Identitäten, alte und neue Ethnizitäten«, aus dem Englischen von Dorothee Bohle und Britta Grell,

in: ders., *Rassismus und kulturelle Identität. Ausgewählte Schriften 2*, herausgegeben von Ulrich Mehlem et al., Hamburg: Argument, S. 66-88.

Hammersley, Martyn/Paul Atkinson (2007), *Ethnography. Principles in Practice*, 3. Aufl., London: Routledge.

Hannerz, Ulf (2006), »Studying down, up, sideways, through, backwards, forwards, away and at home: Reflections on the field worries of an expansive discipline«, in: Simon Coleman/Peter Collins (Hg.), *Locating the Field. Space, Place and Context in Anthropology*, London: Bloomsbury Academic, S. 23-42.

Hanser, Amy (2012), »Class and the service encounter: New approaches to inequality in the service work-place«, in: *Sociology Compass* 6/4, S. 293-305.

Hard, Robin (2004), *The Routledge Handbook of Greek Mythology*, London: Routledge.

Hatton, Erin (2017), »Mechanisms of invisibility: Rethinking the concept of invisible work«, in: *Work, Employment and Society* 31/2, S. 336-351.

Heyl, Barbara S. (2001), »Ethnographic interviewing«, in: Paul Atkinson et al. (Hg.), *Handbook of Ethnography*, London: Sage, S. 369-383.

Hirschauer, Stefan (1999), »Die Praxis der Fremdheit und die Minimierung von Anwesenheit. Eine Fahrstuhlfahrt«, in: *Soziale Welt* 50, S. 221-246.

Hochschild, Arlie Russell (1990 [1983]), *Das gekaufte Herz. Zur Kommerzialisierung der Gefühle*, aus dem Englischen von Ernst von Kardorff, Frankfurt am Main/New York: Campus.

Hochschild, Arlie Russell (2016), »Invisible labor, inaudible voice«, in: Crain/Poster/Cherry (Hg.), *Invisible Labor*, a. a. O., S. xi-xiv.

Hodson, Randy (2001), *Dignity at Work*, Cambridge: Cambridge University Press.

Hodson, Randy et al., (1993), »Is worker solidarity undermined by autonomy and participation? Patterns from the ethnographic literature«, in: *American Sociological Review* 58/3, S. 398-416.

Holvino, Evangelina (2010), »Intersections: The simultaneity of race, gender and class in organization studies«, in: *Gender, Work & Organization* 17/3, S. 248-277.

Hughes Everett C. (1951), »Mistakes, a problem in the sociology of work«, in: Karl Gustav Specht (Hg.), *Soziologische Forschung in Unserer Zeit. Ein Sammelwerk Leopold von Wiese zum 75. Geburtstag*, Wiesbaden: VS Verlag für Sozialwissenschaften, S. 123-129.

Hughes, Everett C. (1976), »The social drama of work«, in: *Mid-American Review of Sociology* 1/1, S. 1-7.
Hughes, Everett C. (2009 [1984]), *The Sociological Eye. Selected Papers*, New Brunswick: Transaction Books.
Hughes, Everett C. (2012 [1958]), *Men and Their Work*, London: Forgotten Books.
Hughes, Jason et al. (2016), »Beyond the symbolic: A relational approach to dirty work through a study of refuse collectors and street cleaners«, in: *Work, Employment and Society* 31/1, S. 106-122.

Islam, Gazi/Michael J. Zyphur (2009), »Rituals in organizations: A review and expansion of current theory«, in: *Group & Organization Management* 34/1, S. 114-139.

Janssens, Maddy/Chris Steyaert (2001), »From diversity management to alterity politics: Qualifying otherness«, online verfügbar unter: {https://www.researchgate.net/publication/228471315}.
Janssens, Maddy/Patrizia Zanoni (2014), »Alternative diversity management: Organizational practices fostering ethnic equality at work«, in: *Scandinavian Journal of Management* 30/3, S. 317-331.
Jenkins, Richard (1996/2008), *Social Identity*, 3. Aufl., London: Routledge.
Jermier, John M./David Knights/Walter R. Nord (Hg.) (1994), *Resistance and Power in Organizations*, London: Routledge.

Kanter, Rosabeth Moss (1977), *Men and Women of the Corporation*, New York: Basic.
Karafyllis, Nicole C. (2013), *Putzen als Passion. Ein philosophischer Universalreiniger für klare Verhältnisse*, Berlin: Kadmos.
King, Deborah K. (1988), *Multiple Jeopardy, Multiple Consciousness. The Context of a Black Feminist Ideology*, Chicago: University of Chicago Press.
Koestenbaum, Wayne (2011), *Humiliation*, New York: Picador.
Kolb, Kenneth (2014), »Status shield«, in: George Ritzer (Hg.), *The Blackwell Encyclopedia of Sociology*, Hoboken: Wiley-Blackwell.
Korczynski, Marek (2003), »Communities of coping: Collective emotional labour in service work«, in: *Organization* 10/1, S. 55-79.
Korczynski, Marek (2009), »The mystery customer: Continuing absences in the sociology of service work«, in: *Sociology* 43/5, S. 952-967.
Korczynski, Marek/Claire Evans (2013), »Customer abuse to service

workers: An analysis of its social creation within the service economy«, in: *Work, Employment and Society* 27/5, S. 768-784.
Korczynski, Marek/Cameron MacDonald (2009), »Critical perspectives on service work: An introduction«, in: dies. (Hg.), *Service Work. Critical Perspectives*, New York: Routledge.
Koschmann, Matthew A./James McDonald (2015), »Organizational rituals, communication, and the question of agency«, in: *Management Communication Quarterly* 29/2, S. 229-256.
Kracauer, Siegfried (1977 [1963]), *Das Ornament der Masse. Essays*, Frankfurt am Main: Suhrkamp.
Krause, Peter (2015), »Einkommensungleichheit in Deutschland«, in: *Wirtschaftsdienst* 95/8, S. 572-574.
Kreiner, Glen E./Blake E. Ashforth/David M. Sluss (2006), »Identity dynamics in occupational dirty work: Integrating social identity and system justification perspectives«, in: *Organization Science* 17/5, S. 619-636.
Kristeva, Julia (1982), *Powers of Horror. An Essay on Abjection*, New York: Columbia University Press.
Kunda, Gideon (2006), *Engineering Culture. Control and Commitment in a High-Tech Corporation*, Philadelphia: Temple University Press.
Kunda, Gideon (2013), »Reflections on becoming an ethnographer«, in: *Journal of Organizational Ethnography* 2/1, S. 4-22.
Kunda, Gideon/Galit Ailon-Souday (2006), »Managers, markets, and ideologies: Design and devotion revisited«, in: Ackroyd et al. (Hg.), *The Oxford Handbook of Work and Organization*, a. a. O., S. 200-219.
Kvale, Steinar (1996), *Interviews. An Introduction to Qualitative Research Interviewing*, London: Sage.

Lamont, Michèle (1992), *Money, Morals, and Manners. The Culture of the French and American Upper-Middle Class*, Chicago: University of Chicago Press.
Lamont, Michèle (2000), *The Dignity of Working Men. Morality and the Boundaries of Race, Class, and Immigration*, Cambridge: Harvard University Press.
Lamont, Michèle/Virág Molnár (2002), »The study of boundaries in the social sciences«, in: *Annual Review of Sociology* 28, S. 167-195.
Lamont, Michèle et al. (2016), *Getting Respect. Responding to Stigma and Discrimination in the United States, Brazil and Israel*, Princeton: Princeton University Press.
Lamphere, Louise/Patricia Zavella/Felipe Gonzales, mit Peter B. Evans

(1993), *Sunbelt Working Mothers. Reconciling Family and Factory*, Ithaca: Cornell University Press.
Laporte, Dominique (1991 [1978]), *Eine gelehrte Geschichte der Scheiße*, aus dem Französischen von Gabriele Ricke, Frankfurt am Main: Frankfurter Verlagsanstalt.
Latzke, Peter Paul (2015), *Wert und Werte von arbeitsintensiven Dienstleistungen. Die Markt- und Qualitätskonstruktion in der Gebäudereinigungsbranche*, Wiesbaden: Springer VS.
Lawrence, Thomas B. (2004), »Rituals and resistance: Membership dynamics in professional fields«, in: *Human Relations* 57/2, S. 115-143.
Leana, Carrie R./Vikas Mittal/Emily Stiehl (2012), »Organizational behavior and the working poor«, in: *Organization Science* 23/3, S. 888-906.
Lefebvre, Henri (2000 [1974]), *La production de l'espace*, Paris: Anthropos.
Leidner, Robin (1991), »Serving hamburgers and selling insurance: Gender, work, and identity in interactive service jobs«, in: *Gender and Society* 5/2, S. 154-177.
Leidner, Robin (1993), *Fast Food, Fast Talk. Service Work and the Routinization of Everyday Life*, Berkeley: University of California Press.
Léné, Alexandre (2019), »Job satisfaction and bad jobs: Why are cleaners so happy at work?«, in: *Work, Employment and Society* 33/4, S. 666-681.
Leo, Per/Maximilian Steinbeis/Daniel-Pascal Zorn (2017), *Mit Rechten reden. Ein Leitfaden*, Stuttgart: Klett-Cotta.
Lessenich, Stephan (2013), *Die Neuerfindung des Sozialen. Der Sozialstaat im flexiblen Kapitalismus*, Bielefeld: Transcript.
Lintott, Sheila (2016), »Superiority in humor theory«, in: *The Journal of Aesthetics and Art Criticism* 74, S. 347-358.
Llewellyn, Nick/Jon Hindmarsh (2013), »The order problem: Inference and interaction in interactive service work«, in: *Human Relations* 66/11, S. 1401-1426.
Lloyd, Anthony (2016), »Understanding the post-industrial assembly line: A critical appraisal of the call centre«, in: *Sociology Compass* 10, S. 284-293.
Lorbiecki, Anna/Gavin Jack (2000), »Critical turns in the evolution of diversity management«, in: *British Journal of Management* 11/1, S. 17-31.
Lukes, Steven (1975), »Political ritual and social integration«, in: *Sociology* 9/2, S. 289-308.

Lundberg, Helena/Jan C. Karlsson (2011), »Under the clean surface: Working as a hotel attendant«, in: *Work, Employment and Society* 25/1, S. 141-148.
Lupton, Ben (2000), »Maintaining masculinity: Men who do women's work«, in: *British Journal of Management* 11/1, S. 33-48.
Lynd, Staughton (2014), *Doing History from the Bottom Up. On E.P. Thompson, Howard Zinn, and Rebuilding the Labor Movement from Below*, Chicago: Haymarket.
Lyon, David (2001), *Surveillance Society. Monitoring Everyday Life*, Buckingham: Open University Press.
Lyon, David (2003), »Surveillance as social sorting: Computer codes and mobile bodies«, in: ders. (Hg.), *Surveillance as Social Sorting. Privacy, Risk and Digital Discrimination*, London: Routledge, S. 13-31.

Makropoulos, Michael (2004), »Ein Mythos massenkultureller Urbanität. Der Potsdamer Platz aus der Perspektive von Diskursanalyse und Semiologie«, in: Fischer/Makropoulos (Hg.), *Potsdamer Platz*, a.a.O., S. 159-188.
Mann, Steve/Jason Nolan/Barry Wellmann (2003), »Sousveillance: Inventing and using wearable computing devices for data collection in surveillance environments«, in: *Surveillance & Society* 1/3, S. 331-355.
Martin, Andrew W./Steven H. Lopez/Vincent J. Roscigno/Randy Hodson (2013), »Against the rules: Synthesizing types and processes of bureaucratic rulebreaking«, in: *Academy of Management Review* 38/4, S. 550-574.
Marx, Gary T. (2003), »A tack in the shoe: Neutralizing and resisting the new surveillance«, in: *Journal of Social Issues* 59/2, S. 369-390.
Massey, Doreen (2005), *For Space*, London: Sage.
Massey, Douglas S. (2007), *Categorically Unequal. The American Stratification System*, New York: Russell Sage Foundation.
Massumi, Brian (1995), »The autonomy of affect«, in: *Cultural Critique* 31, S. 83-109.
Mauss, Marcel (1990 [1950]), *Die Gabe. Form und Funktion des Austauschs in archaischen Gesellschaften*, aus dem Französischen von Eva Moldenhauer, Frankfurt am Main: Suhrkamp.
May, Tim (1999), »From banana time to just-in-time: Power and resistance at work«, in: *Sociology* 33/4, S. 767-783.
McCabe, Darren/Lindsay Hamilton (2015), »The kill programme: An

ethnographic study of ›dirty work‹ in a slaughterhouse«, in: *New Technology, Work and Employment* 30/2, S. 95-108.
Meara, Hannah (1974), »Honor in dirty work: The case of American meat cutters and Turkish butchers«, in: *Sociology of Work and Occupations* 1/3, S. 259-283.
Menninghaus, Winfried (2002), *Ekel. Theorie und Geschichte einer starken Empfindung*, Frankfurt am Main: Suhrkamp.
Miller, William Ian (1997), *The Anatomy of Disgust*, Cambridge: Harvard University Press.
Millmann, Gerd (2014), *Ist putzen Stress? Psychische Belastungen am Arbeitsplatz am Beispiel von Beschäftigten in der Gebäudereinigung*, Hamburg: Disserta.
Monahan, Torin (2011), »Surveillance as cultural practice«, in: *The Sociological Quarterly* 52/4, S. 495-508.
Mortsiefer, Henrik (2016), »Der Potsdamer Platz ist verkauft«, in: *Der Tagesspiegel* (5. Januar).
Müller, Monika (2019), »Night and organization studies«, in: *Organization Studies* 40/10, S. 1513-1527.
Mumby, Dennis (2005), »Theorizing resistance in organization studies: A dialectical approach«, in: *Management Communication Quarterly* 19/1, S. 19-44.

Newlands, Gemma (2020), »Algorithmic surveillance in the gig economy: The organization of work through Lefebvrian conceived space«, in: *Organization Studies* 42/5.
Newman, Katherine S. (2000), *No Shame in My Game. The Working Poor in the Inner City*, New York: Vintage/Russell Sage Foundation.
Nisim, Sarit/Orly Benjamin (2010), »The speech of services procurement: The negotiated order of commodification and dehumanization of cleaning employees«, in: *Human Organization* 69/3, S. 221-232.
N.N. (1997), »Bauarbeiter legen mit massiven Protesten Berlins Mitte lahm«, in: *Der Tagesspiegel* (10. März).
Nowobilska, Małgorzata/Quazi Mahtab Zaman (2014), *Potsdamer Platz. The Reshaping of Berlin*, Heidelberg: Springer.

Ortmann, Günther (2003), *Regel und Ausnahme. Paradoxien sozialer Ordnung*, Frankfurt am Main: Suhrkamp.
Otis, Eileen M./Zheng Zhao (2016), »Producing invisibility: Surveillance, hunger, and work in the produce aisles of Wal-Mart, China«, in: Crain/Poster/Cherry (Hg.), *Invisible Labor*, a.a.O., S. 148-168.

Otto, Birke Dorothea/Anke Strauß (2019), »The novel as affective site: Uncertain work as impasse in ›Wait Until Spring, Bandini‹«, in: *Organization Studies* 40/12, S. 1805-1822.

Paetzold, Ramona L./Robert L. Dipboye/Kimberly D. Elsbach (2008), »A new look at stigmatization in and of organizations«, in: *Academy of Management Review* 33/1, S. 186-193.

Paul, Ulrich (2017), »Coworking-Space am Potsdamer Platz: US-Anbieter WeWork mietet 14 Etagen des Debis-Turms«, in: *Berliner Zeitung* (5. Dezember 2017).

Paulsen, Roland (2015), *Empty Labor. Idleness and Workplace Resistance*, Cambridge: Cambridge University Press.

Portillo, Shannon (2012), »The paradox of rules: Rules as resources and constrains«, in: *Administration & Society* 44/1, S. 87-108.

Poster, Winifred R. (2011), »Emotion detectors, answering machines, and e-unions: Multi-surveillances in the global interactive service industry«, in: *American Behavioral Scientist* 55/7, S. 868-901.

Poster, Winifred R./Marion Crain/Miriam A. Cherry (2016), »Introduction: Conceptualizing invisible labor«, in: Crain/Poster/Cherry (Hg.), *Invisible Labor*, a. a. O., S. 3-27.

Pullen, Alison/Carl Rhodes/Torkild Thanem (2017), »Affective politics in gendered organizations: Affirmative notes on becoming-woman«, in: *Organization* 24/1, S. 105-123.

Rancière, Jacques (2002 [1995]), *Das Unvernehmen. Politik und Philosophie*, aus dem Französischen von Richard Steurer, Frankfurt am Main: Suhrkamp.

Reagin, Nancy R. (2007), *Sweeping the German Nation. Domesticity and National Identity in Germany, 1870-1945*, Cambridge: Cambridge University Press.

Resch, Christine/Heinz Steinert (2004), »Der Potsdamer Platz aus der Perspektive der Kritischen Theorie: Die Widersprüche von Herrschaftsdarstellung – Bescheidenes Großtun als Kompromiss«, in: Fischer/Makropoulos (Hg.), *Potsdamer Platz*, a. a. O., S. 107-138.

Riach, Kathleen/Samantha Warren (2015), »Smell organization: Bodies and corporeal porosity in office work«, in: *Human Relations* 68/5, S. 789-809.

Richer, Zach (2015), »Toward a social topography: Status as a spatial practice«, in: *Sociological Theory* 33/4, S. 347-368.

Rodriguez, Jenny K./Evangelina Holvino/Joyce K. Fletcher/Stella

M. Nkomo, (2016), »The theory and praxis of intersectionality in work and organisations: Where do we go from here?«, in: *Gender, Work & Organization* 23/3, S. 201-222.
Rollins, Judith (1985), *Between Women. Domestics and Their Employers*, Philadelphia: Temple University Press.
Rosen, Michael (1988), »You asked for it: Christmas at the bosses' expense«, in: *Journal of Management Studies* 25/5, S. 463-480.
Rosette, Ashleigh Shelby/Andrew M. Carton/Lynn Bowes-Sperry/Patricia Faison Hewlin (2013), »Why do racial slurs remain prevalent in the workplace? Integrating theory on intergroup behavior«, in: *Organization Science* 24/5, S. 1402-1421.
Roy, Donald F. (1959), »›Banana time‹: Job satisfaction and informal interaction«, in: *Human Organization* 18, S. 158-168.

Sanders, Teela (2004), »Controllable laughter: Managing sex work through humour«, in: *Sociology* 38/2, S. 273-291.
Sandler, Daniela (2003), »Incarnate politics: The rhetorics of German reunification in the architecture of Berlin«, in: *Invisible Culture* 5.
Sassen, Saskia (2001), *The Global City. New York, London, Tokyo*, Princeton: Princeton University Press.
Sauder, Michael (2005), »Symbols and contexts: An interactionist approach to the study of social status«, in: *The Sociological Quarterly* 46/2, S. 279-298.
Sayer, Andrew (2007), »Dignity at work: Broadening the agenda«, in: *Organization* 14/4, S. 565-581.
Schmidt, Florian A. (2017), »Digital labour markets in the platform economy. Mapping the political challenges of crowd work and gig work«, Bonn: Friedrich-Ebert-Stiftung.
Schürmann, Lena (2013), *Schmutz als Beruf. Prekarisierung, Klasse und Geschlecht in der Reinigungsbranche*, Münster: Westfälisches Dampfboot.
Schwartzman, Helen B. (1993), *Qualitative Research Methods. Ethnography in Organizations*, Newbury Park: Sage.
Sennett, Richard/Jonathan Cobb (1972), *The Hidden Injuries of Class*, New York: Alfred A. Knopf.
Sewell, Graham (1998), »The discipline of teams: The control of team-based industrial work through electronic and peer surveillance«, in: *Administrative Science Quarterly* 43/2, S. 397-428.
Sewell, Graham/James Barker (2006), »Coercion versus care: Using

irony to make sense of organizational surveillance«, in: *Academy of Management Review* 31/4, S. 934-961.
Sewell, Graham/Laurent Taskin (2015), »Out of sight, out of mind in a new world of work? Autonomy, control, and spatiotemporal scaling in telework«, in: *Organization Studies* 36/11, S. 1507-1529.
Sherman, Rachel (2007), *Class Acts. Service and Inequality in Luxury Hotels*, Berkeley: University of California Press.
Shortt, Harriet (2015), »Liminality, space and the importance of ›transitory dwelling places‹ at work«, in: *Human Relations* 68/4, S. 633-658.
Silverman, David (2000), *Doing Qualitative Research. A Practical Handbook*, London: Sage.
Simpson, Ruth (2004), »Masculinity at work: The experiences of men in female dominated occupations«, in: *Work, Employment & Society* 18/2, S. 349-368.
Simpson, Ruth/Jason Hughes/Natasha Slutskaya (2012), »Emotional dimensions of dirty work: Men's encounter with taint in the butcher trade«, in: *International Journal of Work Organisation and Emotion* 4/2, S. 195-212.
Simpson, Ruth/Jason Hughes/Natasha Slutskaya/Maria Balta (2014), »Sacrifice and distinction in dirty work: Men's construction of meaning in the butcher trade«, in: *Work, Employment and Society* 28/5, S. 754-770.
Śliwa, Martyna/Kathleen Riach (2012), »Making scents of transition: Smellscapes and the everyday in ›old‹ and ›new‹ urban Poland«, in: *Urban Studies* 49/1, S. 23-41.
Slutskaya, Natasha/Ruth Simpson/Jason Hughes/Alexander Simpson/Selçuk Uygur (2016), »Masculinity and class in the context of dirty work«, in: *Gender, Work and Organization* 23/2, S. 165-182.
Soylu, Soydan/Jennifer Sheehy-Skeffington (2015), »Asymmetric intergroup bullying: The enactment and maintenance of societal inequality at work«, in: *Human Relations* 68/7, S. 1099-1129.
Spradley, James P. (1980a), *Participant Observation*, New York: Holt, Rinehart & Winston.
Spradley, James P. (1980b), *The Ethnographic Interview*, New York: Holt, Rinehart & Winston.
Staab, Philipp (2014), *Macht und Herrschaft in der Servicewelt*, Hamburg: Hamburger Edition.
Staples, William G. (2014), *Everyday Surveillance. Vigilance and Visibility in Postmodern Life*, Lanham: Rowman & Littlefield.

Star, Susan Leigh/Anselm Strauss (1999), »Layers of silence, arenas of voice: The ecology of visible and invisible work«, in: *Computer Supported Cooperative Work* 8, S. 9-30.
Strati, Antonio (1999), *Organization and Aesthetics*, London: Sage.
Stryker, Rachael/Roberto J. González (Hg.) (2014), *Up, Down, and Sideways. Anthropologists Trace the Pathways of Power*, New York: Berghahn.

Tajfel, Henri/John C. Turner (1986), »The social identity theory of intergroup behaviour«, in: William G. Austin/Stephen Worchel (Hg.), *The Social Psychology of Intergroup Relations*, Chicago: Nelson Hall, S. 7-24.
Tatli, Ahu/Mustafa F. Özbilgin (2012), »An emic approach to intersectional study of diversity at work: A Bourdieuan framing«, in: *International Journal of Management Reviews* 14/2, S. 180-200.
Taylor, Phil/Peter Bain (1999), »›An assembly line in the head‹: Work and employee relations in the call centre«, in: *Industrial Relations Journal* 30/2, S. 101-117.
Thanem, Torkild/Louise Wallenberg (2015), »What can bodies do? Reading Spinoza for an affective ethics of organizational life«, in: *Organization* 22/2, S. 235-250.
Thompson, Edward P. (1987 [1966]), *Die Entstehung der englischen Arbeiterklasse*, aus dem Englischen von Lotte Eidenbenz, Mathias Eidenbenz u. a., 2 Bände, Frankfurt am Main: Suhrkamp.
Tilly, Charles (1998), *Durable Inequality*, Berkeley: University of California Press.
Tracy, Sarah/Clifton Scott (2006), »Sexuality, masculinity and taint management among firefighters and correctional officers: Getting down and dirty with ›America's heroes‹ and the ›scum of law enforcement‹«, in: *Management Communication Quarterly* 20/1, S. 6-38.
Trice, Harrison M./Janice Beyer (1984), »Studying organizational cultures through rites and ceremonials«, in: *Academy of Management Review* 9/4, S. 653-669.
Tuan, Yi-Fu (1977), *Space and Place. The Perspective of Experience*, Minneapolis: University of Minnesota Press.
Turner, Victor W. (1969), *The Ritual Process. Structure and Anti-Structure*, Chicago: Aldine.
Tyler, Melissa (2011), »Tainted love: From dirty work to abject labour«, in: *Human Relations* 64/11, S. 1477-1500.

Van Maanen, John (1979), »The fact of fiction in organizational ethnography«, in: *Administrative Science Quarterly* 24/4, S. 539-550.
Van Maanen, John (1991), »The smile factory: Work at Disneyland«, in: Peter J. Frost/Meryl Reis Louis/Craig Lundberg/Joanne Martin/Larry F. Moore (Hg.), *Reframing Organizational Culture*, Newbury Park: Sage, S. 58-76.
Van Maanen, John (2011a), »Ethnography as work: Some rules of engagement«, in: *Journal of Management Studies* 48/1, S. 218-234.
Van Maanen, John (2011b), *Tales of the Field. On Writing Ethnography*, Chicago: University of Chicago Press.
Van Maanen, John/Stephen R. Barley (1984), »Occupational communities: Culture and control in organizations«, in: *Research in Organizational Behavior* 6, S. 287-365.
Veblen, Thorstein (2007 [1899]), *Theorie der feinen Leute. Eine ökonomische Untersuchung der Institutionen*, aus dem Englischen von Suzanne Heintz und Peter von Haselberg, Frankfurt am Main: Fischer.

Wasserman, Varda/Michal Frenkel (2015), »Spatial work in between glass ceilings and glass walls: Gender-class intersectionality and organizational aesthetics«, in: *Organization Studies* 36/11, S. 1485-1505.
Watson, Howard (2006), »Berlin's Empty Heart«, in: *Architectural Design* 76/3, S. 100-103.
Watson, Tony (2011), »Ethnography, reality, and truth: The vital need for studies of ›how things work‹ in organizations and management«, in: *Journal of Management Studies* 48/1, S. 202-217.
Weber, Max (1988 [1920]), *Die protestantische Ethik und der Geist des Kapitalismus*, in: ders., *Gesammelte Aufsätze zur Religionssoziologie 1*, Tübingen: Mohr Siebeck, S. 17-206.
Weber, Max (1992 [1919]), *Politik als Beruf*, Ditzingen: Reclam.
Weber, Max (2002 [1921/22]), *Wirtschaft und Gesellschaft. Grundriss der verstehenden Soziologie*, herausgegeben von Johannes Winckelmann, 5., revidierte Aufl., Tübingen: Mohr Siebeck.
West, Candace/Don H. Zimmerman (1987), »Doing gender«, in: *Gender and Society* 1/2, S. 125-151.
Williams, Christine (Hg.) (1993), *Doing »Women's Work«. Men in Nontraditional Occupations*, London: Sage.
Willis, Paul (1977), *Learning to Labour. How Working Class Kids Get Working Class Jobs*, London: Hutchinson.
Winiecki, Don/Bert Wigman (2007), »Making and maintaining the sub-

ject in call centre work«, in: *New Technology, Work and Employment* 22/2, S. 118-131.
Wrzesniewski, Amy/Jane E. Dutton (2001), »Crafting a job: Revisioning employees as active crafters of their work«, in: *Academy of Management Review* 26/2, S. 179-201.
Wulf, Hans-Albert (2016), *FAUL! Der lange Marsch in die kapitalistische Arbeitsgesellschaft*, Norderstedt: Books on Demand.

Ybema, Sierk/Dvora Yanow/Harry Wels/Frans H. Kamsteeg (Hg.) (2009), *Organizational Ethnography. Studying the Complexity of Everyday Life*, London: Sage.

Zerubavel, Eviatar (1993), *The Fine Line. Making Distinctions in Everyday Life*, Chicago: Chicago University Press.
Žižek, Slavoj (1994), »Genieße Deine Nation wie Dich selbst! Der Andere und das Böse. Vom Begehren des ethnischen ›Dings‹«, aus dem Englischen von Isolde Charim, Thomas Hübel und Robert Pfaller, in: Joseph Vogl (Hg.), *Gemeinschaften. Philosophie des Politischen*, Frankfurt am Main: Suhrkamp 1994, S. 133-163.
Zukin, Sharon (2010), *Naked City. The Death and Life of Authentic Urban Places*, Oxford: Oxford University Press.

Magdalena Schrefel
Brauchbare Menschen
Erzählungen
183 Seiten
€ 16,00 [D], € 16,50 [A], Fr. 23,50 [CH]
ISBN 978-3-518-12800-8
Auch als eBook erhältlich

Die neue Kollegin einer Sexarbeiterin ist aus Silikon. Ein Schlachtergehilfe hantiert in der »Fleischfabrik« mit hochmodernen Tötungsmaschinen. Und die Auszubildenden einer Flughafen-Security sollen verinnerlichen, dass erst regelkonformes Verhalten sie zu Menschen macht.
Magdalena Schrefels Figuren stehen vor den alltäglich-absurden Herausforderungen des Spätkapitalismus – Automatisierung, Kontrolle, Prekarität – und finden überraschende Wege, mit dem Unzumutbaren umzugehen. Und sie fragen nach den Bedingungen der Entstehung von Literatur: Wie macht sie sich Menschen zunutze? Und ist Literatur Arbeit, ja sogar systemrelevante?

»Es sind diese Regeln, die uns zu Menschen machen, der Rest ist Funktion, werde ich sagen.«

Colin Crouch
Gig Economy
Prekäre Arbeit im Zeitalter von Uber, Minijobs & Co.
Aus dem Englischen
von Frank Jakubzik
136 Seiten
€ 14,00 [D], € 14,40 [A], Fr. 20,90 [CH]
ISBN 978-3-518-12742-1
Auch als eBook erhältlich

Ob Foodora, Deliveroo oder Uber – die Unternehmen der Plattformökonomie bieten denen, die für sie arbeiten, oft das Schlechteste aus beiden Welten: die Unfreiheit von Angestellten, gepaart mit der Unsicherheit von Freelancern. Die sogenannte Gig Economy ist allerdings nur die Spitze des Eisbergs.
Längst ist auch das Standard-Beschäftigungsmodell in die Krise geraten: Minijobs und aufgeweichter Kündigungsschutz, unfreiwillige Teilzeit und Zeitarbeit sind allesamt Facetten einer Entwicklung, die den Arbeitsmarkt des globalen Nordens seit den späten siebziger Jahren erschüttert. Colin Crouch liefert eine differenzierte Analyse und bietet Vorschläge für zeitgemäße Reformen, mit denen die Unsicherheiten auf dem Arbeitsmarkt abgefedert werden könnten.

»Eine überzeugende Analyse der neueren Entwicklungen auf dem Arbeitsmarkt.« *Frankfurter Allgemeine Zeitung*